KB181963

스프링 입문을 위한
# 자바 객체 지향의 원리와 이해

스프링 입문을 위한

# 자바 객체 지향의 원리와 이해

지은이 김종민

펴낸이 박찬규  엮은이 이대엽  디자인 북누리  표지디자인 아로와 & 아로와나

펴낸곳 위키북스  전화 031-955-3658, 3659  팩스 031-955-3660
주소 경기도 파주시 문발로 115 세종출판벤처타운 311호

가격 25,000  페이지 396  책규격 188 x 240mm

1쇄 발행 2015년 04월 08일
2쇄 발행 2017년 05월 31일
3쇄 발행 2019년 02월 11일
4쇄 발행 2020년 10월 30일
5쇄 발행 2022년 06월 10일
6쇄 발행 2023년 01월 05일
7쇄 발행 2024년 01월 24일
ISBN 978-89-98139-94-0 (93000)

등록번호 제406-2006-000036호  등록일자 2006년 05월 19일
홈페이지 wikibook.co.kr  전자우편 wikibook@wikibook.co.kr

이 도서의 국립중앙도서관 출판시도서목록 CIP는
서지정보유통지원시스템 홈페이지(http://seoji.nl.go.kr)와
국가자료공동목록시스템(http://www.nl.go.kr/kolisnet)에서 이용하실 수 있습니다.
CIP제어번호 2015009631

스프링
입문을
위한

# 자바
# 객체 지향의
# 원리와
# 이해

김종민 지음

위키북스

## 들어가며

이 책의 전제는 다음과 같다.

[객체 지향에 대한 이해는 스프링 프레임워크를 이해하기 위한 필수 조건이다]

이 책은 필자의 블로그에 게재한 스프링 강좌를 기초로 쓰였다. 따라서 일부 내용은 저자의 블로그에서 확인할 수 있다.

저자 블로그 강좌: http://expert0226.tistory.com/category/강좌/Spring 3.0

위 URL에 나오는 강좌로 스프링의 기초를 학습하는 데 무리가 없는 독자라면 굳이 이 책을 사지 말고 스프링 전문 서적을 구매하기 바란다. 위 강좌에서 다루지 못한 객체 지향의 원리가 궁금하거나 스프링 MVC로 구현하는 게시판 기초 예제가 필요한 독자에게는 이 책을 적극 추천한다.

자연계의 운동을 정확히 묘사하기 위해서는 아인슈타인의 상대성 이론이 필요하다. 하지만 빛에 비해 현저히 느린 자연계의 운동은 근사적으로 더 이해하기 쉬운 뉴턴의 운동 법칙으로 묘사할 수 있다. 정확하고 세밀한 것은 물론 중요하다 하지만 때로는 정확하고 세밀한 것보다 추상화해서 간략화한 것이 이해하기 쉬울 때가 있다. 이 책은 정확하고 세밀하지만 이해하기 어려운 지식보다는 초/중급 개발자가 객체지향을 이해하기 쉽도록 많은 비유와 예화로 설명했음을 밝혀둔다.

현재 실무 자바 프로그래밍 환경에서는 오픈소스가 대세다. 그 중심에 스프링 프레임워크가 있다. 전 세계적으로도 스프링의 인기는 계속 치솟고 있으며, 특히 국내에서는 국가 ICT(Information Communication Technology: 정보 통신 기술) 프로젝트에 사용하는 전자정부 표준프레임워크(egovframework)를 스프링 기반으로 만들어 배포하고, 공공프로젝트에서 이를 사용하도록 권장하고 있다.

전자정부 표준프레임워크는 버전별로 스프링의 어떤 버전을 기준으로 했다고 알려주기까지 한다. 한 국가의 ICT 프레임워크를 오픈소스 기반으로 했다는 것이 부끄럽지 않을 정도로 스프링은 안정성과 편의성을 인정받고 있다. 이렇게 널리 인정받고 있는 스프링이지만 스프링에 입문하는 초급자는 스프링을 학습하거나 적용하는 데 어려움을 호소하고 있다. 그렇다면 스프링은 정말로 어려운 것일까? 누가 필자에게 스프링이 무엇인지 물어보면 주저 없이 객체 지향 프로그래밍(OOP) 프레임워크라고 답하곤 한다. 객체 지향 프로그래밍에 대한 올바른 지식을 갖추지 않은 상태에서 스프링을 이해한다는 것은 어불성설이다. 알파벳도 모르는 상태에서 영어를 마스터하고자 하는 욕심과 별반 다르지 않다. 스프링은 객체 지향 프로그래밍(OOP; Object-Oriented Programming)을 활용했던 기존 기술 중 가장 좋은 철학과 기법을 모아 그 정수를 뽑아낸 결정체라 할 수 있다.

모든 기술은 갑자기 하늘에서 뚝 떨어진 것이 아니다. 이전 기술의 어깨를 디딤돌 삼아 그 위에 이전 기술이 제시한 철학과 기법을 정반합의 논리로 정제하고, 이전 기술을 거름 삼아 새로운 철학과 기법을 더해 나타난다. 스프링 또한 이전 기술과 개념에서 좋은 점들을 집대성하고 거기에 자신만의 철학과 기법을 더해 자타가 인정하는 현존 최강의 프레임워크로 발전했다. 따라서 스프링을 학습하고 적용하려면 스프링의 근간이기도 한 이전 기술과 개념에 대한 최소한의 이해가 필요하다. 그리고 스프링의 근간을 이루는 핵심에는 객체 지향 특성과 설계 원칙, 디자인 패턴이 자리 잡고 있다.

## 이 책의 목표

이 책에서는 본격적인 스프링 학습을 위한 사전 지식, 즉 스프링의 근간이 되는 객체 지향 4대 특성, 객체 지향 설계 5원칙, 스프링에서 많이 활용되고 있는 디자인 패턴을 학습하고 이해하는 것을 목표로 한다.

## 대상 독자

이 책은 자바 언어나 자바 프로그래밍을 다루는 책이 아니며, 스프링을 전문적으로 다루는 책도 아니다. 이 책은 객체 지향의 개념을 이해하고자 하거나 스프링에 입문하기 위한 기초 지식을 습득하고자 하는 개발자들을 위한 책이다. 따라서 다음의 조건에 부합하는 독자에게 추천한다.

- 자바의 제어문까지는 알고 있는 개발자
- 객체 지향의 특성과 설계 원리를 이해하고자 하는 개발자
- 스프링 프레임워크에 입문하는 데 기초 지식이 부족하다고 느끼는 개발자
- 스프링 프레임워크 전문 서적을 이해하는 데 어려움을 느끼는 개발자

이 책의 모토는 다음과 같다.

- 당신의 두 번째 자바 책
- 당신의 첫 번째 스프링 책
- 전자정부 표준프레임워크를 활용하기 위해 미리 봐둬야 할 책

## 예제 코드

이 책의 예제 코드 및 본문 이미지는 다음 경로에서 내려받을 수 있다.

https://github.com/expert0226/oopinspring

## 추천 사이트

자바 기초(제어문까지에 해당하는)를 학습해야 하는 독자에게는 생활 코딩으로 유명한 이고잉 님의 자바 동영상 강좌를 추천한다. 이 책의 2, 3, 4장을 이고잉님의 강좌와 비교해 볼 수 있다.

이고잉 님의 자바 동영상 강좌: http://opentutorials.org/course/1223

스프링 관련 사항은 아래의 구글 그룹스를 통해 많은 정보와 질의응답을 제공받을 수 있다.

- 한국 스프링 사용자 모임(KSUG) 그룹스: https://groups.google.com/forum/#!forum/ksug
- 봄싹 그룹스: https://groups.google.com/forum/#!forum/springsprout

자바 및 관련 기술에 관한 정보 및 질의응답은 오키(OKKY)를 통해 빠른 답변을 구할 수 있다.

OKKY: http://okky.kr/

이 책을 보다가 궁금한 사항은 저자의 이메일로 문의하거나 위의 그룹스와 OKKY를 활용하길 바란다.

저자 이메일: expert0226@gmail.com

## 감사의 글

책을 집필한다는 것은 혼자 시작하지만 결코 혼자 마무리되는 것이 아님을 뼈저리게 느낀 2년이었다. 몇 번이나 절필에 대해 고민했지만 주변의 위로와 격려가 결국 탈고와 출판이라는 결과를 만들어냈다.

책의 초고를 함께 학습하며 힘을 실어주었던 스터디 그룹원들, 젊은 생각과 기운을 나누어준 동양미래대학 전산정보학부 교수님들과 학생들, 같은 꿈을 향해 나아가는 이래훈 이사님, 그리고 개발 소울 메이트 최원석 과장, 책 집필에 대해 여러 조언을 해주시고 흔쾌히 초고를 리뷰해주신 토비 이일민 님, 원고를 꼼꼼히 검토해 주신 이대엽 님께 지면을 빌려 깊이 감사드린다.

특히 2년 넘게 출판되지 못하고 있는 책을 기대해 주고 지지해주신 사랑하는 부모님과 가족들에게 깊은 사랑과 감사를 보낸다.

**"유튜브에서 '초보람보'로 검색하시면 책에 대한 맛보기 동영상을 시청할 수 있습니다."**

2014년 자바 8이 발표됐고, 이에 따라 스프링 프레임워크도 4.x 버전이 발표됐다. 하지만 현업에서는 아직 자바 6이 주로 사용되고 있기에 이 책은 자바 6을 기준으로 한다. 다만 자바 8의 람다식 추가와 인터페이스 스펙 변화는 언어적으로 매우 중요한 변화이기에 부록 B를 통해 살짝 엿볼 수 있게 했다. 7장에서 스프링 삼각형(DI, AOP, PSA)과 부록 A에서 스프링 MVC를 다루고 있지만 스프링 프레임워크의 버전 변화와 관계없이 스프링의 기초를 학습하는 데는 지장이 없음을 밝혀 둔다.

이 책은 7개의 장과 2개의 부록으로 구성돼 있으며, 주요 내용은 다음과 같다.

### 1장 사람을 사랑한 기술

기술은 끊임없이 발전하고 있어서 개발자에게 끊임없는 학습의 부담을 지운다. 하지만 이러한 기술의 발전이 개발자를 괴롭히기 위한 것이 아닌 개발자의 삶을 더 편하게 하기 위한 과정이었음을 살펴보고, 신기술을 대하는 개발자의 자세를 고찰한다.

### 2장 자바와 절차적/구조적 프로그래밍

자바는 하늘에서 뚝 떨어진 기술이 아니다. 자바 이전에 존재했던 절차적/구조적 프로그래밍의 어깨를 딛고, 그 위에 견고한 사상과 논리를 더해 구축된 언어다. 객체 지향 프로그래밍 언어인 자바를 이해하기 전에 자바 안에 녹아 있는 절차적/구조적 프로그래밍의 존재를 확인하고, 이를 통해 객체 지향 프로그래밍으로 나아가기 위한 기초를 다진다.

### 3장 자바와 객체 지향

이 책의 핵심을 이루는 첫 번째 장으로, 객체 지향의 4대 특성을 학습한다. 객체 지향의 4대 특성을 이해하지 않고 스프링 프레임워크를 온전히 이해하는 것은 불가능하다. 3장의 내용을 꼭 본인의 것으로 만들기 바란다.

### 4장 자바가 확장한 객체 지향

객체 지향 언어로 자바가 등장한 것이 1995년이다. 그리고 이미 그 전부터 객체 지향 언어는 존재해 왔다. 4장에서는 객체 지향의 4대 특성을 넘어 자바가 객체 지향 프로그래밍을 더 쉽고 편하게 할 수 있게끔 추가한 부분들을 학습한다.

## 5장 객체 지향 설계 5원칙 - SOLID

객체 지향 언어가 주류 언어가 되고 수십 년 동안 실무에 적용되면서 객체 지향 프로그래밍의 설계 원칙인 SOLID가 집대성됐다. 스프링 프레임워크 또한 SOLID와 이를 기반으로 하는 디자인 패턴 위에 구축됐다. 5장에서는 SOLID 설계 원칙을 학습한다.

## 6장 스프링이 사랑한 디자인 패턴

스프링 프레임워크 역시 갑자기 등장한 기술이 아니다. 스프링 프레임워크는 객체 지향 4대 특성, 객체 지향 설계 5원칙, 그리고 수 많은 개발자들의 경험과 고민으로 태어난 베스트 프랙티스인 디자인 패턴을 기초로 한다. 스프링 프레임워크를 이해하기 위한 마지막 기초로, 스프링에서 애용되고 있는 디자인 패턴을 빠르게 학습한다.

## 7장 스프링 삼각형과 설정 정보

스프링은 DI, AOP, PSA라고 하는 세 기둥 위에 설정 정보를 더해 프로그램을 만든다. 스프링 프레임워크와 이를 활용한 다른 프레임워크들을 이해하려면 반드시 스프링 삼각형과 설정 정보를 이해해야 한다. 7장에서는 기존의 여러 문서와는 다른 방식으로 스프링 삼각형에 대해 설명한다. 기존 문서를 통해 스프링을 학습하고 이해하기 어려웠던 독자들에게 꼭 추천하고 싶은 내용을 7장에 담았다.

## 부록 A 스프링 MVC를 이용한 자유 게시판 구축

시대적 요구에 따라 거의 대부분의 프로젝트는 웹을 기반으로 한다. 이에 스프링은 스프링 MVC를 통해 손쉬운 웹 개발을 지원한다. 부록 A를 이해하려면 웹 개발에 대한 기본 지식이 있어야 하겠지만 그러한 지식이 없더라도 스프링 MVC가 얼마나 쉬운지 확인하는 데는 큰 무리가 없을 것이다.

## 부록 B 자바 8 람다와 인터페이스 스펙 변화

이 책은 자바와 스프링을 다룬 책이지만 자바 전문 서적이 아니며 스프링 전문 서적도 아니다. 하지만 자바 8의 람다 도입은 개발자의 삶을 또 한번 변화시킬 만한 사건이기에 부록 B에서는 자바 8 람다와 람다의 기반이 되는 인터페이스의 스펙 변화를 엿보는 시간을 가져본다.

## 001.
### 사람을 사랑한 기술

신기술은 이전 기술의 어깨를 딛고     17

**기계어에서 객체 지향 프로그래밍 언어로**     18

기계어 – 0과 1의 행진 / 너무나 비인간적인 언어     18

어셈블리어 – 0과 1의 행진을 벗어나 인간 지향으로 / 기계어 니모닉     20

C 언어 – 강력한 이식성 / One Source Multi Object Use Anywhere     22

C++ 언어 – 정말 인간적인 프로그래밍 방법론, 객체 지향     25

자바 – 진정한 객체 지향 언어     26

신기술은 이전 기술의 어깨를 딛고 개발자를 위해 발전한다     28

신기술이 역사 속에서 환영만 받은 것은 아니다     29

**짧은 글, 긴 생각**     29

UML을 대하는 자세     29

당신은 CBD, SOA가 어려운가?     30

객체 지향의 4대 특성을 누군가에게 설명할 수 있는가?     31

스프링 프레임워크는 사상이면서 또 단일 제품이다     31

**책 출간의 변**     35

## 002.
### 자바와 절차적/ 구조적 프로그래밍

**자바 프로그램의 개발과 구동**     37

자바에 존재하는 절차적/구조적 프로그래밍의 유산     40

다시 보는 main() 메서드: 메서드 스택 프레임     42

**변수와 메모리: 변수! 너 어디 있니?**     47

**블록 구문과 메모리: 블록 스택 프레임**     50

**지역 변수와 메모리: 스택 프레임에 갇혔어요!**     55

메서드 호출과 메모리: 메서드 스택 프레임 2   58

전역 변수와 메모리: 전역 변수 쓰지 말라니까요!   64

멀티 스레드 / 멀티 프로세스의 이해   69

STS(또는 이클립스)를 이용해 T 메모리 영역 엿보기   71

정리 – 객체 지향은 절차적/구조적 프로그래밍의 어깨를 딛고   74


객체 지향은 인간 지향이다   77

객체 지향의 4 대 특성 – 캡! 상추다   79

클래스 vs. 객체 = 붕어빵틀 vs. 붕어빵 ???   80

추상화: 모델링   82

 추상화는 모델링이다   84
 추상화와 T 메모리   90
 클래스 멤버 vs. 객체 멤버 = static 멤버 vs. 인스턴스 멤버   101


상속: 재사용 + 확장   107

 상속의 강력함   110
 상속은 is a 관계를 만족해야 한다?   115
 다중 상속과 자바   117
 상속과 인터페이스   117
 상속과 UML 표기법   123
 상속과 T 메모리   124

**003.**
**자바와**
**객체 지향**

다형성: 사용편의성                            128

오버라이딩? 오버로딩?                    128
다형성과 T 메모리                        131
다형성이 지원되지 않는 언어              133


캡슐화: 정보 은닉                            135

객체 멤버의 접근 제어자                  135


참조 변수의 복사                             140

정리 – 자바 키워드와 OOP 4 대 특성          144

**004.**
**자바가 확장한
객체 지향**

abstract 키워드 – 추상 메서드와 추상 클래스          146

생성자                                              150

클래스 생성 시의 실행 블록, static 블록          153

final 키워드                                        158

final 과 클래스                                  158
final 과 변수                                    158
final 과 메서드                                  159


instanceof 연산자                                   160

package 키워드                                      163

interface 키워드와 implements 키워드            164

this 키워드                                          168

super 키워드                                         170

예비 고수를 위한 한마디                              171

정리 – 자바 키워드와 OOP 확장                        174

SRP – 단일 책임 원칙                                 178

OCP – 개방 폐쇄 원칙                                 183

LSP – 리스코프 치환 원칙                             186

ISP – 인터페이스 분리 원칙                           189

DIP – 의존 역전 원칙                                 194

정리 – 객체 지향 세계와 SOLID                        196

**005.**
객체 지향 설계
5원칙 – SOLID

어댑터 패턴(Adapter Pattern)                         200

프록시 패턴(Proxy Pattern)                           204

데코레이터 패턴(Decorator Pattern)                   208

싱글턴 패턴(Singleton Pattern)                       211

템플릿 메서드 패턴(Template Method Pattern)          214

팩터리 메서드 패턴(Factory Method Pattern)           219

**006.**
스프링이 사랑한
디자인 패턴

전략 패턴(Strategy Pattern)     222

템플릿 콜백 패턴(Template Callback
Pattern – 견본/회신 패턴)     227

스프링이 사랑한 다른 패턴들     231

## 007.
## 스프링 삼각형과 설정 정보

IoC/DI – 제어의 역전/의존성 주입     234

프로그래밍에서 의존성이란?     234

스프링 없이 의존성 주입하기 1 – 생성자를 통한 의존성 주입     242

스프링 없이 의존성 주입하기 2 – 속성을 통한 의존성 주입     249

스프링을 통한 의존성 주입 – XML 파일 사용     253

스프링을 통한 의존성 주입 – 스프링 설정 파일(XML)에서 속성 주입     261

스프링을 통한 의존성 주입 – @Autowired를 통한 속성 주입     266

스프링을 통한 의존성 주입 – @Resource를 통한 속성 주입     274

스프링을 통한 의존성 주입 – @Autowired vs.
@Resource vs. ⟨property⟩ 태그     275

AOP – Aspect? 관점? 핵심 관심사? 횡단 관심사?     284

일단 덤벼 보자 – 실전편     288

일단 덤벼 보자 – 설명편     292

일단 덤벼 보자 – 용어편     302

일단 덤벼 보자 – POJO와 XML 기반 AOP     307

AOP 기초 완성     310

PSA – 일관성 있는 서비스 추상화     314

A.1 URL과 @RequestMapping 연결하기     316

A.2 인메모리 DB HSQL 사용하기     320

A.3 VO와 MyBatis를 이용한 DAO 구현     326

A.4 서비스(Service) 구현     334

A.5 목록 구현     336

A.6 읽기 구현     341

A.7 새 글 구현     343

A.8 수정 구현     354

A.9 삭제 구현     359

A.10 리팩터링     361

## 00A.
## 스프링 MVC를 이용한 게시판 구축

B.1 람다가 도입된 이유     368

B.2 람다란 무엇인가?     369

B.3 함수형 인터페이스     372

B.4 메서드 호출 인자로 람다 사용     374

B.5 메서드 반환값으로 람다 사용     375

B.6 자바 8 API에서 제공하는 함수형 인터페이스     375

B.7 컬렉션 스트림에서 람다 사용     377

B.8 메서드 레퍼런스와 생성자 레퍼런스     381

B.9 인터페이스의 디폴트 메서드와 정적 메서드     385

B.10 정리     388

## 00B.
## 자바 8 람다와 인터페이스 스펙 변화

# 01 사람을 사랑한 기술

01_ 신기술은 이전 기술의 어깨를 딛고
02_ 기계어에서 객체 지향 프로그래밍 언어로
03_ 짧은 글, 긴 생각
04_ 책 출간의 변

## 02 자바와 절차적/ 구조적 프로그래밍

## 03 자바와 객체 지향

## 04 자바가 확장한 객체 지향

## 05 객체 지향 설계 5원칙 – SOLID

# 신기술은 이전 기술의 어깨를 딛고

> **"**이미 있던 것이 후에 다시 있겠고
> 이미 한 일을 후에 다시 할지라
> 해 아래는 새 것이 없나니 무엇을 가리켜 이르기를 보라
> 이것이 새 것이라 할 것이 있으랴
> 우리 오래 전 세대에도 이미 있었느니라 **"**
>
> 전도서 1장 9절, 10절

스프링을 비롯한 모든 신기술은 갑자기 하늘에서 뚝 떨어진 것이 아니다. 이전 기술의 어깨를 디딤돌 삼아 그 위에 이전 기술이 제시한 철학과 기법을 정반합의 논리로 정제하고, 이전 기술을 거름 삼아 새로운 철학과 기법을 더해 나타나는 것이다.

스프링은 과거로부터 현재까지의 프로그래밍 발전사에서 그 정점에 있다고 해도 과언이 아니다. 그럼 스프링을 이해하려면 이전의 어떤 기술들을 이해하고 있어야 할까? 마음속으로 답해 보자. SOA라고 답했는가? 잘 했다. CBD라고 답했는가? 매우 잘 했다. OOP라고 답했는가? 무척 잘 했다. 절차적/구조적 프로그래밍이라고 답했는가? 무진장 잘 했다. 대견하다는 의미에서 자신의 머리를 쓰다듬어 주자. 설마 기계어나 어셈블리어라고 답했는가? 그랬다면 필자가 원하는 모범 답안 중에서도 만점짜리 답안이라고 할 수 있다.

그럼 정리해 보자. 스프링을 학습하려면 이러한 이전 기술들을 마스터해야 한다는 것일까? 그건 아니다. 필자가 이미 위에 설명했듯이 이전 기술의 어깨를 딛기만 하면 된다. 이전 기술들의 머리까지 밟는 건 너무 잔인하지 않은가? 그래서 1장에서는 이전 기술들의 의미를 빠르게 돌아볼 예정이다. 이제 필자를 의지해 앞으로 나가 보자(의지는 하되 믿지는 말자. 인간은 사랑을 주고받을 대상이지 믿음의 대상은 아니다. 특히 책의 저자에 대한 절대적 믿음은 금물이다. 필자가 책을 통해 이야기하는 것이 진짜 그러한지 스스로 확인하는 습관을 들이자).

# 기계어에서 객체 지향 프로그래밍 언어로

## 기계어 – 0과 1의 행진 / 너무나 비인간적인 언어

컴퓨터의 창세기 시절 컴퓨터가 얼마나 멍청했는지 0과 1밖에는 이해하지 못했다고 한다. 그런데 사실 컴퓨터는 지금도 0과 1밖에는 이해하지 못한다. 컴퓨터는 바보다. 컴퓨터와 대화하고 컴퓨터를 이해하려면 우리가 눈높이를 낮추는 수밖에 없다. 그런데 문제는 우리가 컴퓨터를 이해하기에는 너무 똑똑하다는 것이다. 간단한 퀴즈를 풀어보자.

> 48시간은 며칠일까?
>
> 180분은 몇 시간일까?
>
> 365일은 몇 년일까?

위 퀴즈의 정답을 모두 맞췄다면 이미 10진법은 기본이요. 24진법, 60진법, 365진법을 터득한 것이다. 2진법밖에 모르는 컴퓨터에게 우리는 천재로 보일 것이다. 그런데 정작 우리는 왜 우리 자신을 천재라고, 대단하다고 생각하지 못하고 컴퓨터에게 의존하는 삶을 살고 있는 것일까? 그것은 컴퓨터가 2진법밖에 모르는 바보지만 대단히 빠르고 대단히 성실하며 대단히 정확하기 때문이다.

당신의 컴퓨터 CPU 속도가 2GHz라면 당신의 컴퓨터는 1초당 대략 20억 번 전구 스위치를 켜거나 끌 수 있는 능력을 갖추고 있는 셈이다. 당신은 1초에 전구를 몇 번이나 켜거나 끌 수 있는가?

컴퓨터 메모리가 1GB라면 당신의 컴퓨터는 대략 80억 개의 전구를 한순간도 쉬지 않고 관리하는 성실함을 갖춘 셈이다. 당신은 하루에 몇 개의 전구를 관리할 수 있는가?

당신은 가끔, 아니면 자주 10진법 계산에서 실수하지만 컴퓨터는 2진법이기는 하지만 결코 실수하는 법이 없고 빠르고 정확하기까지 하다.

0과 1의 이야기로 돌아와서 인류 최초의 프로그래머들은 꺼진 상태와 켜진 상태를 각각 0과 1로 해석할 수 있는 백열전구를 이용해 프로그램을 작성했다(진실을 이야기하자면 백열전구가 아닌 진공관이라고 말하고 싶지만 진공관을 본 적이 없는 독자를 배려해 필자가 메타포를 써봤다). 최초의 프로그래머들에겐 키보드도 없었고 심지어 모니터도 없었으며 다만 전구에 전원을 넣을 수 있는 전선 다발이 전부인 적도 있었다. 하지만 그들은 컴퓨터를 컴퓨터의 눈높이에서 제대로 이해하고 있었다.

01010101000000100001001

위의 0과 1로 이뤄진 2진 수열을 보자. 애드삭(EDSAC)에서 1과 3을 더하는 기계어 프로그래밍 코드가 보이는가? 너무 길어서 안 보이는가? 그럼 8자리씩 끊어서 보자.

01010101 00000001 00001001

이제 보이는가? 마음씨 착하고 머리가 좋은 당신은 아마 1 + 3을 수행하는 애드삭 전용 기계어 프로그래밍 코드가 보일 것이다.

그럼 이제 유니박(UNIVAC)에서 같은 명령을 수행하는 기계어를 보자.

11011100 00011000 10011000

역시 1 + 3 연산이 잘 보이는가?

기계어는 기계가 이해하는 유일한 언어로, 2진 숫자인 0과 1로만 표현된다. 기계어 코드가 CPU에 따라 다르다고 배운 기억이 새록새록 떠오르길 바란다(그림 1-1). 잘 기억이 안 나면 포털에서 검색해 기계어의 특징을 한번 살펴보는 것도 나쁘지 않을 것이다. 그렇지만 정보 처리 기능사나 기사 시험을 볼 생각이 아니라면 너무 연연하지는 말자.

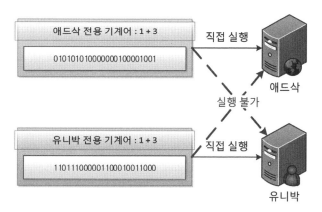

[**그림 1-1**] 이기종 간에 호환이 불가능한 기계어

> 참고
>
> **메타포(Metaphor)**
>
> 비유법, 다른 유사한 것에 빗대어 잘 모르는 것을 설명하고자 하는 방법. 일례로 여자는 갈대다. 남자는 늑대다 등의 비유법을 들 수 있다.
>
> **애드삭(EDSAC)**
>
> 모리스 윌키스 제작. 2진법을 적용한 세계 최초의 프로그램 내장 방식 전자계산기
>
> **유니박(UNIVAC)**
>
> 최초의 상업용 컴퓨터

## 어셈블리어 - 0과 1의 행진을 벗어나 인간 지향으로 / 기계어 니모닉

기계어는 컴퓨터가 이해하는 유일한 언어지만 인간이 눈높이를 그 수준까지 낮추기에는 너무 낮다. 마치 사물을 이해하기 위해 양성자, 중성자, 전자, 아니 쿼크, 아니 소립자 아니 끈 이론까지 들춰내면서 꽃의 아름다움을 논하는 형국이라 할 수 있다. 그래서 우리의 관심을 원자 수준까지만 내려 보자.

어느 날 한 천재가 다음과 같은 생각을 했다고 한다.

> "기계어의 명령들을 일상 용어로 표현하고 이걸 기계가 알 수 있는 기계어로 번역하게 하면 어떨까?"

그는 생각만 한 것이 아니라 실제로 기계어를 일상 용어로 표현했다. 그래서 만들어진 것이 바로 기계어 명령어와 일상 용어를 일대일로 매칭하는 코드표였다. 바로 니모닉(Mnemonic)과 기계어의 일대일 매칭 코드표를 만든 것이다. 그 매칭 코드표를 어셈블리라고 불렀다. 그런데 CPU마다 기계어가 다르기 때문에 CPU별로 각자의 어셈블리어(Assembly Language)도 달랐다. CPU마다 실행할 수 있는 기계어 세트가 달랐으니 당연히 어셈블리어도 기계어에 따라 달랐던 것이다. 어셈블리어를 기계어로 번역해 주는 소프트웨어를 어셈블러(Assembler)라고 한다. 그리하여 애드삭 개발자들은 머리를 맞대고 앉아서 다음과 같이 결의했을 것이다.

> "더하기를 의미하는 기계어 이이이이 에 매칭되는 어셈블리어 니모닉은 ADD라고 하자."

유니박 개발자들도 이런 아이디어를 적극 받아들이지만 나름 자존심이 있었던 것 같다.

> "애드삭 쪽에서 더하기에 ADD라는 니모닉을 줬대…… 따라 하자니 자존심이 상하는데. 그럼 우리는 더하기를 의
> 미하는 유니박 전용 기계어 110111100을 유니박 전용 어셈블리어 니모닉으로 PLUS라고 하자."

이 이야기의 교훈은 무엇일까? "모방하더라도 자존심이 있지. 그 안에서 창조하자!"일까? 그건 아닐
것이다. 지금도 이런 모방과 창조는 지리멸렬하게 프로그래머의 삶에 젖어 들어 있다.

---

### 지금도 이어지는 모방과 창조

**J 모 진영**의 화면 출력: System.out.println()

**M 모 진영**의 화면 출력: J 모 진영에서 System.out.println()이라고 했다고? 우리도 화면 출력해야 하는데……

　　　　　흠, 자존심이 있으니 우리는 Console.WriteLine()이라고 하자.

**M 모 진영**: 데이터를 표 형태로 가지고 있을 객체가 필요하다고? 음…… 그 객체의 이름을 RecordSet이라고 하자. 그
　　　　　리고 기왕이면 데이터를 다루는 방식을 통일해야겠어. 데이터를 다루는 세트들을 모아 ODBC라고 칭하자.

　　　　　좋군!

　　　　　음하하……

**J 모 진영**: 앗 우리도 데이터를 표 형태로 표현해야 하는데…… 이런 한 발 늦었군. 우리는 표 형태의 데이터 객체를
　　　　　ResultSet이라 부르기로 하자. 그리고 데이터를 다루는 세트를 M 모 진영에서 ODBC라고 했다고?
　　　　　이것도 한발 늦었군! 이런 분하다. 그럼 우리는 이니셜을 넣어 JDBC라 하자.

정리해 보자.

**J 모 진영**: System.out.println()

**M 모 진영**: Console.WriteLine()

**M 모 진영**: ODBC, RecordSet

**J 모 진영**: JDBC, ResultSet

**보너스 - 극히 최근의 사건이다.**

　　　　**M 모 진영: Nullable 타입**

　　　　**J 모 진영: Optional 타입**

한 언어만으로 먹고살 수 없는 필자의 신세가 서글프다. ㅡㅜ

---

여기까지 읽었다면 한번 고민해 보자. "모방 속의 창조" 이것이 진정한 교훈일까? 어셈블리어가 남긴
진정한 유산은 기계어를 벗어나 인간의 언어를 모방해 프로그램을 작성하는 것이 가능하다는 것이다.

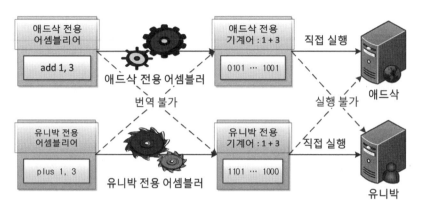

**[그림 1-2]** 인간을 0과 1의 행진에서 해방시킨 어셈블리어

그 이후로 무슨 일이 있었는지, 또 그 의미는 무엇인지 좀 더 살펴보자. 기계어를 끼고 살던 당시의 프로그래머들이 감동의 눈물을 흘리며 어셈블리어를 창조한 인물을 찬양하는 모습이 상상되는가? 만약 필자가 기계어 프로그래머였는데 어느 날 어셈블리어를 만나게 됐다면 크나큰 감동을 받았을 것이다. 0과 1의 행렬에서 벗어나 영어이긴 하지만 일상 용어로 프로그램을 작성할 수 있다는 것은 크나큰 변화와 축복이었을 것이며, 그 변화가 프로그래머를 더없이 행복하게 했을 것이다. 다만 그림 1-2를 보면 느껴지는 안타까움이 있는데 애드삭 어셈블리어 프로그래머가 유니박 어셈블리어 프로그래머로 이직하기 위해서는 유니박용 어셈블리어를 처음부터 다시 배워야 했을 것이고, 거기에 더해 빅엔디안이니 리틀엔디안이니 하는 숫자 표기법도 다시 익혀야만 했을 것이다. 그리하여 이직하기가 쉽지 않았을 것임을 짐작할 수 있다.

**니모닉(Mnemonic)**
어떤 것을 기억하는 데 쉽게 하도록 도움을 주는 것, 또는 쉽게 기억되는 성질. 니모닉은 재사용이 필요할 때 사람의 기억을 돕기 위해 명확하게 선택된 상징이나 상징의 조합을 사용하는 것을 말한다.

— 두산백과 —

## C 언어 – 강력한 이식성 / One Source Multi Object Use Anywhere

어셈블리어와 C 언어 사이에 많은 언어가 있긴 했지만 이 책이 역사책도 아니고 필자가 역사에 약하기도 하기에 곧장 C 언어로 건너뛰었다.

그림 1-3은 C 언어의 특징을 보여준다. C 언어가 등장했을 때 기존 어셈블리어 프로그래머들이 감동을 했을지 안 했을지, 감동을 했다면 무엇 때문에 감동했을지, 아니면 무엇 때문에 불평했을지 먼저 판단해 보자.

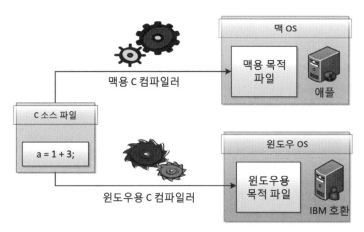

[그림 1-3] C 언어의 소스 파일(단수)과 목적 파일들(복수)

어셈블리어 프로그래머들이 C 언어를 만났을 때 감동했으리라는 것을 그림을 통해 알 수 있겠는가? 어셈블리어라면 같은 일을 하는 프로그램의 소스 파일을 각 기계의 종류만큼 만들어야 했다. 멀티 소스였던 것이다. 그런데 C 언어의 등장으로 이제는 소스 파일을 단 하나만 만들면 된다. 싱글 소스다. 하나의 소스 파일을 각 기계에 맞는 컴파일러로 컴파일만 하면 각 기계에 맞는 기계어 목적 파일이 만들어지는 것이다. 이 대목에서 감동해야 한다. 꼭 감동해야 한다. 역지사지의 능력을 발휘해 어셈블리어 프로그래머가 C 언어를 만났을 때의 감동을 느껴보자.

| | 기계어 | 어셈블리어 | C 언어 |
|---|---|---|---|
| **개발자의 코딩** | 0과 1의 나열 | 일상 단어 사용 | 수학적 기호 사용 |
| **소스 파일** | 기종마다 하나씩 | 기종마다 하나씩 | 기종이 몇 개든 단 하나 |
| **목적 파일(기계어)** | 소스 그 자체 | 어셈블러로 소스를 번역해 생성 | 컴피일리로 소스를 번역해 생성 |
| **기계어 비교** | | 기계어와 1 : 1 대응하는 니모닉 | 기계어와 m : n 대응하는 수학적 기호 |

[표 1-1] 기계어, 어셈블리어, C 언어 비교

- One Source: 하나의 C 소스 파일만 작성
- Multi Object: 기종마다 하나씩 기계어 목적 파일을 생성
- Use Anywhere: 모든 컴퓨터에서 실행 가능

삼단 논법을 적용하면 하나의 소스로 모든 컴퓨터에서 실행 가능하다는 결론에 다다르게 된다. 하나의 소스를 가지고 기종별로 컴파일만 하면 해당 기종별로 목적 파일, 즉 기계어 코드가 만들어지는 것이다. 어셈블리어 프로그래머가 C 언어를 만났을 때 감동했을 것임을 충분히 짐작할 수 있을 것이다. 그런데 실제로는 그렇게 감동만 하지는 않았다고 한다. 그림 1-3을 보면 알겠지만 운영체제가 하드웨어의 특성을 추상화하고 컴파일러는 운영체제별로 만들어져 공급하게 되는데 그 운영체제들이 또 나름의 특성이 있었기에 하나의 소스로 각 기종별로 컴파일하기 전에 그 기종에 맞게 소스를 변경하는 작업이 필요했다. 혹시 C 언어를 배운 경험이 있다면 다음과 같은 설명을 본 적이 있을 것이다.

- short는 int보다 크지 않은 정수
- long은 int보다 작지 않은 정수

자바만 배웠다면 머리에 살짝 충격이 올 것이다. 이러한 차이는 어떤 운영체제는 int를 2바이트로 인지하고, 다른 어떤 운영체제는 int를 4바이트로 인지하기 때문에 발생한다. int는 정수를 의미하는 영어 단어인 integer의 줄임말이지 그 크기가 몇 바이트인지 규정하는 말이 아니었던 것이다.

결국 One Source Multi Object Use Anywhere는 이상향이었고 One Source 뒤에 Fix Source, 즉 운영체제별 소스 수정 과정이 필요했던 것이다. 그래도 어셈블리어를 하나의 기계용에서 다른 기계용으로 작성하는 수고와 노력에 비하면 C 언어는 무척이나 편해진 것이다. 이러한 C 언어의 특성을 '이식성이 좋다'라는 말로 표현한다. 여기서 자바 프로그래머들은 오해하지 말자. 어셈블리어 대비 이식성이 좋은 거지 자바 대비 이식성이 좋은 게 아니다.

그럼 이 부분의 교훈은 무엇일까? 인간이 이해하기 쉬운 언어 체계가 기계어와 1:1 매칭이 아닌 m:n 매칭이 가능해졌다는 것이다.

다음 C 소스를 보자.

```
k = a + b;
```

인간적으로 번역해서 읽으면 "a변수에 저장된 값과 b변수에 저장된 값을 더해 k 변수에 대입하라"가 된다. 설마 "k는 a + b와 같다"라고 읽은 독자는 없을 것이라 믿는다. C 언어에서는 한 문장이지만 이를 어셈블리어로 작성하면 무척이나 길어진다. 표 1-2는 C 언어로 작성한 소스를 어셈블리어와 비교해서 나타낸 것이다.

| C 언어 | 인텔 80xx CPU 어셈블리어 |
| --- | --- |
| k = a + b; | load 레지스터1, 110번지 |
| | load 레지스터2, 114 번지 |
| | add 레지스터2 |
| | save 106 번지, 레지스터1 |

[표 1-2] C와 어셈블리 소스 비교

컴퓨터의 작동 원리를 이해하고 싶다면 어셈블리어 책 한 권 정도는 정독하기를 강력히 권장한다.

혹시라도 독자가 C/C++ 언어를 학습한 적이 있다면 포인터 때문에 안 좋은 추억이 있을 것이다. 하지만 기계어/어셈블리어 프로그래머에게 포인터는 일상다반사였다. C/C++의 포인터는 프로그래밍에 처음 입문하는 사람에게는 난공불락에 가깝지만 이미 기계어/어셈블리어에 익숙한 이들에게는 C/C++ 언어의 포인터는 축복 그 자체였다. 그리고 무엇보다 C 언어가 프로그래밍 방법에 있어서 새로운 패러다임을 제시했는데, 바로 함수로 대표되는 구조적 프로그래밍이다. 이는 2장에서 다룰 주제이니 그때까지 잠시 미루고 일단은 다음으로 넘어가자.

## C++ 언어 – 정말 인간적인 프로그래밍 방법론, 객체 지향

C++는 C에 객체 지향 개념을 도입함으로써 역사에 한 획을 그은 언어가 됐다. 거기에 더해 가장 사랑받는 언어 중 하나로서의 지위도 얻었다. 가장 큰 변화는 역시 객체 지향 개념의 도입인데, 객체 지향은 3장 이후부터 상세히 설명하겠다. 다만 한 가지 미리 귀띔하자면 기계어에서 어셈블리어로, 또 어셈블리어에서 C 언어로 발전하는 과정이 기계가 아닌 인간을 위한 과정이었음을 살펴봤는데 객체 지향 역시 인간을 위한 패러다임의 극적 변화라는 것이다.

지금 이 책을 읽고 있는 독자 중에는 객체 지향으로 인해 힘들었던 추억(?)이 있을 것이다. 혹자는 객체 지향을 이해하는 데 최소 3년, 적정 5년, 최대 8년의 시간이 필요하다는 말을 하기도 했다. 하지만 필자가 이 책 한 권으로 객체 지향을 이해할 수 있게 해주겠다. 객체 지향은 개발자를 좌절시키기 위해 비야네 스트롭스트룹(Bjarne Stroustrup)이 C++에 도입한 개념이 아니다. 개발자에 대한 깊은 애정과 봉사의 정신으로 더 쉬운 프로그래밍을 위해 제안한 프로그래밍 방법론인 것이다. 믿음이 가지 않는다면 어서 2장을 넘어 3장으로 진도를 나가자. 3장에서 객체 지향이 사람을, 특히 개발자를 어떻게 이롭게했는지 보여주겠다.

## 자바 - 진정한 객체 지향 언어

자바가 진정한 객체 지향 언어라니? 무슨 말일까? 그럼 C++는 진정한 객체 지향 언어가 아니라는 뜻일까? 그렇다. 아니다. C++야말로 순수 객체 지향 개념에 가장 충실한 언어이긴 하지만 숨은 반전이 있었다. C++는 객체 없는 프로그래밍도 가능하다는 것이다. 그래서 C++를 객체 지향 지원 언어라고 부르는 것이 맞다고 필자는 생각한다. 객체 지향 언어의 중심에는 클래스(class)가 있다(객체 [object]라고 해도 된다). 자바에서는 클래스를 떠나 존재할 수 있는 것은 아무것도 없다. 심지어 프로그램의 시작점인 main() 메서드마저도 클래스 외부가 아닌 내부에 존재해야 한다. 그리고 모든 메서드도 클래스.메서드명() 또는 객체.메서드명()으로 접근해야만 한다. 그런데 C++의 main() 함수는 클래스와 별개로 존재할 수 있으며, printf() 함수는 클래스나 객체와 관계없이 호출할 수 있다.

본 주제로 돌아가서 자바가 인간을 어떻게 이롭게 했는지 살펴보자.

C++는 객체 지향 개념을 도입함으로써 개발자 사랑을 실천했으며, C는 One Source Multi Object Use Anywhere로 개발자 사랑을 실천했다. 자바는 어떻게 개발자에 대한 사랑을 실천했을까? 독자가 C#을 학습한 적이 있다면 C#은 또 어떻게 개발자 사랑을 실천했을까? 자바와 C#, 두 언어가 인간을 사랑한 방법은 바로 가상 머신(Virtual Machine)이다. 물론 C#은 M 모 진영의 작품이니 노골적으로 J 모 진영이 말하는 JVM과 같은 존재를 홍보하지는 않지만 C#도 가상 머신에 해당하는 부분이 분명히 존재한다. 바로 CLR이라고 하는 녀석인데 공통 언어 런타임(Common Language Runtime)의 약자다. 그럼 가상 머신이 어떻게 인간을 이롭게 했는지 살펴보자. 앞서 말한 것처럼 앞 기술의 어깨를 디디고서 말이다.

자바는 C 언어의 One Source Multi Object Use Anywhere라고 하는 인간 사랑을 어떻게 더 개선했을까? 답부터 공개하자면 Write Once Use Anywhere다. C 언어 대비 글자수가 많이 줄었다. 외우기 좋지 아니한가? 일단 외우는 것에서부터 인간 사랑을 실천하고 있는 것이다.

|  | C | 자바 |
|---|---|---|
| 소스 파일 | One Source | Write Once (One Source와 같은 말이다) |
| 목적 파일 | Multi Object | One Object |
| 실행 | Use Anywhere | Use Anywhere |

**[표 1-3]** C 언어와 자바 비교

표 1-3이 의미하는 바는 무엇일까? 컴파일러를 기종별로 따로 구매해두지 않아도 된다는 뜻이다. 독자의 지갑, 아니 독자의 회사 자금 사정을 사랑해 주고 있는 것이다. 심지어 자바 컴파일러는 무료다. 이게 어떻게 가능한 것일까? JVM 덕분일까? JRE 덕분일까? JDK 덕분일까? 백 문장의 글이나 길쭉한 표보다 그림 1-4가 이 모든 것을 더욱 쉽게 설명해 줄 것이다.

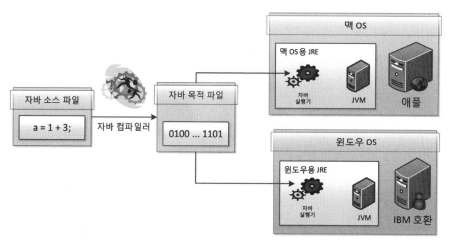

**[그림 1-4]** Write Once Use Anywhere

C 언어로 작성한 소스를 다른 기종의 컴퓨터에서 실행하려면 소스와 각 기종용 컴파일러를 준비해야만 했다. 그런데 자바로 구현한 소스는 다른 기종의 컴퓨터에서 실행하기 위해 목적 파일인 오브젝트 파일만 가져가면 된다. 물론 다른 기종의 컴퓨터에 해당 기종용 JRE가 설치돼 있어야 한다.

|  | 어셈블리어 | C | 자바 |
|---|---|---|---|
| 개발자의 코딩 | 일상 단어 사용 | 수학적 기호 사용 | 수학적 기호 사용 |
| 소스 파일 | 기종마다 하나씩 | 기종이 몇 개든 단 하나 | 기종이 몇 개든 단 하나 |

| | 어셈블리어 | C | 자바 |
|---|---|---|---|
| 목적 파일 | 어셈블러로 기계어 생성 | 컴파일러로 해당 운영체제용 기계어 생성 | **기종이 몇 개든 단 하나의** JVM용 기계어 생성 |
| 기계어 비교 | 기계어랑 1:1 대응하는 니모닉 | 기계어와 m:n 대응하는 수학적 기호 | 기계어와 m:n 대응하는 수학적 기호 |
| 비고 | 기종별 어셈블러 필요 | 기종별 컴파일러 필요 | 단 하나의 컴파일러만 필요 기종별 JRE 세팅 필요(한 번만 설치해주면 됨) |

[표 1-4] 어셈블리어, C, 자바 비교

## 신기술은 이전 기술의 어깨를 딛고 개발자를 위해 발전한다

지금까지 기계어, 어셈블리어, C, C++, 자바로 발전해 온 프로그래밍 언어 분야에서 기술이 개발자를 어떻게 더 사랑하게 됐는지를 살펴봤다.

| 언어 발전사 | 개발자 사랑 |
|---|---|
| **기계어** | • 개발자를 사랑하기에는 너무 초창기 기술이었다.<br>• 탄도의 궤적은 계산해줬다. |
| **어셈블리어** | • 인간의 언어로 프로그램 작성이 가능하게 해줬다. |
| **C** | • 하나의 소스로 이기종 간에 이식성을 확보했다. |
| **C++** | • 객체 지향 개념을 도입했다.<br>• 인간적인 사고의 프로그래밍 방식이다. |
| **자바** | • 한 번의 컴파일로 이기종 간에 이식성을 확보했다.<br>• 포인터에 대한 개념 없이 프로그래밍을 가능하게 했다. |
| **스프링 프레임워크** | • 기술이 인간에 대한 완전무결한 사랑을 꿈꾸다!<br>• 거대함 속의 단순함과 완벽함, 그리고 유연함!<br>• 아주 작고 작은 끈이 이 우주의 모든 물질을 구성하며, 그 성질 또한 지배한다는 끈 이론처럼 스프링은 IoC/DI, AOP, PSA라고 하는 객체 지향의 베스트 프랙티스만으로 아무리 거대한 프로그램이라도 쉽게 구현할 수 있음을 보여준 프레임워크다. 단, IoC/DI, AOP, PSA 안에 녹아든 이전 기술들의 개발자 사랑을 이해해야 스프링 프레임워크도 온전히 이해할 수 있다. |

[표 1-5] 프로그래밍 언어의 발전사와 인간 사랑

신기술은 이전 기술의 어깨를 딛고 인간을 더욱 사랑하는 과정이었다는 필자의 논리에 이제 독자도 어느 정도 동의할 것이다. 독자가 그 사랑을 믿는다면 자바 속에 녹아 있는 객체 지향 개념을 더 쉽게 이해할 수 있을 것이다. 그렇게 스프링 프레임워크의 입문까지 필자와 함께 힘차게 달려보자.

## 신기술이 역사 속에서 환영만 받은 것은 아니다

### 사실 배척도 받았던 C

최적화된 컴파일러의 의해 작성된 목적 파일이라고 해도 기계어/어셈블리어로 제작된 프로그램에 비해 매우 느렸다. 당시에는 C 언어는 같은 기능을 수행하는 어셈블리어에 비해 CPU/메모리 자원을 효율적으로 사용하지 못했기 때문이다.

### 사실 배척도 받았던 C++

객체 지향은 기존의 절차적/구조적 프로그래밍과는 전혀 다른 패러다임을 제시했다. 알면 약이고 모르면 독이라고 했다. 새로은 패러다임의 전환에서 기존 기득권자들(?)이 저항하는 것은 지극히 당연한 것이었다. 필자도 객체 지향을 공부할 때 무척이나 어려워했다. 그러나 그것은 객체 지향에 대한 잘못된 학습과 오해일 뿐이었다. 객체 지향이 어렵지 않은 것임을 필자가 이 책을 통해 증명해 나가겠다.

### 사실 배척에 의해 버림받을 뻔했던 자바

JVM은 말 그대로 자바 가상 기계, 즉 가상의 컴퓨터를 물리적 컴퓨터의 메모리 안에 하나 더 구축하는 것이다. 가상이긴 하지만 컴퓨터를 하나 더 만드는 것이니 더 많은 물리적 CPU 자원과 더 많은 물리적 메모리를 소비했음은 당연했다. 속도도 C/C++에 비해 비교하기가 민망할 정도로 느렸다. 그래서 적지 않은 개발자들에게 "자바는 느려서 쓸 수가 없어"라는 평을 받아야 했다. 하지만 하드웨어의 발전, 하드웨어 구성 요소의 가격 하락, 그리고 최적화된 알고리즘으로 개발된 API와 JVM로 인해 현재는 자바가 C/C++보다 느리다는 것을 체감하기도 힘들고 또 성능 검사의 일부 항목에서는 C/C++보다 더 빨랐다는 비교 결과도 있다.

# 짧은 글, 긴 생각

## UML을 대하는 자세

UML은 의사소통의 도구이며, 표기 방법론일 뿐이다. 의사소통의 목적을 위해서라면 UML을 비틀어서 사용해도 좋다. 잡혀가지 않는다. UML표기법 하나하나에 목숨 걸지 말자. 필자는 참 열심히 UML

을 공부했었다. 그것도 마치 신앙처럼. 그런데 지금은 액티비티 다이어그램(Activity Diagram: 활동 다이어그램)을 그리기보다는 순서도나 NS차트(Nassi-Schneiderman chart)를 사용한다. 물론 지금도 클래스 다이어그램과 시퀀스 다이어그램(Sequence Diagram: 순차 다이어그램)은 자주 그리지만 그게 전부다.

## 당신은 CBD, SOA가 어려운가?

필자에겐 어렵다. CBD나 SOA는 한 시대를 풍미했고 그 영향은 앞으로도 꽤 오랫동안 지속될 것이다. 그런데 이러한 것들은 왜 어려울까? 그것은 CBD나 SOA가 제품이 아니기 때문이다.

CBD는 Component Based Development의 약자로, 번역하면 컴포넌트 기반 개발이 된다. CBD는 애플리케이션을 통짜로 개발하지 말고, 애플리케이션을 의미 있는 단위로 구분하고 그 단위를 하나하나씩 부품으로 개발해 마치 레고 블록을 쌓아 올리듯 부품을 결합해 소프트웨어 제품을 완성하자는 방법론이자 기법이다. 제품이 아니다.

SOA는 Service Oriented Architecture의 약자로, 번역하면 서비스 중심 구조 또는 의역하면 서비스 지향 구조라고 할 수 있다. 개발자 입장에서의 개발이 아니라 실제 현실의 업무를 기준으로 개발하자는 사상이다. 제품이 아니다.

그렇다면 이 같은 블록화 개발, 서비스 지향적인 개발이 이전에는 존재하지 않았던 것일까? 분명히 존재했었다. 그런데 어느 날 누군가가 블록화 개발에 CBD라는 아름다운 이름을 붙였다. 또 어느 날 누군가가 서비스 지향적인 개발에 SOA라는 이름을 붙였다. 물론 거기에 사상을 더하기는 했지만 결국 블록화 개발은 블록화 개발이고, 서비스 지향적인 개발은 서비스 지향적인 개발일 뿐인데 세상은 그 단어에 광분하기 시작했고 너도나도 CBD를 한다, SOA를 한다 난리법석이었다. 그러고는 제각각 CBD 기반 제품이네, SOA 기반 제품이네 광고를 해대기 시작했다. 말은 한 사람 건너면 달라진다고 또 각자가 자기네 제품에 적용한 사상이 진정한 CBD라 하고 또 다른 회사에서는 자기 회사 제품이 진정한 CBD라고 하며 떠들기 시작하면서 이제는 그 누구도 CBD가 뭔지, SOA가 뭔지 그 본질이 혼란스러워졌다. 이제 우리는 깨우쳐야 한다. 사상(개념)과 제품은 별개라는 것을......

누군가가 만든 제품에 CBD 사상을 따랐네 SOA 사상을 따랐네 해봐야 그들만의 리그인 것이다. 당신이 CBD 지향 제품을 만든다고 하면 당신에게 CBD는 바로 그 제품일 뿐이다. 남에게 강요할 필요도 없고 다른 사람에게 강요당할 필요도 없다. 그런데 이런 중구난방의 목소리들로 CBD, SOA를 이해하려니 당연히 어려울 수밖에 없다. 각자가 다 다른 이야기를 해대고 있으니 말이다. 개발자로서 우리가 갖춰야 할 것 중 하나는 거대 IT 기업의 홍보성 말장난에 휘둘리지 말고 그 본질을 잘 살펴서 취할 것은 취하고 버릴 것은 버리는, 즉 선별해내는 능력이다.

## 객체 지향의 4대 특성을 누군가에게 설명할 수 있는가?

객체 지향 방법론은 이름부터 방법론이다. 그럼 이것도 제품마다 다른 소리를 하며 자기네 제품이 최고라고 떠들 것이 자명하다. 자바 진영과 C# 진영은 또 그렇게 오늘도 치열한 설전 속에 두 모 기업뿐만 아니라 각 언어 개발자들 사이에 전쟁의 명분을 제공해 주고 있다. 그런데 정작 중요한 것은 누가 최고인가가 아니다. 주목해야 할 것은 자바나 C#은 바로 필자가, 또 이 책을 읽고 있는 독자가 쓰는 제품이라는 것이다. 그리고 이 제품 속에는 각 제조사가 생각하는 객체 지향 방법론의 사상 및 개념이 숨어들어 있다. 객체 지향은 긴 세월 속에 정제되어 거의 모든 이가 동의하는 객체 지향 4대 특성, 객체 지향 설계 5원칙, 객체 지향의 베스트 프랙티스 모음인 디자인 패턴 등의 개념이 정립됐다. 우리가 자바라고 하는 제품을, C#이라고 하는 제품을 온전히 쓰려면 다른 것은 제쳐놓고서라도 우리가 사용하는 제품 속에 녹아 있는 객체 지향 4대 특성은 제대로 이해해야 한다. 그래야 자바나 C#이라는 제품을 올바르게 사용해 올바른 객체 지향 사상을 담아낸 객체 지향 프로그램을 만들어 낼 수 있기 때문이다.

독자에게 묻고 싶다. "당신은 자바라는 객체 지향 언어 속에 녹아 있는 객체 지향의 4대 특성을 누군가에게 설명할 수 있는가?"라고 말이다. 이 질문의 답이 "YES"가 아니라면 이는 장님이 장님을 인도하는 형국이다. 필자와 함께 자바 안에 녹여진 객체 지향의 4대 특성을 3장을 통해 살펴보자.

## 스프링 프레임워크는 사상이면서 또 단일 제품이다

이 책은 스프링 전문 서적이 아님에도 계속 필자가 스프링을 이야기하는 이유는 현존하는 개발 사상과 개발 지원 제품 가운데 스프링이 가장 선봉에 서 있고, 또 가장 훌륭하게 이전 기술들의 어깨를 딛고 정상에 오른 제품이기 때문이다. 독자가 스프링을 사용하지 않는다 해도 절차적/구조적 프로그래밍에서 객체 지향, 디자인 패턴을 관통해 일가를 일궈낸 스프링을 공부함으로써 독자가 진징한 프로그래머, 행복한 프로그래머에 한 발짝 더 다가갈 수 있다는 필자의 믿음 때문이기도 하다. 그런데 바로 앞서 이야기한 것처럼 객체 지향을 모르고 스프링을 안다는 것은 어불성설이다. 스프링은 객체 지향의 기반 위에 굳건히 서 있기 때문이다.

이제 표 1-6을 살펴보자. 왼쪽과 오른쪽 중에 무엇이 더 쉬워 보이는가? 그리고 왼쪽에 있는 것들을 통칭하는 단어를 하나 제시하라면, 마찬가지로 오른쪽을 통칭하는 단어를 하나 제시하라면 무엇을 제시할지 고민해 보자.

| | |
|---|---|
| **스프레드시트** | 엑셀 |
| **워드프로세서** | 마이크로소프트 워드, 아래아 한글 |
| **이미지 편집기** | 포토샵, 페인트샵 프로 |
| **통합 개발 환경(IDE)** | 비주얼 스튜디오, 이클립스, 넷빈즈 |
| **텍스트 편집기** | 메모장, 에디트 플러스, 울트라에디트 |
| **DBMS** | 오라클, MS-SQL, MySQL |
| **ORM** | JPA, 하이버네이트 |

**[표 1-6]** 개념과 제품

필자와 같은 생각이라면 좌측을 "개념"이라고, 우측을 "제품"이라고 제시했을 것이다. 같은 의미에서 다음 표 1-7도 살펴보자.

| | |
|---|---|
| OOP - 객체 지향 프로그래밍 | C++, 자바, C# |
| CBD | ... |
| SOA | ... |
| ? | 스프링 프레임워크 |

**[표 1-7]** 개념과 제품 2

이제 CBD나 SOA가 어려운 이유를 알겠는가? 개념은 있으되 그것을 대표하는 제품이 없거나 사용해 본 제품이 없으니 뜬구름인 것이다. 제품이라도 없다면 그 제품을 설명해줄 메타포라도 있어야 이해하기 쉬운 법이다.

OOP는 대표 제품이 있음에도 뜬구름이라면 그동안 공부를 잘못 한 것은 아닐까? 아니면 제품을 제대로 쓰지 못했던 것은 아닐까? 이 책의 목표는 바로 자바라는 제품을 이용해 객체 지향을 이해하는 것이다. 개념이 제품에 녹아 있을 테니, 역으로 제품 안에 녹아 들어 있는 개념을 찾아 이해해 보자는 것이다. OOP를 구현한 제품이 자바이니, OOP의 특성은 자바 코드로 나타날 것이다. 그렇다면 자바 코드에 나타난 OOP 특성으로 인해 OOP를 더 잘 이해할 수 있을 것이다. '개발자는 코드로 말한다'는 유명한 격언이 있다. 2 장부터는 코드를 보면서 OOP를 이해해 보자.

그런데 표 1-7에서 스프링 프레임워크의 좌측이 비어 있다. 일부러 비워뒀는데 혹시나 스프링 프레임워크에 대해 조금이라도 경험이 있다면 좌측에 무엇을 넣고 싶은가? 필자가 제시하는 모범 답안을 보기 전에 독자도 모범 답안을 고민해 보기 바란다.

스프링 프레임워크가 제품이라면 분명 좀 쉬워야 하는데 도대체 왜 어렵다고들 할까? 그건 필자가 보기엔 두 가지 문제 때문이다. 첫 번째는 표 1-7의 스프링 프레임워크의 좌측 공란에 모범 답안, 즉 스프링 프레임워크가 무엇인지 그 개념을 명확히 알지 못하기 때문이고, 두 번째는 제품이 너무 방대하기 때문이다. 스프링 프레임워크는 정말 방대하다. 그럼 이제 고민 좀 했을 테니 필자가 생각하는 모범 답안을 공개하겠다. 필자가 생각하는 스프링 프레임워크의 개념은 OOP 프레임워크다. OOP 프레임워크라고 규정했으니 스프링 프레임워크를 이해하려면 먼저 OOP를 알아야 한다. 더불어 프레임워크가 무엇인지 알아야 한다. 그리고 필자는 스프링 프레임워크의 개념에 대한 더 긴 모범 답안도 가지고 있다.

OOP 프레임워크 with IoC, DI, AOP, PSA, WEB, ORM, OXM, Security, Test, iBatis, Hibernate, JPA, JMS, Web Service, Schedule, JNDI, Email, JMX, Lime, Groovy, BeanShell, RMI, Struts, Velocity, PDF, Excel, RSS, … on POJO, SOLID and OOP Design Patterns

생략했음에도 모범 답안이 무척 길다. 이게 바로 스프링 프레임워크를 공부하고 이해하기 힘든 두 번째 이유다. 하지만 겁 먹지는 말자. 이 중에서 세 개 빼고는 독자가 필요한 내용만 취해서 학습하면 되기 때문이다.

스프링 프레임워크를 학습하기 가장 힘든 이유는 OOP 자체를 잘 모르거나 오해하고 있기 때문이다. 고수들은 스프링 프레임워크야말로 정말 단순하고 유연하며 쉽고 강력해서 한 번 발을 들여 놓고 그 속에서 놀다 보면 결코 헤어나올 수 없다고들 말한다. 스프링을 쉽다고 말하는 이들은 OOP 기본기가 갖춰져 있기 때문이다.

흥미로운 사실이 하나 있다. 스프링 프레임워크는 규모의 방대함에도 불구하고 자기 철학을 통해 일관성 있는 방식으로 그 방대함을 쌓아 올렸다는 것이다. 그 일관성을 깨우치고 나면 절로 탄성을 지르며 감동하게 될 것이다. 필자가 초반에 끈 이론을 언급했었는데, 끈 이론에서는 세상 모든 만물이 아주 작은 끈으로 구성돼 있다고 한다. 그 끈들이 진동하면서 모든 사물의 고유한 성질을 만들게 되고 우주의 법칙까지도 지배한다고 한다. 스프링 프레임워크에도 끈이론의 끈처럼 스프링을 지배하는 근원적인 요소가 있는데 바로 스프링 삼각형이라고 하는 IoC/DI, AOP, PSA이다. 스프링 삼각형은 POJO(Plain Old Java Object)에 세 가지 유형의 진동을 줌으로써 거대한 프레임워크를 완성해 냈다.

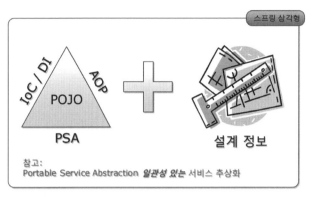

[그림 1-5] 스프링 삼각형과 설계 정보

그림 1-5는 세 가지 유형의 진동을 표현한 스프링 삼각형이다. 스프링 삼각형에 대해서는 7장을 통해 학습할 예정이니 지금은 이 정도만 알아두자.

스프링 프레임워크의 또 다른 아름다움은 ORM, OXM, JMS, AOP, CoC 등 엔터프라이즈 애플리케이션(Enterprise Application)을 구현하는 데 필요한 거의 모든 서비스를 지원해준다는 것이다. 소프트웨어는 사회 곳곳에 전방위적으로 도입되고 있다. 예전에는 일부 소수를 위해 프로그램을 작성했지만, 이제는 기업(엔터프라이즈) 활동의 거의 모든 분야가 프로그램이 지원해야 할 대상이 된 것이다. 또한 융합이라는 화두가 나올 때마다 융합의 한 축은 IT, 즉 정보 기술이 그 자리를 차지한다. 바로 이러한 사회적 필요를 충족하기 위해 만들어지는 애플리케이션을 엔터프라이즈 애플리케이션이라고 한다. 엔터프라이즈 애플리케이션은 ORM, OXM, JMS, AOP, CoC 등 다양한 기술을 필요로 한다. 스프링을 도입하기 이전에는 이런 다양한 기술을 다양한 공급자가 각자의 방식으로 구현하고 제공했기에 각 기술을 학습하고 적용하는 것이 고되고 힘든 작업이었다. 스프링은 PSA(일관성 있는 추상화) 기법을 통해 중구난방으로 구현된 다양한 기술을 표준화된 방식으로 사용할 수 있게 지원해준다. 스프링을 도입하면 엔터프라이즈 애플리케이션을 더 쉽고 편하게, 그리고 더 안정적으로 개발할 수 있다.

앞에서 기계어 프로그래머가 어셈블리어를 보고 감동의 눈물을 흘렸을 거라 이야기했다. 마찬가지로 이전에 EJB 또는 그와 유사한 프레임워크를 이용해 엔터프라이즈 애플리케이션을 개발했던 개발자들은 스프링 프레임워크 때문에 감동을 받을 거라 필자는 믿는다. 독자가 초급이라고 해도 스프링 프레임워크는 독자가 실무 경험을 쌓아갈 때마다 독자를 감동시켜줄 것이다. 바로 필자가 지금 그렇기 때문에 보장할 수 있다. 필자는 이제 겨우 스프링 삼각형의 IoC/DI, AOP, PSA의 개념을 이해하는 정도일 뿐이지만 스프링 안에 도도히 흐르는 객체 지향의 정신을 만났을 때 전율했고, 기존의 스프링 프레임워크 없이 해야 했던 웹 개발, DBMS 연동을 생각하니 감동이 밀려왔다. 그리고 그 거대함을 단순함의 조합으로 풀어냈다는 것에 입을 쩍 벌리고 말았다. 필자가 스프링을 통해 경험했던 감동들이 독자들에게도 찾아오길 기도해 본다.

## 책 출간의 변

이제야 밝히지만 1장의 내용은 다른 책이라면 축약해서 머리말 정도에 위치해야 하는 것이 맞을지도 모르겠다. 그러나 하고 싶은 말이 너무 많았다. 이 책의 가제는 "객체 지향 in 자바 그리고 스프링 프레임워크 입문"이었다. 객체 지향을 이해해야 올바른 자바 프로그램을 만들 수 있고, 또 스프링에 입문할 수 있다고 필자는 믿는다. 스프링 프레임워크는 OOP 프레임워크라는 개념을 제품화한 것이고, OOP 개념을 구현한 대표적인 제품 중에서 우리는 자바를 선택했으니 결국 우리가 알아야 할 것은 아래와 같다.

- OOP 개념
- 자바 언어의 문법
- 자바가 OOP 개념을 구현한 방식

안타깝게도 필자는 객체 지향의 4대 특성을 제대로 이해하지 못하는 개발자들을 많이 봐왔다. 객체 지향을 이해하고 습득하는 데 얼마만큼의 시간이 걸리는가에 대해 앞에서도 잠시 이야기했었는데, 필자는 8년 넘게 걸린 듯하다. 그런데 그 8년은 객체 지향을 이해하는 데 걸린 시간이 아니라, 객체 지향에 대해 오해했던 부분들을 바로잡는 데 필요한 시간이었다. 이 책을 읽는 독자는 객체 지향을 이해하는 데 수년이 걸리지 않기를 바라고, 이 책을 통해 객체 지향을 올바르게 이해할 수 있기를 간절히 바란다. 필자가 스터디 등을 통해 다른 개발자들에게 객체 지향을 전파했던 경험으로는 객체 지향의 4대 특성을 이해하고, 그 특성이 객체 지향 언어에 어떻게 반영됐는지 관찰하고, 문답과 실습을 통해 잘못된 기존의 지식을 걸러내고 부족한 부분을 보충하는 데 짧게는 몇 시간, 길어도 며칠이면 충분했다. 물론 프로그래밍 속에 이를 녹여내는 데는 실전 경험이 더 필요하긴 하다.

**01** 사람을
사랑한 기술

**02** 자바와 절차적/
구조적 프로그래밍

01_ 자바 프로그램의 개발과 구동
02_ 자바에 존재하는 절차적/구조적
프로그래밍의 유산
03_ 다시 보는 main() 메서드: 메서드 스택 프레임
04_ 변수와 메모리: 변수! 너 어디 있니?
05_ 블록 구문과 메모리: 블록 스택 프레임
06_ 지역 변수와 메모리: 스택 프레임에 갇혔어요!
07_ 메서드 호출과 메모리: 메서드 스택 프레임 2
08_ 전역 변수와 메모리: 전역 변수 쓰지 말라니까요!
09_ 멀티 스레드 / 멀티 프로세스의 이해
10_ STS(또는 이클립스)를 이용해
T 메모리 영역 엿보기
11_ 정리 – 객체 지향은 절차적/구조적
프로그래밍의 어깨를 딛고

**03** 자바와 객체 지향

**04** 자바가 확장한
객체 지향

**05** 객체 지향 설계
5원칙 – SOLID

**06** 스프링이 사랑한
디자인 패턴

자바는 객체 지향 언어이면서 더 근본적으로는 프로그래밍 언어다. 2장에서는 프로그래밍 언어로서의 자바를 다시 살펴본다. 변수가 메모리에 어떻게 저장되고 사용되는지, 메서드가 어떻게 호출되고 메모리에 어떤 변화를 일으키는지 살펴보면서 객체 지향 프로그래밍과 스프링으로 나아가기 위한 사전 지식을 점검해보자.

2장의 내용을 눈으로만 학습한다면 가장 지루한 장이 될 수 있다. 2장의 내용을 흥미롭게 학습하려면 종이와 필기구, 그리고 자바 IDE인 이클립스(Eclipse) 또는 이클립스를 스프링 프레임워크에 최적화한 STS(Spring Tool Suite)가 필요하다. 필자는 STS를 권장한다.

예제 소스를 별도로 출력하거나 복사해서 책을 이리 저리 넘기지 않고서도 소스를 확인할 수 있도록 준비하길 권한다.

## 자바 프로그램의 개발과 구동

그림 2-1은 자바 프로그램의 개발과 구동 과정을 나타낸 것이다. JVM(Java Virtual Machine)의 존재와 역할을 아는 것이 자바 개발 환경을 이해하는 데 필수적이다. JVM은 이름 그대로 가상기계다. 현실 세계에서 컴퓨터를 구동하기 위해서는 물리적 컴퓨터인 하드웨어와 운영체제, 그리고 그 위에서 구동될 소프트웨어가 필요하다. 거기에 더해 소프트웨어를 개발할 수 있는 개발 도구가 필요하다. 자바의 가상 세계는 이러한 현실 세계를 그대로 모방하고 있다.

| 현실 세계 | 가상 세계(자바 월드) | |
|---|---|---|
| 소프트웨어 개발 도구 | **JDK – 자바 개발 도구** | JVM용 소프트웨어 개발 도구 |
| 운영체제 | **JRE – 자바 실행 환경** | JVM용 OS |
| 하드웨어 – 물리적 컴퓨터 | **JVM – 자바 가상 기계** | 가상의 컴퓨터 |

**[표 2-1]** 현실 세계 vs. 가상 세계

현실 세계에서 소프트웨어, 즉 프로그램은 개발자가 개발 도구를 이용해 개발하고 운영체제를 통해 물리적 컴퓨터인 하드웨어 상에서 구동된다. 자바가 만들어 주는 가상 세계도 이와 마찬가지다. 자바 개발 도구인 JDK를 이용해 개발된 프로그램은 JRE에 의해 가상의 컴퓨터인 JVM 상에서 구동된다. 이를 잘 이해하기 힘들다면 RPG 게임에서 당신의 아바타가 게임 내에서 개발 도구를 이용해 프로그램을 개발하고, 그 프로그램을 RPG 게임 내의 컴퓨터에서 실행한다고 생각해 보자. 게임 내의 가상의 컴퓨터가 JVM에 해당하며, 그 가상의 컴퓨터를 제어하는 운영체제가 JRE에 해당한다. 그리고 가상의 세계에서 당신의 아바타가 사용한 개발 도구가 JDK에 해당한다. 다만 배포되는 JDK, JRE, JVM은 편의를 위해 JDK가 JRE를 포함하고 다시 JRE는 JVM을 포함하는 형태로 배포된다.

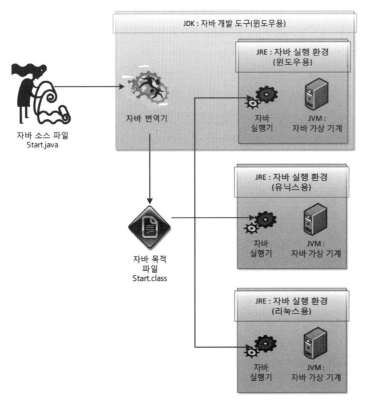

[그림 2-1] 자바 프로그램의 개발과 구동

그림 2-1을 다시 살펴보면서 JDK, JRE, JVM의 관계를 이해하기 바란다. JDK는 자바 소스 컴파일러인 javac.exe를 포함하고 있고, JRE는 자바 프로그램 실행기인 java.exe를 포함하고 있다. 자바가 이런 구조를 택한 이유는 기존 언어로 작성한 프로그램은 윈도우 95용, 윈도우 XP용, 윈도우 7용, 윈도우 8용, 리눅스용, 애플 맥 OS X용 등 각 플랫폼(하드웨어와 OS의 조합)용으로 배포되는 설치 파일을 따로 준비해야 했던 불편함을 없애기 위해서다. 자바 개발자는 본인이 사용 중인 플랫폼에 설치된 JVM용으로 프로그램을 작성하고 배포하면 각 플랫폼에 맞는 JVM이 중재자로서 각 플랫폼에서 프로그램을 구동하는 데 아무 문제가 없게끔 만들어주는 것이다. 이러한 자바의 특성을 Write Once

Run Anywhere라고 한다. 방금 설명한 내용이 잘 이해되지 않는다면 별도의 자료를 더 살펴보기 바란다. 참고로 JDK, JRE, JVM의 원래 명칭도 기억해두면 좋다.

JDK: Java Development Kit / 자바 개발 도구

JRE: Java Runtime Environment / 자바 실행 환경

JVM: Java Virtual Machine / 자바 가상 기계

자바의 특징을 빠르게 살펴봤다. 이 책은 자바 초급 서적을 한 권이라도 본 독자를 대상으로 하니 자바의 특성과 기초 문법은 생략하겠다.

이제부터는 자바를 더 잘 활용하기 위한 지식을 쌓아보자. 먼저 살펴볼 것은 프로그램이 메모리를 사용하는 방식이다.

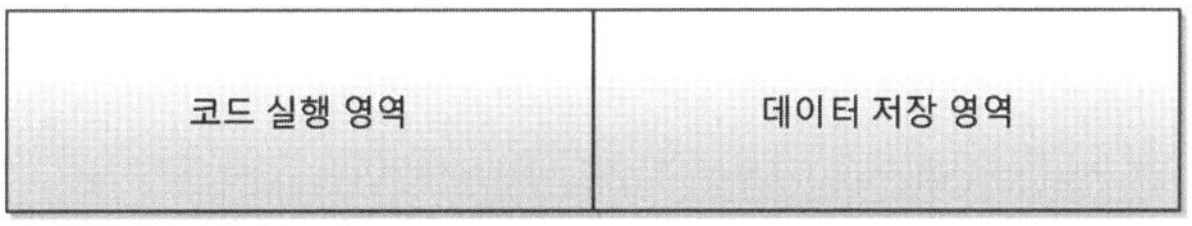

| 코드 실행 영역 | 데이터 저장 영역 |
| --- | --- |

[그림 2-2] 프로그램이 메모리를 사용하는 방식

그림 2-2는 하나의 프로그램이 실행될 때 프로그램이 메모리를 사용하는 방식을 간략하게 보여준다. 기계어를 포함한 모든 프로그래밍 언어의 공통된 메모리 사용 방식이다. 객체 지향 프로그램에서는 데이터 저장 영역을 다시 세 개의 영역으로 분할해서 사용한다(그림 2-3 참고).

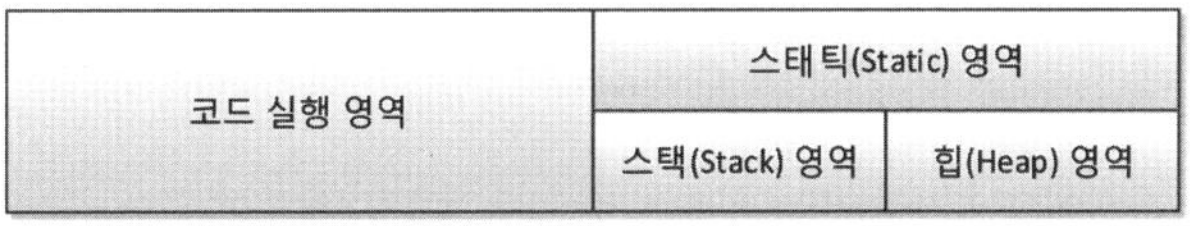

| 코드 실행 영역 | 스태틱(Static) 영역 | |
| --- | --- | --- |
| | 스택(Stack) 영역 | 힙(Heap) 영역 |

[그림 2-3] 객체 지향 프로그램의 메모리 사용 방식

메모리의 코드 실행 영역을 공부하면 컴퓨터의 작동 원리를 이해하는 데 큰 도움이 되는데 욕심이 있다면 어셈블리어를 공부해 보기 바란다. 운영체제나 언어 자체를 개발하는 로우 레벨 개발자가 아닌 일반 개발자가 코드 실행 영역을 깊게 학습할 필요는 없다. 그래서 앞으로는 메모리의 데이터 저장 영역의 삼분할 구조만 살펴보려고 한다. 데이터 저장 영역은 그림 2-3에서 T처럼 보이기에 앞으로는 T 메모리 구조라고 간략하게 지칭하겠다.

## 자바에 존재하는 절차적/구조적 프로그래밍의 유산

객체 지향 프로그래밍은 절차적/구조적 프로그램의 어깨를 딛고 있다. 따라서 객체 지향 언어를 이해하는 데 절차적/구조적 프로그래밍을 아는 것은 큰 도움이 된다. 물론 여기서 절차적/구조적 프로그래밍 기법을 모두 살펴볼 필요는 없다. 객체 지향 언어 안에 녹아 있는 부분만 보면 된다.

절차적 프로그래밍을 한마디로 표현하자면 goto를 쓰지 말라는 것이다. 이미 자바를 배울 때 goto의 폐해에 대해 들은 기억이 있을 것이다. 그 폐해가 얼마나 심했으면 자바는 goto를 예약어로 등록해 놓기까지 했다. 사용하기 위해 등록한 것이 아니라 사용하지 못하게끔 선점만 해놓은 것이다. 표 2-2는 자바의 예약어(키워드)를 나열한 것이다.

| abstract | continue | for | new | switch |
|----------|----------|-----|-----|--------|
| assert*** | default | goto* | package | synchronized |
| boolean | do | if | private | this |
| break | double | implements | protected | throw |
| byte | else | import | public | throws |
| case | enum**** | instanceof | return | transient |
| catch | extends | int | short | try |
| char | final | interface | static | void |
| class | finally | long | strictfp** | volatile |
| const* | float | native | super | while |
| | | | * | not used |
| | | | ** | added in 1.2 |
| | | | *** | added in 1.4 |
| | | | **** | added in 5.0 |

**[표 2-2]** 자바의 예약어
(출처: http://docs.oracle.com/javase/tutorial/java/nutsandbolts/_keywords.html)

자바 공식 문서에서 goto가 not used(사용 안함)임을 확인할 수 있다. const도 not used로 돼 있다는 것을 기억해 두자. 다른 언어의 const 역할을 자바에서는 final이 대신하고 있기에 const가 not used로 돼 있는 것이다.

자바에서는 왜 goto를 사용하지 못하게 한 것일까? goto를 사용하게 되면 프로그램의 실행 순서가 인간이 이해하기에 너무 복잡해질 가능성이 있기 때문이다. goto를 사용하게 되면 프로그램의 실행 순서를 이리저리 이동할 수 있게 된다. 그러한 이동이 잦아지면 소스를 이리저리 따라가면서 프로그램을 이해해야 하는데, 그리 만만한 작업이 아니다. goto를 이용한 이동은 프로그램을 논리적으로 잘 구성하면 모두 피할 수 있는 것들이다. 그래서 자바에서는 원천적으로 goto의 사용을 금지하는 것이다.

구조적 프로그래밍은 함수를 쓰라는 것이다. 함수를 쓰면 좋은 이유는 우선 중복 코드를 한 곳에 모아서 관리할 수 있고, 논리를 함수 단위로 분리해서 이해하기 쉬운 코드를 작성할 수 있기 때문이다. 여기에 더해 구조적 프로그래밍의 지침 중에는 공유 사용 시 문제가 발생하기 쉬운 전역 변수보다는 지역 변수를 쓰라는 것도 있다.

자, 그럼 자바 언어에서 이러한 절차적/구조적 프로그래밍의 유산은 어디에 남아 있을까? goto문은 제어 흐름을 이리저리 이동시키는 용도이고, 함수는 중복 코드 제거와 논리를 분할하기 위한 용도다. 제어하면 생각나는 것은 순서도와 제어문이다. 함수는 객체 지향 언어에서라면 메서드와 같은 것이다. 결론적으로 객체 지향 언어에서 절차적/구조적 프로그래밍의 유산은 메서드 안에서 확인할 수 있다. 객체 지향 프로그래밍에서 제어문이 존재할 수 있는 유일한 공간은 바로 메서드 내부이기 때문이다.

여기서 한 가지 의문은 함수(Function)와 메서드(Method)는 무엇이 다르냐다. 답부터 이야기하자면 전혀 다르지 않다. 절차적/구조적 프로그래밍에서 함수라 불렀는데 객체 지향에서는 좀 다르게 불러야 하지 않을까? 그래서 메서드라고 불렀다고 한다. 그래도 굳이 차이점을 찾는다면 함수는 클래스나 객체와 아무 관계가 없지만 메서드는 반드시 클래스 정의 안에 존재해야 한다는 것이다. 객체 지향 언어에서 클래스 외부에 존재할 수 있는 것은 없다. 그렇다면 import 문은? 편의 기능이며, 게으름의 산물일 뿐이다. import 구문 없이 코딩하는 것도 가능하다. 다만 import 없이 코딩하는 것은 타이핑을 많이 해야 한다. import 구문은 타이핑을 적게 하기 위한 편의 기능이다.

객체 지향 언어 자바에 존재하는 절차적/구조적 프로그래밍의 유산을 살펴보자.

| abstract | continue | for | New | switch |
| assert | default | goto | Package | synchronized |
| boolean | do | if | private | this |
| break | double | implements | protected | throw |

| | | | | |
|---|---|---|---|---|
| byte | else | import | public | throws |
| case | enum | instanceof | return | transient |
| catch | extends | int | short | try |
| char | final | interface | static | void |
| class | finally | long | strictfp | volatile |
| const | float | native | super | while |

[표 2-3] 자바에 존재하는 절차적/구조적 프로그래밍의 유산

표 2-3에 자바의 예약어 중 구조적/절차적 프로그래밍의 유산이라 할 수 있는 것들을 표시했다. 자바 키워드 중 절반 이상이 절차적/구조적 프로그래밍 언어에서 유래됐음을 알 수 있다.

그럼 이제부터 객체 지향을 이해하기 위해 절차적/구조적 프로그래밍을 먼저 이해해 보자.

## 다시 보는 main() 메서드: 메서드 스택 프레임

main() 메서드는 프로그램이 실행되는 시작점이다. main() 메서드가 실행될 때 메모리, 특히 T 메모리에는 어떤 일이 일어날까? 예제 2-1의 Start.java가 한 줄씩 실행될 때마다 T 메모리가 어떻게 변화하는지 살펴보자.

[예제 2-1] Start.java

```
1  public class Start {
2    public static void main(String[] args) {
3      System.out.println("Hello OOP!!!");
4    }
5  }
```

| 스태틱 영역 – 클래스들의 놀이터 | |
|---|---|
| 스택 영역 – 메서드들의 놀이터 | 힙 영역 – 객체들의 놀이터 |

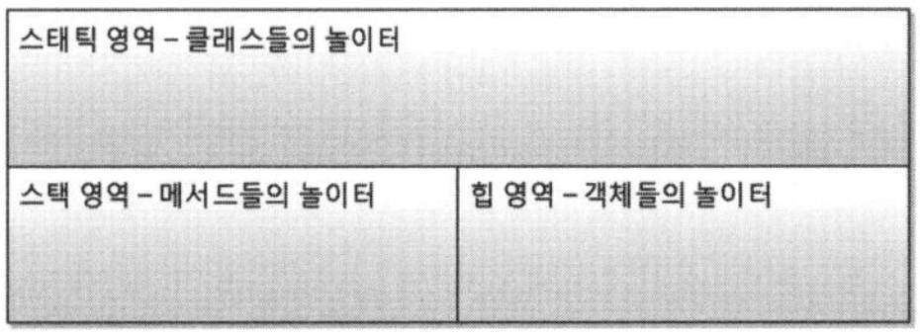

[그림 2-4] T 메모리 구조

T 메모리 구조는 그림 2-4와 같다. 여기서는 어떤 요소들이 각 영역을 사용하게 될지 비유적으로 표현했다. 해당 비유를 기억해 두기 바란다. A4 용지 한 장을 준비해 T 메모리 구조로 분할하고 연필과 지우개를 가지고 책 내용을 따라가 보자.

JRE는 먼저 프로그램 안에 main() 메서드가 있는지 확인한다. JRE는 Start 클래스에서 main() 메서드를 발견할 수 있을 것이다. main() 메서드의 존재가 확인되면 JRE는 프로그램 실행을 위한 사전 준비에 착수한다. 가상의 기계인 JVM에 전원을 넣어 부팅하는 것이다. 부팅된 JVM은 목적 파일을 받아 그 목적 파일을 실행한다. JVM이 맨 먼저 하는 일은 전처리라고 하는 과정이다. 모든 자바 프로그램이 반드시 포함하게 되는 패키지가 있다. 바로 java.lang 패키지다. JVM은 가장 먼저 java.lang 패키지를 T 메모리의 스태틱 영역에 가져다 놓는다. java.lang 패키지가 있기에 System.out.println() 같은 메서드를 쓸 수 있게 되는 것이다. 그림 2-5는 T 메모리의 스태틱 영역에 java.lang 패키지를 배치한 모습을 보여준다.

[**그림 2-5**] main() 메서드 실행 준비 1 단계 – java.lang 패키지를 T 메모리 스태틱 영역에 배치

다음으로 JVM은 개발자가 작성한 모든 클래스와 임포트 패키지 역시 스태틱 영역에 가져다 놓는다. 그래서 스태틱 영역을 "클래스들의 놀이터"라고 한다. 현재 코드에서 클래스는 Start뿐이니 T 메모리에 그림 2-6과 같이 배치된다.

[**그림 2-6**] main() 메서드 실행 준비 2 단계 – 클래스와 임포트 패키지를 T 메모리 스태틱 영역에 배치

이제 모든 전처리 과정은 끝났다. 잠깐 쉬어가는 의미에서 정리해 보자.

### main() 메서드가 실행되기 전 JVM에서 수행하는 전처리 작업들

- java.lang 패키지를 T 메모리의 스태틱 영역에 배치한다.

- import된 패키지를 T 메모리의 스태틱 영역에 배치한다.

- 프로그램 상의 모든 클래스를 T 메모리의 스태틱 영역에 배치한다.

자, 그럼 이제 main() 메서드의 첫 줄인 System.out.println("Hello OOP!!!") 구문이 실행될까? 아직은 아니다. 메서드들의 놀이터는 스택이다. main() 메서드가 놀기 위해 스택 프레임(stack frame)이 스택 영역에 할당된다. 조금 더 정확히 이야기하자면 여는 중괄호를 만날 때마다 스택 프레임이 하나씩 생긴다. 클래스 정의를 시작하는 여는 중괄호만 빼고 말이다. 그림 2-7에서 main() 메서드의 스택 프레임을 볼 수 있다.

**[그림 2-7]** main() 메서드 스택 프레임

이제 드디어 System.out.println("Hello OOP!!!") 구문을 실행하게 될까? 아직도 아니다. 딱 하나가 더 남았다. 메서드의 인자 args를 저장할 변수 공간을 스택 프레임의 맨 밑에 확보해야 한다. 즉, 메서드 인자(들)의 변수 공간을 할당하는 것이다. 그림 2-8처럼 T 메모리를 구성하고 나서야 main() 메서드 안의 첫 명령문을 실행하게 된다.

**[그림 2-8]** main() 메서드 스택 프레임과 인자 변수 공간

아주 작은 일을 하는 프로그램이었지만 JRE와 JVM은 참으로 바빴다. JRE는 눈에 보이지 않게 뒤에서 JVM이라고 하는 자바 가상 기계를 부팅하고, JVM은 메모리 구조를 만들고 거기에 java.lang 패키지 로딩, 각종 클래스 로딩, main() 메서드 스택 프레임 배치, 변수 공간 배치 등등의 일을 처리했다.

예제 2-1의 3번째 줄에 있는 System.out.println("Hello OOP!!!") 구문이 실행되면 T 메모리는 이제 어떻게 될까? 사실 T 메모리에는 변화가 없다. 왜일까? 메모리에서 코드 실행 공간은 별도로 있었다. 그리고 우리는 거기에 관심을 두지 않기로 했었다. 굳이 언급하자면 System.out.println() 구문이 코드 실행 공간에서 실행되면 GPU(그래픽 처리 장치 – Graphic Process Unit)에 화면 출력을 의뢰하게 된다. 이때 데이터 저장 공간인 T 메모리에는 아무런 변화가 없다. 그림 2–9를 보면서 이해해 보자.

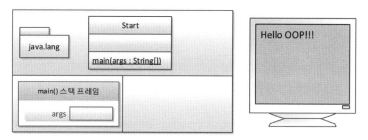

[그림 2–9] System.out.println("Hello OOP!!!") 구문을 실행한 후

2번째 줄의 블록 시작 기호인 여는 중괄호를 만났을 때 main() 메서드의 스택 프레임이 생긴다고 했다. 이후에 3번째 줄도 실행하고, 4번째 줄에서 main() 메서드의 끝을 나타내는 닫는 중괄호와 만난다. 여는 중괄호로 스택 프레임이 만들어지고 닫는 중괄호로 스택 프레임이 소멸된다. 그림 2–10은 main() 메서드의 스택 프레임이 소멸된 후의 T 메모리를 보여준다.

[그림 2–10] main() 메서드 종료 이후의 T 메모리 상태

main() 메서드가 프로그램의 시작점이라고 했는데 끝이기도 하다. main() 메서드가 끝나면 JRE는 JVM을 종료하고 JRE 자체도 운영체제 상의 메모리에서 사라진다. 그럼 T 메모리도 이제 그 운명을 다하고 사라지게 되는 것이다.

지금은 이 내용이 왜 중요한지 감이 잘 안 올 것이다. 그럼에도 필자가 중요하다고 하니 한번 믿어 보자. 너무 중요하기에 다시 핵심 내용을 정리해 보자.

- T 메모리 구조
- java.lang 패키지
- import 패키지와 클래스들

- 메서드 스택 프레임

- JVM

- JRE

그런데 T 메모리의 힙 영역은 언급하지 않았다. 힙 영역은 OOP에서 클래스와 객체를 이야기한 이후에 아주 아주 중요한 영역이지만 2장에서 절차적/구적 프로그램의 특징을 학습하는 동안은 무시하도록 하자.

T 메모리 구조를 완벽하게 보여주는 IDE는 필자가 아는 한 아직 없다. 하지만 IDE에서 T 메모리 구조를 엿보고 싶다면 자바 개발자들의 사랑을 듬뿍 받고 있는 이클립스 또는 STS를 활용해보자. 이클립스를 이용하면 T 메모리 스택 영역의 상태를 엿볼 수 있는 방법이 있다.

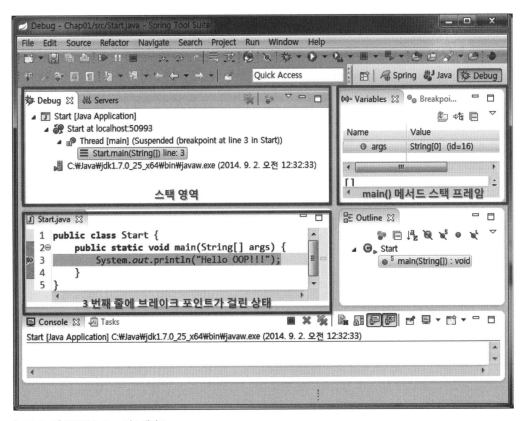

[그림 2-11] STS의 Debug 퍼스펙티브

그림 2-11은 STS에서 Start.java의 3번째 줄에 브레이크포인트를 설정하고 Run → Debug(또는 마우스 오른쪽 버튼 클릭 → Debug as → Java Application)를 실행했을 때의 Debug 퍼스펙티브를 보여준다. 상단 좌측에서 스택 영역을 유추해 볼 수 있다. main() 메서드 스택 프레임이 생성돼 있음을 확인할 수 있다. 상단 우측에서 main() 메서드 스택 프레임 내부의 지역 변수를 확인할 수 있다.

## 변수와 메모리: 변수! 너 어디 있니?

[예제 2-2] Start2.java

```
1  public class Start2 {
2    public static void main(String[] args) {
3      int i;
4      i = 10;
5
6      double d = 20.0;
7    }
8  }
```

예제 2-2에서 Start2.java의 2번째 줄을 실행한 후 T 메모리의 상황을 새로운 A4 용지에 그려보자. 그리고 필자가 그린 그림 2-12와 비교해 보자. 노력하는 자가 많이 얻는다. 물론 즐기는 자는 더욱 많이 얻는다.

[**그림 2-12**] 2번째 줄을 실행한 후 T 메모리의 상태

Start.java 때와 다르지 않다. Start 자리에 Start2가 들어왔을 뿐이다. 그럼 이제 3번째 줄을 실행해 보자.

```
    int i;
```

이 명령은 메모리에 4바이트 크기의 정수 저장 공간을 마련하라는 것이다. 컴퓨터(JVM)는 충실하게 i 변수를 위한 공간을 마련하는데, 이 공간을 어디에 마련할까?

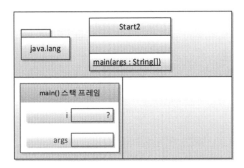

[그림 2-13] 3번째 줄을 실행한 후 T 메모리의 상태

main() 메서드 내에 있으니까 당연히 main() 메서드 스택 프레임 안에 밑에서부터 차곡차곡 변수 공간을 마련한다. 현재 변수 i에 저장된 값은 얼마일까? 그림 2-13에서 물음표(?)에는 과연 무슨 값이 들어 있을까? 알 수 없는 값이 들어가 있다. 이전에 해당 공간의 메모리를 사용했던 다른 프로그램이 청소하지 않고 간 값을 그대로 가지고 있게 된다. 우리에게는 그저 쓰레기일뿐인 값이다. 그래서 3번째 줄과 같이 변수 i를 선언만 하고 초기화하지 않은 상태에서 i 변수를 사용하는 코드를 만나면 자바 컴파일러(javac)는 "The local variable i may not have been initialized" 경고를 토해내며 파업에 들어간다. 컴파일러가 제시한 영어를 직역해보면 "그 지역 변수 i는 초기화되지 않았을 수도 있습니다."가 된다. 지역 변수 이야기는 이 다음 절에서 설명하겠다. 이제부터는 코드와 T 메모리를 번갈아 가면서 빠르게 나아가 보자. 아래 그림 2-14를 보기 전에 손에 잡고 있는 A4 용지에 4번째 줄을 실행한 후의 T 메모리를 먼저 그려보길 다시 한 번 적극 권장한다.

```
i = 10;
```

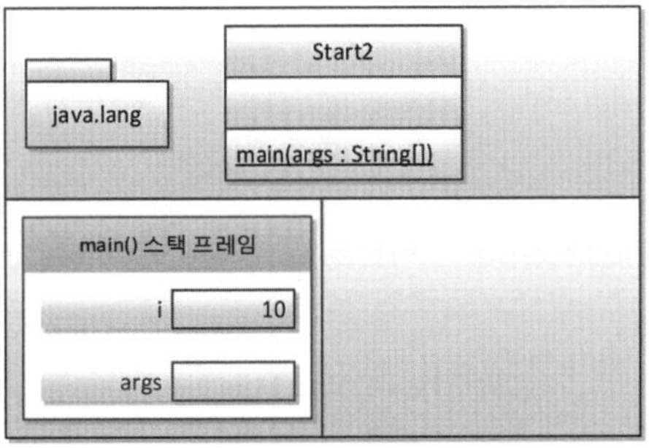

[그림 2-14] 4번째 줄을 실행한 후 T 메모리의 상태

5번째 줄은 코드를 보기 편하게 하는 빈 줄이다. 바로 6번째 줄을 보자.

```
double d = 20.0;
```

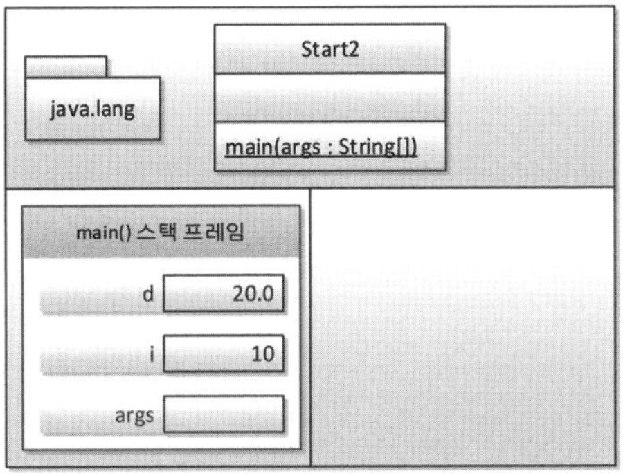

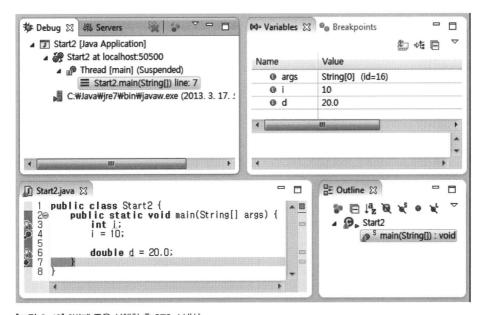

[그림 2-15] 6번째 줄을 실행한 후 T 메모리의 상태

6번째 줄을 실행한 후의 T 메모리 상태를 보여주는 그림 2-15에서 주의할 것은 6번째 줄은 하나의 명령문이 아닌 두 개의 명령문이라는 것이다. 변수를 선언하는 명령문과 변수에 값을 할당하는 명령문 두 개가 한 줄에 있는 것이다. 이 부분이 잘 이해되지 않는다면 6번째 줄과 3번째 4번째 줄을 비교해 보면 쉽게 이해될 것이다. 이해를 위해 6번째 줄을 실행한 후 STS 디버그 퍼스펙티브의 모습인 그림 2-16을 참고하기 바란다.

[그림 2-16] 6번째 줄을 실행한 후 STS 스냅샷

7번째 줄의 닫는 중괄호로 main() 메서드 스택 프레임이 스택 영역에서 사라진다. 즉, 프로그램이 종료된다.

독자도 직접 STS에서 브레이크포인트와 디버그 모드를 이용해 여태까지의 과정을 하나하나 차근히 확인해 보길 바란다.

이 절의 부제가 "변수! 너 어디 있니?"였는데 그 답은 "2.5 지역 변수와 메모리" 절에서 확인할 수 있다.


## 블록 구문과 메모리: 블록 스택 프레임

이번에는 예제 2-3을 살펴보자.

[예제 2-3] Start3.java

```
1  public class Start3 {
2    public static void main(String[] args) {
3      int i = 10;
4      int k = 20;
5
6      if(i == 10) {
7        int m = k + 5;
8          k = m;
9      } else {
10       int p = k + 10;
11         k = p;
12     }
13
14     //k = m + p;
15   }
16 }
```

5번째 줄이 끝났을 때의 T 메모리 스냅샷은 그림 2-17과 같다.

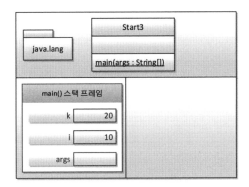

[그림 2-17] 5번째 줄을 실행한 후 T 메모리

다음으로 실행해야 할 부분은 6번째 줄의 if 블록이다. if는 조건에 따라 분기를 일으킬 것이다. i 변수에 저장된 값이 10인지 물어보고 있는데 비교 결과값은 true다. 그러면 if ~ else 블록 중 위의 블록이 실행될 것이다. 그리고 여는 중괄호를 만나면 스택 프레임이 시작된다고 했는데 여기서 만들어지는 스택 프레임은 메서드의 스택 프레임이 아니라 if 문, 그것도 참인 블록의 스택 프레임이다.

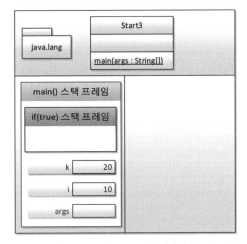

[그림 2-18] 6번째 줄의 if 문 조건을 판단한 후, if 블록 스택 프레임을 생성

그림 2-18과 같이 main() 메서드의 스택 프레임 안에 if 문의 블록 스택 프레임이 중첩되어 생성된다.

7번째 줄을 실행하려고 보니 두 개의 명령이 하나의 문장으로 표현돼 있다.

```
int m = k + 5;
```

지금은 T 메모리를 학습하고 있으니 두 개의 명령문으로 분할해 보자.

```
int m;
m = k + 5;
```

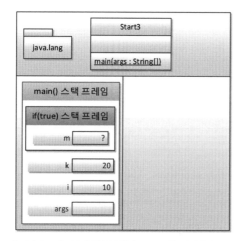

[그림 2-19] 7번째 줄을 분할하고 int m을 실행한 후의 T 메모리

m = k + 5 구문은 if 스택 프레임 안의 변수 m에 값을 할당한다. 이때 if 스택 프레임 밖에 있으면서 main() 메서드 스택 프레임 안에 있는 k 변수를 연산에 참여시킨다.

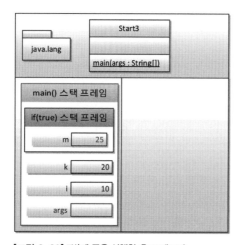

[그림 2-20] 7번째 줄을 실행한 후 T 메모리

그림 2-20의 내용을 STS에서 확인해 보자. 그런데 STS에서는 제어문의 스택 프레임까지는 보여주지 않는다. 툴이 모든 것을 보여주지 못하더라도 if 블록 스택 프레임이 존재한다는 사실을 꼭 기억하자. 그림 2-21은 STS 디버그 모드에서 살펴본 T 메모리다.

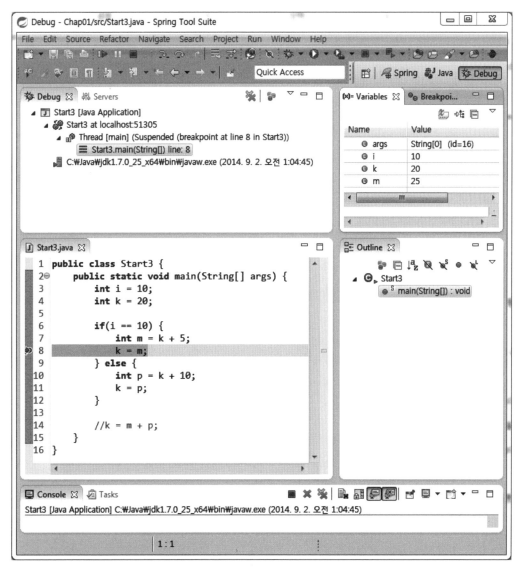

[그림 2-21] 7번째 줄을 실행한 후 STS 디버그 퍼스펙티브

8번째 줄(k = m;)을 실행하고 나면 T 메모리는 그림 2-22와 같아진다.

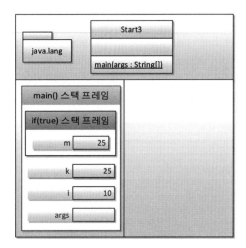

[그림 2-22] 8번째 줄을 실행한 후 T 메모리

9번째 줄에서 if 블록 중 참일 때의 블록을 종료하는 닫는 중괄호를 만나면 if 블록 스택 프레임은 스택 영역에서 사라진다. 이때 if 블록 스택 프레임 안에 상주하던 변수의 저장 공간도 그림 2-23처럼 함께 사라진다.

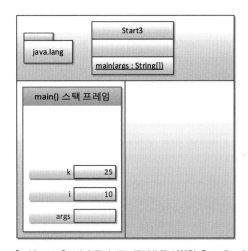

[그림 2-23] 9번째 줄의 닫는 중괄호를 실행한 후 T 메모리

9번째 줄에서 12번째 줄 사이의 else 문 블록은 스택 메모리에 등장해 볼 기회조차 갖지 못했다. 13번째 줄은 빈 줄이니 무시한다.

14번째 줄은 주석으로 처리돼 있다. 만약 주석을 해제하면 어떤 일이 발생할까? m 변수와 p 변수가 가지고 있는 값을 더해 k 변수에 대입하는 구문인데, 그림 2-23의 T 메모리를 보면 m 변수와 p 변수는 이제 존재하지 않는다. 그러니 주석을 풀고 실행하면 컴파일러가 오류라며 컴파일을 거부한다. 이때 컴파일러의 경고 메시지는 다음과 같다.

- m cannot be resolved to a variable
- p cannot be resolved to a variable

위의 영문을 의역해 보면 아래와 같다.

- m이라는 변수를 찾을 수 없습니다.
- p라는 변수를 찾을 수 없습니다.

다시 14번째 줄을 주석 처리하자.

이제 15번째 줄에 도착했다. main() 메서드 스택 프레임을 소멸시키는 블록 마침 기호인 닫는 중괄호가 보인다. 이미 두 차례에 걸쳐 설명했듯이 여기서는 T 메모리 소멸, JVM 기동 중지, JRE가 사용했던 시스템 자원을 운영체제에 반납하게 된다.

## 지역 변수와 메모리: 스택 프레임에 갇혔어요!

"2.3 변수와 메모리: 변수! 너 어디 있니?"에서 제시한 질문의 답을 이제 공개하겠다. 독자는 "변수는 메모리에 있다"라고 답했는가? 정답이다. 그런데 T 메모리는 세 개의 영역이 있는데 변수는 스태틱 영역, 스택 영역, 힙 영역 중 어디에 있는 걸까? 답은 '세 군데에 모두'다. 그런데 세 군데 각각에 있는 변수는 각기 다른 목적을 가진다. 그리고 각각의 이름도 지역 변수, 클래스 멤버 변수, 객체 멤버 변수로 다르다.

지역 변수는 스택 영역에서 일생을 보낸다. 그것도 스택 프레임 안에서 일생을 보내게 된다. 따라서 스택 프레임이 사라지면 함께 사라진다.

클래스 멤버 변수는 스태틱 영역에서 일생을 보낸다. 스태틱 영역에 한번 자리 잡으면 JVM이 종료될 때까지 고정된(static) 상태로 그 자리를 지킨다.

객체 멤버 변수는 힙에서 일생을 보낸다. 객체 멤버 변수들은 객체와 함께 가비지 컬렉터라고 하는 힙 메모리 회수기에 의해 일생을 마치게 된다.

2장을 시작할 때 스태틱 영역을 누구의 놀이터라고 했는지 기억하는가? 스택 영역은 누구의 놀이터? 힙 영역은 누구의 놀이터? 거기에 사실 지역 변수, 클래스 멤버 변수, 객체 멤버 변수에 대한 힌트가 숨어 있었다. 이에 대해서는 객체 지향을 다루는 3장을 통해 살펴보기로 하고 여기서는 지역 변수만 살펴보자. 마지막에 사용했던 Start3.java를 다시 한 번 살펴보자.

[예제 2-4] Start3.java

```
1   public class Start3 {
2     public static void main(String[] args) {
3       int i = 10;
4       int k = 20;
5
6       if(i == 10) {
7         int m = k + 5;
8             k = m;
9       } else {
10        int p = k + 10;
11            k = p;
12      }
13
14      //k = m + p;
15    }
16 }
```

4번째 줄을 실행한 후 T 메모리의 구조를 그림 2-24에 다시 그렸다.

이 상황에서 5번째 줄이 빈 줄이 아니고 다음과 같다면 어떤 일이 벌어질까?

```
System.out.println(m);
```

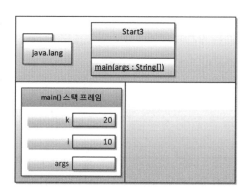

[그림 2-24] 4번째 줄을 실행한 후 T 메모리

당연히 "m cannot be resolved to a variable" 오류가 발생한다. 메모리 상에 존재하지 않는 변수인 m을 참조하려 했으니 당연하다. 그럼 5번째 줄을 빈 줄로 원상 복구하고 이번에는 13번째 줄에 같은 코드가 있다고 가정해 보자.

```
System.out.println(m);
```

이번에는 에러가 없을까? 답하기가 조금 힘든가? 그럼 12번째 줄이 끝난 후의 T 메모리 스냅샷을 다시 보자.

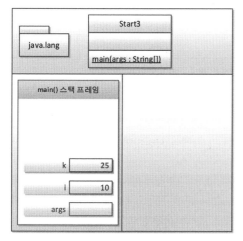

[그림 2-25] 12번째 줄을 실행한 후 T 메모리

12번째 줄이 끝나고 나서도 변수 m은 존재하지 않는다. 따라서 m 변수를 찾을 수 없다는 오류 메시지가 나타날 것이다. 타임머신을 타고 약간 코드를 돌려 7번째 줄을 수행하고 난 후의 T 메모리 스냅샷을 보자.

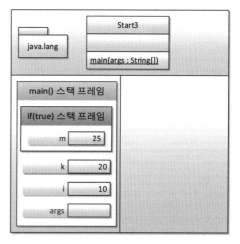

[그림 2-26] 7번째 줄을 실행한 후 T 메모리

7번째 줄의 코드를 다시 보자.

```
int m = k + 5
```

여기서 주목할 것은 if 블록 스택 프레임을 수행하는 중에 if 블록 스택 프레임 외부에 존재하는 변수 k 는 접근이 가능하다는 것이다. 메모리 상에 변수 k가 존재하니 당연히 접근이 가능하다.

다른 책에서 "외부 블록에서 내부 블록의 변수에는 접근할 수 없지만 내부 블록에서 외부 블록의 변수 에 접근하는 것은 가능하다" 또는 이와 비슷한 내용을 본 적이 있을 것이다. 제임스 고슬링이 일부러 그렇게 만든 것이 아니다. 시간의 흐름, 즉 코드 진행에 따른 T 메모리의 변화를 보면 당연히 그럴 수 밖에 없다는 결론을 얻을 수 있다. 기억해 두자.

*"외부 스택 프레임에서 내부 스택 프레임의 변수에 접근하는 것은 불가능하나 그 역은 가능하다."*

그래서 스택 메모리 내의 스택 프레임 안의 변수를 지역 변수라고 한다. 그 지역(스택 프레임)에서만 사용할 수 있고 외부에서는 사용할 수 없기 때문이다. 또한 그 지역이 사라지면 지역 변수도 메모리에 서 함께 사라진다.

## 메서드 호출과 메모리: 메서드 스택 프레임 2

이번에는 메서드 호출 과정에서 T 메모리의 변화를 살펴보자.

[예제 2-5] Start4.java

```
1   public class Start4 {
2     public static void main(String[] args) {
3       int k = 5;
4       int m;
5
6       m = square(k);
7     }
8
9     private static int square(int k) {
10      int result;
11
```

```
12      k = 25;

13

14      result = k;

15

16      return result;

17  }

18 }
```

예제 2-5는 조금 당혹스럽긴 하다. 5의 제곱 값을 참 희한하게 구하고 있다. 설명을 위해 특별히 제작한 코드이니 그러려니 하고 넘어가자.

5번째 줄이 끝났을 때 T 메모리 스냅샷은 그림 2-27과 같다.

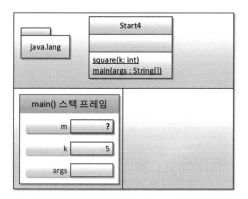

[그림 2-27] 5번째 줄을 실행한 후 T 메모리

6번째 줄에서 square() 메서드를 호출하고 있다. square() 메서드는 인자값도 있고 반환값도 있다. 제어 흐름이 square() 메서드가 선언된 9번째 줄로 이동할 것이다.

11번째 줄이 끝났을 때 T 메모리 스냅샷인 그림 2-28을 보자. 메서드 호출이 일어나면 무조건 호출되는 메서드의 스택 프레임이 T 메모리 스택 영역에 새로 생성된다. 11번째 라인에 의해 생성되는 square() 메서드 스택 프레임에는 반환값을 저장할 변수 공간이 맨 아래, 그다음으로 인자를 저장할 변수 공간, 그리고 마지막으로 메서드의 지역 변수가 자리 잡는다.

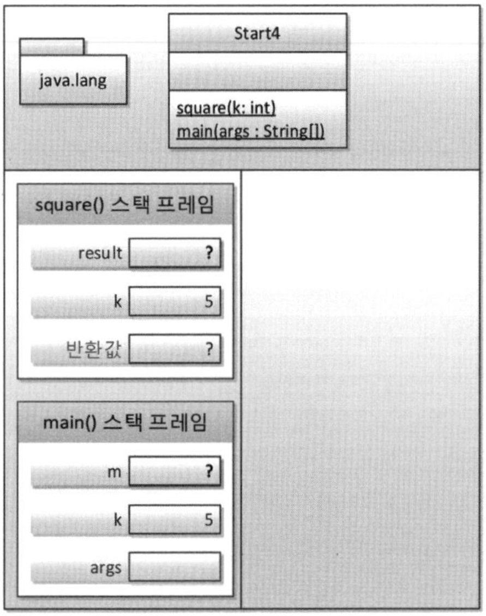

**[그림 2-28]** 11번째 줄을 실행한 후 T 메모리

그림 2-28에서 반환값이라고 돼 있는 부분은 square() 메서드가 종료되면서 반환해 줄 값을 가지고 있는 가상의 변수다.

12번째 줄을 실행한 후 T 메모리는 어떻게 될까? 그림 2-29를 살펴보자.

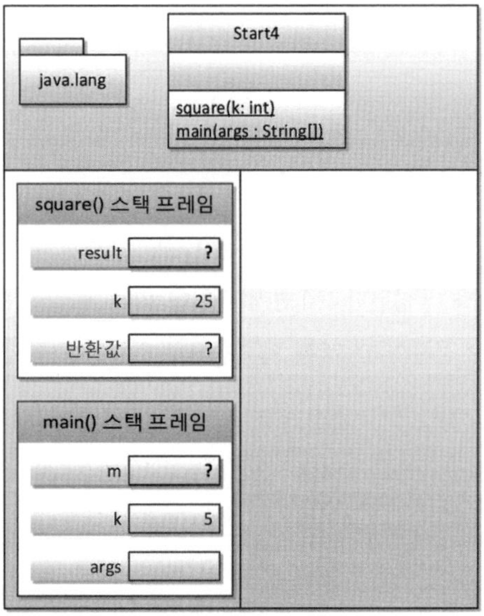

**[그림 2-29]** 12번째 줄을 실행한 후 T 메모리

주목해야 할 것은 main() 메서드가 가진 변수 k와 square() 메서드가 가진 변수 k가 이름만 같지 실제로는 서로 별도의 변수 공간이라는 것이다. 이것을 전문 용어로 Call By Value(값에 의한 호출)라 한다. 그래서 square() 메서드 안의 k 변수에 무슨 짓을 해도 main() 메서드 안의 k 변수는 영향이 없다.

14번째 줄을 실행하고 나면 result 변수에 25라는 값이 저장될 것이다. 그리고 16번째 줄이 끝나면 호출한 쪽에 돌려줄 값을 가져야 할 반환값 변수에 result 변수에 담긴 값이 그림 2-30에서처럼 복사될 것이다.

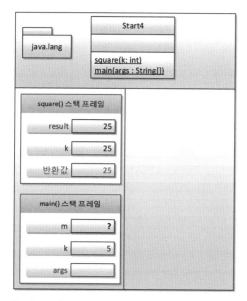

[**그림 2-30**] 16번째 줄을 실행한 후 T 메모리

17번째 줄에서 square() 메서드의 끝을 알리는 닫는 중괄호를 만나면 square() 메서드 스택 프레임은 스택에서 사라진다. 그런데 반환값이 있으니 그 값을 돌려주면서 스택에서 사라진다.

```
m = square(k);
```

결국 6번째 줄은 실행 시간에 아래와 같이 해석 및 치환될 것이다.

```
m = 25;
```

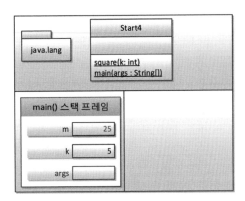

[그림 2-31] 6번째 줄을 실행한 후 T 메모리

7번째 줄의 닫는 중괄호를 만나면 역시 스택 프레임 하나가 또 사라진다. 7번째 줄의 닫는 중괄호는 main() 메서드 스택 프레임을 메모리에서 사라지게 하고, 결국 모든 프로그램이 종료된다.

여기서 몇 가지 의문을 가져 보자. main() 메서드의 어디에선가 square() 메서드 내의 지역 변수 result에 직접 접근할 수 있을까? 또는 반대로 square() 메서드의 어디에선가 main() 메서드의 지역 변수 m에 직접 접근할 수 있을까? 절대 접근할 수 없다.

메서드를 블랙박스화한다는 말을 들어본 적이 있을 것이다. 이것은 입력 값들(인자 리스트)과 반환값에 의해서만 메서드 사이에서 값이 전달될 뿐 서로 내부의 지역 변수를 볼 수 없다는 것을 의미한다. 그림으로 표현해 보면 그림 2-32와 같다.

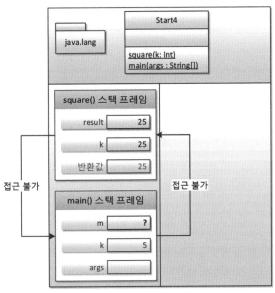

[그림 2-32] 메서드 스택 프레임에서 다른 메서드 스택 프레임의 내부 변수는 접근 불가

그림 2-32는 square() 메서드 스택 프레임의 소멸 직전 T 메모리의 스냅샷이다.

...
5

```
6      m = square(k);
7    }
...
```

사실 예제를 따라 T 메모리의 스냅샷을 차근차근 그려보면 main() 메서드 내에서 square() 메서드 내에 존재하는 지역 변수에 접근할 수 없음을 쉽게 알 수 있다.

6번째 줄을 실행하기 전까지는 T 메모리 상에 square() 메서드 스택 프레임은 아직 존재하지 않기 때문에 square() 메서드 내의 지역 변수도 아직 존재하지 않으며, 존재하지 않기 때문에 당연히 접근이 불가능하다는 것을 알 수 있다. 마찬가지로 6번째 줄이 끝나자마자 바로 square() 메서드 스택 프레임이 사라지기 때문에 6번째 줄 이후의 main() 메서드에 어떤 실행문도 square() 메서드의 지역 변수에는 접근이 불가능하다.

그럼 6번째 줄이 실행되고 있는 동안, 즉 square() 메서드 내의 실행 명령문(9 ~ 17번째 줄)에서는 T 메모리 안에 존재하는 main() 메서드의 지역 변수를 참조할 수 있을 것 같지만 그건 자바 스펙을 만드신 분들이 금지시켜 뒀다. 왜 금지했을까? 행정편의주의는 아니었을 것이다. 사실 뚜렷한 이유는 필자도 모른다. 다만 짐작하자면 아래와 같다.

첫째, 그것이 이치에 맞기 때문이다. 메서드는 서로의 고유 공간인데, 서로 침범하면 무단 침입으로 자바 월드에 문제를 유발할 수 있기 때문이다.

둘째, 포인터 문제 때문이다. square() 메서드에서 main() 메서드 내부의 지역변수 m에 접근한다고 하면 m의 위치를 명확히 알아야 하는데, 그 위치를 명확히 알기 위해서는 바로 m 변수의 메모리 위치, 즉 포인터라고 읽고 메모리 주소 값이라 이해해야 하는 그 값을 알아야 한다. 자바가 가장 환영 받은 이유 중 하나가 뭐였을까? 바로 C/C++의 포인터가 없다는 것이었다.

셋째, 예제의 코드는 square() 메서드를 main() 메서드 혼자서 호출하는 코드지만 실전에서 사용되는 메서드는 다양한 곳으로부터 호출된다. 이때 호출하는 메서드 내부의 지역 변수를 호출당하는 쪽에서 제어할 수 있게 코드를 만들려면 결국 포인터를 주고받아야 한다. 부연하자면 square() 메서드를 A라는 메서드도 호출하고, B 메서드에서도 호출하고, C메서드에서도 호출하게 되는데 이때 A에서 호출한 경우, B에서 호출한 경우, C에서 호출한 경우에 따라 A, B, C 내부의 지역 변수에 접근하려면 결국 그 지역 변수의 메모리 주소 값인 포인터를 이용해 접근해야만 한다는 것이다. 결국 바로 위에 설명한 두 번째 이유와 같아진다. 또 메서드를 호출하면서 만들어지는 스택 구조는 항시 변화한다. A() → B() → C()처럼 메서드 스택 프레임들이 구성될 수도 있고, A() → C() 또는 F() → D()

→ C()처럼 호출되어 메서드 스택 프레임이 구성될 수도 있다는 것이다. 이때 C메서드 내의 변수가 하단 메서드 스택 프레임 중의 한 변수를 참조한다면 어느 메서드 스택 프레임의 변수를 참조해야 하는가라는 문제가 발생한다. 결국 C()메서드에서 하단의 메서드 스택 프레임들 중에 한 곳에 있는 메서드 내부의 지역 변수를 참조하려면 포인터가 필요해진다. 자바에서는 포인터를 사용할 수 없으므로 결국 언어 스펙상으로도 메서드 스택 프레임 사이에 변수를 참조하는 것은 불가능하다는 결론에 도달할 수 있다.

메서드를 호출할 때마다 해당 메서드의 스택 프레임이 생긴다. 만약 위에서 square() 메서드를 여러 번 호출하면 매번 square() 메서드 스택 프레임이 만들어졌다 사라진다. 이전에 만들어진 square() 메서드 스택 프레임 내 지역 변수인 result는 다시 만들어진 square() 메서드 스택 프레임의 result 변수와는 완전 별개다.

메서드를 호출하면서 인자로 전달되는 것은 변수 자체가 아니라 변수가 저장한 값만을 복제해서 전달한다. 이런 전달 방식을 값에 의한 전달이라고 해서 Call By Value라고 한다.

메서드 사이에 값을 전달하거나 반환하는 방법은 메서드의 인자와 반환값으로만 가능하다는 사실을 기억해 두자. 물론 전역 변수(공유 변수)도 있긴 하지만 가급적 전역 변수는 쓰지 않는 것이 좋다.

## 전역 변수와 메모리: 전역 변수 쓰지 말라니까요!

두 메서드 사이에 값을 전달하는 방법은 메서드를 호출할 때 메서드의 인자를 이용하는 방법과 메서드를 종료할 때 반환값을 넘겨주는 방법이 있다고 했다. 그런데 메서드 사이에 값을 공유하는 방법이 사실 하나 더 있다. 바로 전역 변수를 사용하는 것이다. 예제 2-6과 주요 지점에서 T 메모리 스냅샷을 살펴보자.

[예제 2-6] Start5.java

```
1  public class Start5 {
2      static int share;
3
4      public static void main(String[] args) {
5          share = 55;
6
```

```
 7      int k = fun(5, 7);

 8

 9      System.out.println(share);

10    }

11

12    private static int fun(int m, int p) {

13      share = m + p;

14

15      return m - p;

16    }

17  }
```

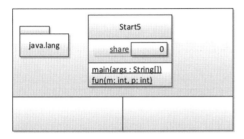

[그림 2-33] 4번째 줄을 실행하기 전 T 메모리

코드를 보면 share 변수에 static 키워드가 붙어있다. 그래서 share 변수는 T 메모리의 스태틱 영역에 변수 공간이 할당된다. 그것도 Start5 클래스 안에 정의됐으니 해당 클래스가 T 메모리 스태틱 영역에 배치될 때 그 안에 share 변수가 클래스의 멤버로 공간을 만들어 저장된다. static 키워드와 staic 변수에 대해서는 3장에서 상세히 설명하겠다.

4번째 줄을 실행하고 나면 T 메모리에 main() 메서드 스택 프레임이 만들어진다. 그리고 5번째 줄을 실행하고 나면 T 메모리 스냅샷은 그림 2-34와 같을 것이다.

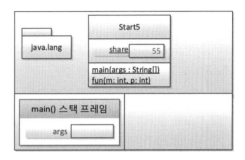

[그림 2-34] 5번째 줄을 실행한 후 T 메모리

7번째 줄을 실행하기 위해 main() 메서드 스택 프레임에 k 변수 공간이 만들어진다. 이어서 제어는 fun() 메서드가 있는 12번째 줄로 넘어간다. 그럼 fun() 메서드 스택 프레임이 생성되고 인자값들과 반환값을 저장할 변수 공간도 생긴다. 그림 2-35에서 이 과정을 확인할 수 있다.

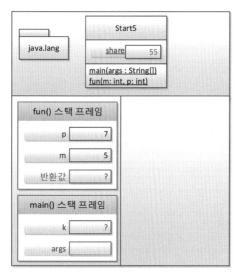

[그림 2-35] 12번째 줄을 실행한 후 T 메모리

13번째 줄이 실행되고 나면 m 변수와 p 변수에 있는 값을 더해 share 변수에 할당한 상태가 된다.

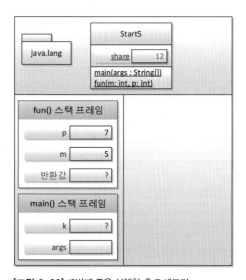

[그림 2-36] 13번째 줄을 실행한 후 T 메모리

STS에서 스태틱 영역을 살펴보자. 13번째 줄을 실행한 후 메뉴에서 Window → Show view → Expressions를 선택한다. 그럼 새로운 View가 나타나는데, Add new expression을 선택한 후 Start5.share 또는 share라고 입력하면 그림 2-37과 같이 Start5 클래스 내의 static 변수 share에 저장된 값을 확인할 수 있다.

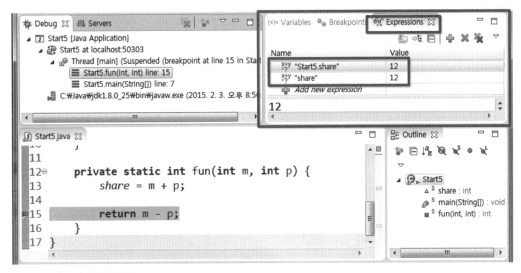

[그림 2-37] 스태틱 변수 확인

코드의 15번째 줄을 실행하고 나면 T 메모리는 그림 2-38과 같이 될 것이다.

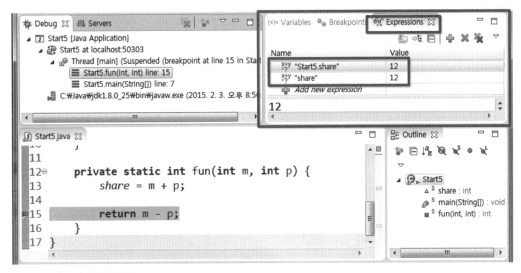

[그림 2-38] 13번째 줄을 실행한 후 T 메모리

16번째 줄의 닫는 중괄호를 만나면 fun() 메서드 스택 프레임이 사라지면서 호출된 곳으로 반환값을 돌려준다. 이제 제어는 fun() 메서드를 호출했던 7번째 줄로 이동한다.

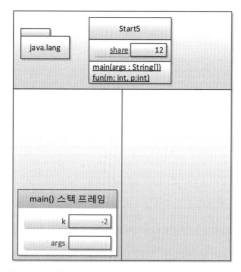

**[그림 2-39]** 7번째 줄을 실행한 후 T 메모리

8번째 줄의 닫는 중괄호를 만나면 main() 메서드 스택 프레임이 사라지고, main() 메서드가 종료되면 T 메모리도 반납된다.

5번째 줄과 13번째 줄에서 살펴본 것처럼 메서드 밖에서 선언된 변수 share는 메서드들 사이에서 공유해서 사용할 수 있는 전역 변수가 된다. 앞에서 배운 두 가지 변수 유형을 기억하자. 바로 지역 변수와 전역 변수다. 각각의 특징은 다음과 같다.

- 스택 프레임에 종속적인 지역 변수
- 스택 프레임에 독립적인 전역 변수

전역 변수는 코드 어느 곳에서나 접근할 수 있다고 해서 전역 변수라고 하며, 여러 메서드들이 공유해서 사용한다고 해서 공유 변수라고도 한다. 그런데 전역 변수를 쓰지 말라고들 하는데 왜 그럴까 생각해보자. 프로젝트 규모에 따라 코드가 커지면서 여러 메서드에서 전역 변수의 값을 변경하기 시작하면 T 메모리로 추적하지 않는 이상 전역 변수에 저장돼 있는 값을 파악하기 쉽지 않기 때문이다. 방금 전 살펴본 코드에서도 main() 메서드에서는 share 변수에 55를 저장했으니 그 값이 55라고 착각할 수 있다. 물론 주의 깊게 전역 변수를 사용한다면 문제가 되지 않겠지만 수천, 수만 줄이 넘는 코드에서 다른 메서드에 의해 전역 변수 share에 다른 값이 저장된다면 코드를 추적해 들어가야만 그 값과 그 값이 변한 이유를 파악할 수 있다. 아주 어렵고 힘든 작업이 될 것이다. 지금이야 17줄짜리 코드라서 별로 힘들지 않지만 실무 현장에서는 이렇게 짧은 코드가 아닐 것이다. 그리고 본인이 짠 코드도 일주일만 지나면 기억이 가물가물해지는 것이 개발자의 본성이다.

결론적으로 전역 변수는 피할 수 있다면 즐기지 말고 피해야 할 존재다. 다만 읽기 전용으로 값을 공유해서 전역 상수로 쓰는 것은 적극 추천한다. 가장 대표적인 전역 상수 후보로는 원주율을 나타내는 PI 값 등이 있다. 사실 Math 클래스에 이미 PI 전역 상수가 정의돼 있다. 다음 코드를 실행해 보면 Math 클래스에 정의돼 있는 전역 상수 PI 값을 확인할 수 있다.

```
System.out.println(Math.PI);
```

멀티 스레드 프로그램을 학습한 경험이 있다면 전역 변수(공유 변수)가 어떤 문제를 일으키는지 알 것이다.

## 멀티 스레드 / 멀티 프로세스의 이해

멀티 스레드(Multi Thread)의 T 메모리 모델은 스택 영역을 스레드 개수만큼 분할해서 쓰는 것이다. 그림 2-40으로 이해해 보자.

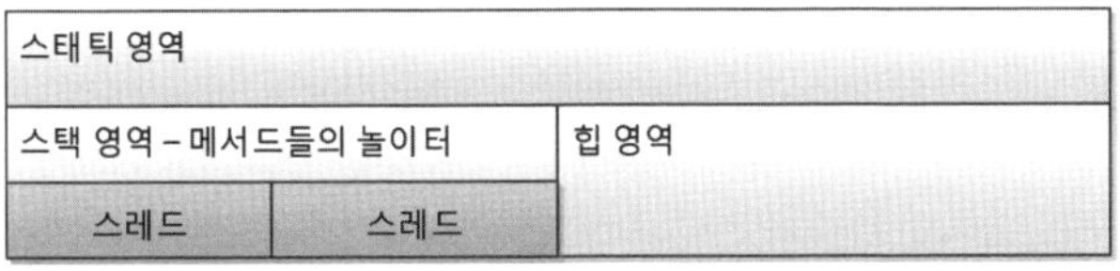

[**그림 2-40**] 멀티 스레드는 스택 영역을 스레드 개수만큼 분할해서 사용

멀티 프로세스(Multi Process)는 다수의 데이터 저장 영역, 즉 다수의 T 메모리를 갖는 구조다.

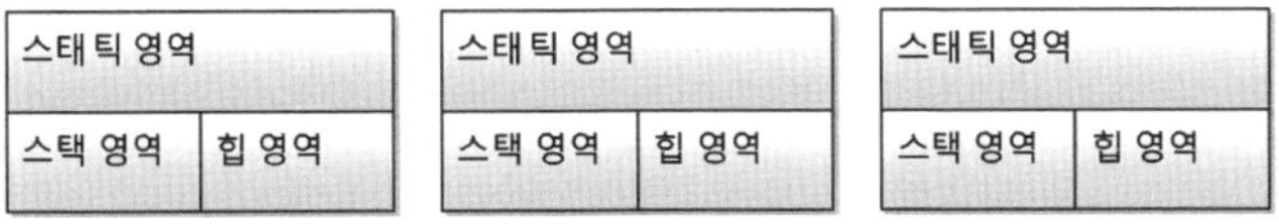

[**그림 2-41**] 멀티 프로세스는 자료 저장 영역에 다수의 T 메모리를 사용

멀티 프로세스는 각 프로세스마다 각자의 T 메모리가 있고 각자 고유의 공간이므로 서로 참조할 수 없다. 그에 반해 멀티 스레드는 하나의 T 메모리만 사용하는데 스택 영역만 분할해서 사용하는 구조다.

멀티 프로세스는 하나의 프로세스가 다른 프로세스의 T 메모리 영역을 절대 침범할 수 없는 메모리 안전한 구조이지만 메모리 사용량은 그만큼 크다.

멀티 스레드는 하나의 T 메모리 안에서 스택 영역만 분할한 것이기 때문에 하나의 스레드에서 다른 스레드의 스택 영역에는 접근할 수 없지만 스태틱 영역과 힙 영역은 공유해서 사용하는 구조다. 따라서 멀티 프로세스 대비 메모리를 적게 사용할 수 있는 구조다.

자바 웹 프로그래밍을 공부해 본 적이 있다면 서블릿은 요청당 프로세스가 아닌 요청당 스레드를 생성한다는 말이 머릿속 어딘가에 콕 박혀 있을 것이다. 이제는 요청당 스레드(Servlet)가 요청당 프로세스(CGI)보다 왜 더 효율적인지 이해할 수 있을 것이다.

멀티 스레드에서 전역 변수 사용의 문제점을 살펴보자. 두 개의 스레드로 구성된 프로그램이 있다고 해보자. 스레드1이 공유 영역(스태틱과 힙)에 있는 전역 변수 A에 10을 할당했다고 해보자. 그런데 CPU 사용권이 스레드2로 넘어가고 스레드2가 전역 변수 A에 20을 할당하고 다시 CPU 사용권이 스레드1로 넘어가서 A의 값을 출력해 보면 어떻게 될까? 스레드1의 입장에서는 갑자기 20이라는 값이 출력되는 문제가 발생한다.

| 스레드1 | 스레드2 | |
| --- | --- | --- |
| 전역 변수 A에 10 할당 | | 전역 변수 A는 10을 저장 |
| | 전역 변수 A에 20 할당 | 전역 변수 A는 20을 저장 |
| 전역 변수 A의 값을 출력 | | 20이 출력된다. |

[표 2-4] 멀티 스레드의 전역 변수 문제

바로 위의 절에서 전역 변수를 쓰지 말라는 말이 기억날 것이다. 쓰기 가능한 전역 변수를 사용하게 되면 스레드 안전성이 깨진다고 표현한다. 물론 이를 보완하는 방법으로 락(lock)을 거는 방법이 있기는 하다. 하지만 락을 거는 순간 멀티 스레드의 장점은 버린 것과 같다. 갑자기 수준이 깊어졌는데 더 깊은 내용은 중고급 서적을 통해 학습하기 바란다.

멀티 스레드는 웹 프로그래밍에서 참 열심히 쓰는 기술이다. 따라서 멀티 스레드의 속성을 모르면 웹 프로그램을 작성할 때 낭패를 보게 되는 경우가 많다. 아래의 낭패 예제 2-7을 살펴보자.

[예제 2-7] Start6.java

```java
1   public class Start6 extends Thread {
2     static int share;
3
4     public static void main(String[] args) {
5       Start6 t1 = new Start6();
6       Start6 t2 = new Start6();
7
8       t1.start();
9       t2.start();
10    }
11
12    public void run() {
13      for(int count = 0; count < 10; count++) {
14        System.out.println(share++);
15
16        try { sleep(1000); }
17        catch (InterruptedException e) {}
18      }
19    }
20  }
```

별로 긴 코드도 아니니 잘 분석해 보자. 멀티 스레드의 속성을 모르는 상태에서 실행해 보면 결과를 보고 깜짝 놀라게 될 것이다. 혹시나 깜짝 놀랄 일이 발생하지 않는다면 16번째 줄의 sleep() 메서드의 인자값을 10000이나 그 이상으로 변경하고 실행해 보자.

## STS(또는 이클립스)를 이용해 T 메모리 영역 엿보기

STS의 디버그 모드를 이용해 T 메모리 스택 영역을 살펴보는 방법에 대해 간간히 조금씩 알아봤는데, 여기서 종합적으로 정리해 보고 다음 장으로 넘어가자.

지금까지 계속 그림을 그려가면서 T 메모리를 살펴봤다. 이제는 특정 순간의 T 메모리 스냅샷이 익숙해졌을 것이다. 하지만 더 익숙해질 때까지 반복해서 그려보기 바란다. 본인 스스로 아주 간단한 코드를 작성해 T 메모리의 변화를 A4 용지에 연필과 지우개로 그려가며 학습하면 더욱 좋을 것이다. 그런

데 막상 제대로 그리고 있는지 어떻게 확인할 수 있을까? 툴을 이용하면 T 메모리 스택 영역에서 순간
순간의 스택 프레임을 볼 수 있다.

Start5.java를 가지고 진행해 보자. 먼저 main( ) 메서드의 첫 줄(5번째 줄)에서 편집기 창 앞의 빈
칸을 더블클릭해 브레이크포인트를 건다. 브레이크포인트가 걸리면 그림 2-42와 같이 파란 원이 생
긴다.

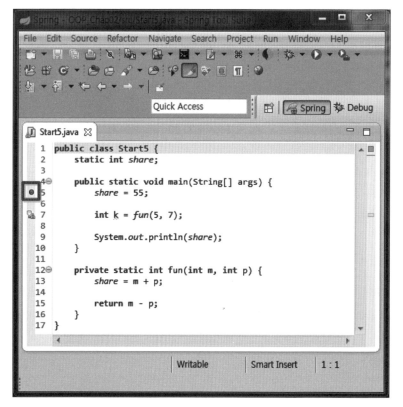

[그림 2-42] 브레이크포인트 설정

이제 Package Explorer에서 Start5.java를 마우스 오른쪽 버튼으로 클릭하고 Debug As → Java
Application을 선택한다. 이때 화면을 Debug 퍼스펙티브로 바꿀 건지 물어보는 경우가 있는데 Yes
를 선택하면 된다.

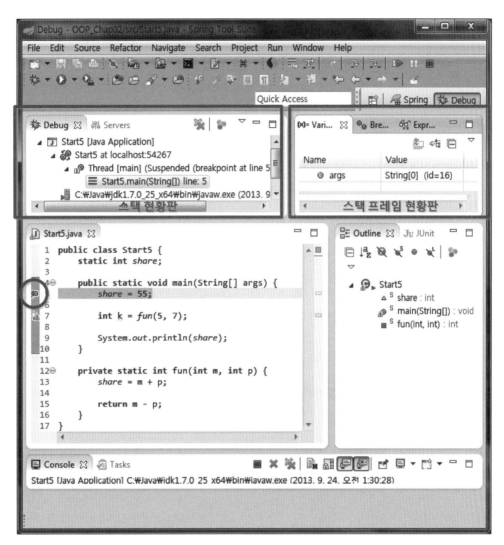

[그림 2-43] 디버그 퍼스펙티브와 T 메모리

디버그 퍼스펙티브를 보여주는 그림 2-43의 좌측 하단에서 실행 제어가 브레이크포인트에 멈춰 있는 것을 확인할 수 있고 바로 그때의 스택 메모리 현황과 스택 프레임 지역 변수 현황 정보가 화면 상단에 나타난다. 좌측 상단이 스택 메모리의 현황, 우측 상단 Variables 창에 스택 프레임 내부의 지역 변수 현황이 나타나는 것을 볼 수 있다. 그림 2-43은 5번째 줄을 실행하기 바로 전 main() 메서드의 스택 프레임을 보여준다.

F5(Step into)를 누를 때마다 한 줄씩 순차적으로 실행하면서 스택 프레임의 변화를 확인할 수 있다. 이제 독자가 그린 그림과 비교하면서 공부하면 올바르게 그리고 있는지 확인할 수 있을 것이다. STS가 T 메모리 구조 전체를 보여주지 못하는 것은 조금 아쉽다.

---

### 필드 vs. 속성, 함수 vs. 메서드

필드와 속성은 무슨 차이가 있을까?

함수와 메서드는 무슨 차이가 있을까?

**필드는 영어, 속성은 한글, 함수는 한글, 메서드는 영어?**

그럼 한글은 영어로, 영어는 한글로 바꿔 보자.

필드는 지역, 속성은 프로퍼티, 함수는 펑션, 메서드는 방법

**그럼 지역 vs. 프로퍼티, 펑션 vs. 방법???**

눈치챘을지도 모르지만 함수라는 말과 메서드라는 말을 계속 번갈아 사용했다. 사실 둘 다 맞다. 그런데 객체 지향 프로그래밍을 배울 때 늘 비교되는 것이 절차적/구조적 프로그래밍이다. 절차적/구조적 프로그래밍에서 공유 변수를 필드라고 불렀고 기능적 요소를 함수라고 불렀다. 객체 지향 프로그래밍에서 같은 일을 하지만 이름을 그대로 따라 쓰자니 차별화가 안 되는 것 같았다고 한다. 그래서 객제 시향에서는 전역 변수를 프로퍼티라 부르고, 함수를 메서드라 부르기 시작했다고 한다.

Field = 필드 = 속성 = 프로퍼티 = Property!!!

Function = 함수 = 메서드 = Method = 기능 = 행위!!!!

객체 지향에서 필드는 객체 변수 또는 정적 변수를 말하고, 속성은 필드를 외부에 노출시키는 메서드라고 하는 사람도 있다. 이 구분을 따르면 자바에서라면 get/set 메서드가 속성이라고 할 수 있다.

---

## 정리 – 객체 지향은 절차적/구조적 프로그래밍의 어깨를 딛고

절차적/구조적 프로그래밍은 객체 지향 프로그래밍과 비교되며 구박(?)받아왔지만 사실 객체 지향 프로그래밍은 절차적/구조적 프로그래밍의 유산을 간직하고 있다. 연산자, 제어문, 메모리 관리 체계 등등 많은 부분을 차용하고 있는 것이다. 사실 C++도 C 언어를 부정한 것이 아니라 계승한 것이다. 그래서 프로그래머는 절차적/구조적 프로그래밍 기법도 잘 알고 있어야 한다. 구조적 프로그래밍은 함수로 그 특징을 대변한다고 볼 수 있는데, 객체 지향 프로그래머들도 메서드 작성에 대한 지혜

를 구조적 프로그래밍에서 배워와야 한다. 메서드를 만들 때는 순서도 또는 의사 코드를 작성하는 것이 좋다. 능력이 된다면 UML 액티비티 다이어그램을 그리는 것도 좋긴 하지만 필자가 볼 때는 메서드의 로직을 표현할 때는 순서도가 더 직관적인 것 같다. 그리고 필자가 제일 좋아하는 메서드의 로직 설계 방법은 NS 다이어그램이다. NS 다이어그램에 대해서는 인터넷을 살펴보면 잘 설명돼 있는 블로그를 찾을 수 있을 것이다. NS 다이어그램의 정식 명칭은 나시 슈나이더만 다이어그램(Nassi-Shneiderman diagram)이다.

2장에서 T 메모리를 설명하면서 힙 영역은 설명하지 않았다. 힙 영역은 객체가 상주하는 구역이기 때문이다. 객체를 사용한 적이 없기에 힙 영역에 대한 설명이 아직 등장하지 않은 것이다. 사실 지금까지 공부한 2장은 객체 지향뿐만 아니라 현존하는 거의 모든 언어가 메모리를 사용하는 방식에 대해 설명한 것이다. 객체 지향이 힙 메모리 영역을 사용하는 방식은 기존의 절차적/구조적 언어와 차이가 있다.

지금까지 T 메모리를 왜 이렇게 길게 설명하나 했을 텐데, T 메모리 구조를 이해하면 객체 지향을 이해하는 데 아주 큰 도움이 되기 때문이다. 3장, "자바와 객체 지향"에서 T 메모리와 객체 지향에 대해 심도 있게 살펴보자.

마지막으로 2장에서 가장 중요한 내용을 다시 한번 상기하면서 마친다.

- 스태틱: 클래스의 놀이터
- 스택: 메서드의 놀이터
- 힙: 객체의 놀이터

**01** 사람을
사랑한 기술

**02** 자바와 절차적/
구조적 프로그래밍

**03** 자바와 객체 지향

01_ 객체 지향은 인간 지향이다
02_ 객체 지향의 4 대 특성 - 캡! 상추다
03_ 클래스 vs. 객체 = 붕어빵틀 vs. 붕어빵 ???
04_ 추상화: 모델링
05_ 상속: 재사용 + 확장
06_ 다형성: 사용편의성
07_ 캡슐화: 정보 은닉

**04** 자바가 확장한
객체 지향

**05** 객체 지향 설계
5원칙 – SOLID

**06** 스프링이 사랑한
디자인 패턴

**07** 스프링 삼각형과
설정 정보

# 객체 지향은 인간 지향이다

프로그래밍 언어의 발전사를 보면 개발자를 더욱 편하고 이롭게 하기 위한 과정임을 알 수 있다. 기계 중심의 기계어에서 조금 더 인간을 편하게 하는 어셈블리어, C, C++, 자바로 발전해 온 과정 모두 로우 레벨의 기계가 아닌 하이 레벨의 인간을 배려하기 위한 과정이었던 것이다. 그렇지만 절차적/구조적 프로그래밍까지의 과정은 인간이 기계를 이해하려는 노력에서 크게 벗어나지 못했다. 특히 포인터의 개념은 기계 수준으로 눈높이를 낮추지 않으면 이해하기 매우 힘든 부분이다. 그런데 "왜 우리가 기계 종속적인 개발을 해야 하는가?"라고 하는 의문이 생겼고 "우리가 눈으로 보고, 느끼고, 생활하는 현실 세계처럼 프로그래밍할 수는 없을까?"라는 고민 속에서 객체 지향의 개념이 탄생했다.

객체 지향이 현실 세계를 반영한다는 말은 필자가 한 말이 아니고 이미 오래 전에 객체 지향 언어의 틀을 만든 누군가가 한 말이다. "그럼 그 증거는 뭐냐?"라고 묻는다면 그 증거는 바로 객체.

기존의 구조적 프로그래밍 언어에서 가장 중요한 것은 "함수"였다. 함수는 코드를 논리적인 단위로 구분하고 분할해서 정복하자는 것이다. 즉 D&C하자는 것이다. D&C는 Divide and Conquer의 머리글자로 분할 정복이라는 뜻이며, 동양적 표현으로는 "천 리 길도 한 걸음부터", "티끌 모아 태산" 정도가 되겠다. 아무리 복잡한 문제라도 작은 문제로 분할해서 하나씩 정복하다 보면 결국 해결된다는 전략인 것이다. 몇 천, 몇 만 라인의 명령어를 논리적인 단위로 나누어 블록화해서 작성하자는 것이다. 이런 논리적인 단위의 블록을 함수라고 한다.

학교나 책에서 함수의 목적을 배울 때 중복 제거를 1순위, 논리의 분할을 2순위쯤으로 배웠을 텐데, 역사적으로는 논리의 분할이 먼저가 아니었나 싶다.

함수로 인해 프로그래밍이 조금 더 편해지고 나서 더욱 파격적인 제안이 나왔는데, 바로 객체 지향이다. 현실세계를 한번 둘러보자. 지금 바로 고개를 들어 사방팔방 둘러보고 상상의 나래를 펼쳐 원자의 내부도 들여다 보고 저 멀리 우주 끝까지 상상해보자. 그럼 우주 만물은 객체들의 합이라는 것을 알 수 있을 것이다. 눈으로 보여지는 것, 손으로 만져지는 것, 머릿속으로 상상되는 모든 것은 사물이다. 사물을 조금 더 멋진 용어로 객체, 영어로는 Object라고 한다. 그리하여 "우리가 주변에서 사물을 인지하는 방식대로 프로그래밍할 수 있지 않겠는가"하는 것이 바로 객체 지향의 출발이다. 0과 1로 대변되는 기계(컴퓨터)에 맞춰 사고하던 방식을 버리고 현실세계를 인지하는 방식으로 프로그램을 만들자는 것이다. 그래서 객체 지향은 직관적이다.

객체 지향을 이해하기 위해 먼저 큰 그림을 생각해 보자.

- 세상에 존재하는 모든 것은 사물, 즉 객체(object)다.
- 각각의 사물은 고유하다.
- 사물은 속성을 갖는다.
- 사물은 행위를 한다.

그리고 사물을 하나하나 이해하기보다는 사물을 분류(class)해서 이해하는 것이 인간의 인지법이다.

- 직립보행을 하며 말을 하는 존재를 사람이라고 분류한다.
- 연미복, 짧은 다리, 날지 못하는 새를 펭귄이라고 분류한다.
- 밤하늘에 반짝이는 사물들을 별이라고 분류한다.

김종민(object), 한효주(object), 김연아(object)라고 하는 존재는 사람이라는 분류에 속한다. 그리고 사람이라는 분류 안의 객체(object)들은 나이, 몸무게, 키 등의 속성(property)과 먹다, 자다, 울다, 방귀 끼다, 싸다 등의 행위(method)를 가지고 있다.

이를 그림으로 표현하면 그림 3-1과 같다.

| Class 명 | 사람 | 김종민 : 사람 | 객체명 |
|---|---|---|---|
| 속성들 | 나이<br>몸무게<br>키 | 나이:= 19<br>몸무게:= 80<br>키:= 182 | 속성들 |
| 행위들 | 먹다<br>자다<br>울다<br>방귀 끼다<br>싸다 | 먹다<br>자다<br>울다<br>방귀 끼다<br>싸다 | 행위들 |

**[그림 3-1]** 클래스 vs. 객체 = 사람 vs. 김종민

그림 3-1에서는 UML 표기법을 사용했다. 사람 클래스에는 여러 객체가 존재할 수 있다. 그림 3-1만 봐도 직관적이다. 우리가 사물을 인지하고 사고하는 방식에 맞기 때문이다. 객체 지향 이전에는 속성과 메서드를 객체라는 단위로 묶지 않고 속성(필드) 따로, 메서드(함수) 따로 분리된 형태로 프로그램을 작성했었는데, 객체 지향에서는 우리가 주변에서 실제 사물을 인지 및 사고하는 방식대로 객

체 단위의 프로그래밍이 가능하다. 객체 지향은 인간의 인지 및 사고 방식까지 프로그래밍에 접목하는 인간(개발자) 지향을 실천하고 있는 것이다. 그래서 객체 지향은 직관적이다. 기존에 객체 지향을 공부해 본 독자 중 객체 지향이 직관적이고 쉽다는 말에 동의할 수 없다면 그것은 아마도 객체 지향을 배우면서 생긴 오해일 가능성이 크다. 객체 지향은 직관적이고 쉽고 인간적이다는 증거를 이제부터 하나하나 살펴보자.

## 객체 지향의 4대 특성 - 캡! 상추다

이 책은 적어도 자바 또는 객체 지향 언어 책을 한 권이라도 본 적이 있는 독자들을 대상으로 하는 책이니 객체 지향의 4대 특성 정도는 외우고 있으리라 믿는다. 이제부터 객체 지향을 제대로 배워 볼 생각이니 배를 든든히 하고 다음 진도를 나가보자. 아직 식전이라면 삼겹살을 강력히 추천한다. 삼겹살을 먹을 때 무엇보다 중요한 요소는 바로 좋은 상추. 필자처럼 삼겹살을 상추에 싸먹기 좋아하는 마니아들은 좋은 상추를 만났을 때 이렇게 외친다.

> "와우.. 캡! 상추다"

독자들도 앞으로 좋은 상추를 만나거나 삼겹살을 먹을 때마다 "캡! 상추다"를 외쳐보자. 그리고 객체 지향의 4대 특성이 생각나지 않을 때도 "캡! 상추다"를 외쳐보자. 바로 캡상추다가 객체 지향의 4대 특성의 첫 글자들을 딴 것이기 때문이다. 이제는 잊지 말자. 캡! 상추다.

자, 그럼 객체 지향의 4대 특성인 캡상추다를 보자.

캡 - 캡슐화(Encapsulation): 정보 은닉(information hiding)

상 - 상속(~~Inheritance~~): 재사용

추 - 추상화(Abstraction): 모델링

다 - 다형성(Polymorphism): 사용 편의

캡상추다라고 외우긴 했지만 국제화 시대에 걸맞게 영어로도 외워 두자. 그런데 Inheritance에 취소선이 그어져 있다. 그러니 Inheritance는 외우지 말자. 필자가 잠시 후 다른 용어로 바꿔주겠다. 상속이라는 표현도 사실 바꾸고 싶긴 하다. 상속을 제대로 이해하지 못하고 오해한 경우가 많았기 때문이다. 예를 들어, kind의 뜻은 무엇일까? 친절한? 종류? 정중한 요청? 사실 답을 알 수 없다. 문맥 안에서 파악하지 않으면 오해가 생기기 쉽다. 단어 하나 딸랑 놓고 그 뜻을 이해하는 건 영문학자가 와도 불가능하다. 그런데 객체 지향에서 Inheritance가 그런 오해를 너무나 많이 받아 왔다. 심지어 Inheritance가 객체 지향 언어의 가장 중요하고 강력한 특성임에도 Inheritance를 쓰지 말라는 조언까지 나오고 있는 상황이다. 그래서 필자가 오해 없는 단어로 바꿔서 설명하겠다. 일단 그 이야기는 나중에 다루기로 하고 계속 전진해 보자.

캡상추다 쉽지 아니한가! 객체 지향은 쉽다! 아마도 선배 개발자에게서 또는 어디선가 객체 지향을 이해하는 데 최소 3년은 걸린다는 말을 들어봤을 것이다. 필자는 8년 정도 걸린 것 같다. 그런데 객체 지향을 제대로 이해하는 데 8년이 걸린 것이 아니라 잘못된 이해를 바로잡는 데 8년이 걸렸다. 제대로 된 설명으로 학습하니 딱 24시간, 하루에 8시간씩 3일이면 객체 지향의 4대 특성과 활용에 대한 지식을 쌓을 수 있었다.

잘못된 설명의 대표적인 예는 바로 클래스와 객체의 관계는 '붕어빵틀과 붕어빵이다'라고 하는 설명이다. 설마 이 책을 읽고 있는 독자도 그렇게 알고 있다면 최대한 빨리 붕어빵틀과 붕어빵 개념을 버리자.


## 클래스 vs. 객체 = 붕어빵틀 vs. 붕어빵 ???

클래스와 객체의 관계가 붕어빵틀과 붕어빵이 아니다라고 하니 필자가 사이비 같지 아니한가? 필자의 책을 화형시키고 싶지 않은가? 필자 주변에서도 일단 그런 반응들이었다. 학교에서, 학원에서, 책에서, 인터넷에서 배울 때 99.99%가 바로 붕어빵틀과 붕어빵 비유로 클래스와 객체를 설명하고 있으니 말이다. 이 책을 갖다 버리기 전에 필자의 반론을 먼저 읽어 보고 그래도 마음에 안 든다면 갖다 버리자.

이 책의 독자들은 필자와 같이 영어를 싫어할 테니 필자가 한글로 자바 코드를 흉내 내어 봤다.

```
클래스 객체명 = new 클래스();
```

다들 인정하고 이해되는 코드일 것이다. 그럼 붕어빵틀과 붕어빵을 신봉하는 독자에게 다음 코드를 제시해 보겠다.

```
붕어빵틀 붕어빵 = new 붕어빵틀();  // ??
```

바로 위의 코드가 논리에 맞다고 생각된다면 객체 지향 프로그래머가 되는 것보다 입산 수도하거나 철학관을 개업하는 것을 추천하고 싶다. 아직 잘 이해가 안 간다면 붕어빵틀과 붕어빵을 클래스와 객체 관계라는 논리로 조금 더 풀어 보자. 붕어빵틀을 생산하는 금형 기계가 있다고 하자. 그럼 붕어빵틀이 붕어빵을 찍어내서 클래스라고 한다면 같은 논리로 금형 기계는 붕어빵틀을 찍어내는 클래스가 된다. 이를 코드로 나타내면 다음과 같다.

```
금형기계 붕어빵틀 = new 금형기계();
```

위 코드를 인간적인 말로 번역해 보면 다음과 같다.

새로운 금형기계를 하나 만들었더니 붕어빵틀이 되었다?

이해가 안 되는 예제다. 절대 금형기계와 붕어빵틀이 클래스와 객체 관계가 아니듯 붕어빵틀과 붕어빵도 클래스와 객체 관계가 아니다. 그럼 붕어빵에게 붕어빵틀은 무엇일까? 붕어빵틀은 붕어빵을 만드는 팩터리였던 것이다. 팩터리에 대해 모른다고 해도 걱정하지는 말자. 나중에 기회가 닿으면 디자인 패턴 서적 한 권을 깊이 공부하면 된다. 그것도 귀찮으면 이 책의 6장 "스프링이 사랑한 디자인 패턴"을 읽으면 된다.

진도를 더 나아가 보자. 다음 문제들의 답을 생각해 보자.

- 사람은 클래스인가? 객체인가?
- 김연아는 클래스인가? 객체인가?
- 뽀로로는 클래스인가? 객체인가?
- 펭귄은 클래스인가? 객체인가?

객체 지향을 제대로 학습한 독자라면 다 맞췄을 테고, 아리송하다거나 모르겠다 하면 지금부터 새로운 마음으로 객체 지향을 다시 배운다는 생각으로 임하자. 클래스와 객체를 구분하는 간단한 방법은 나이를 물어 보는 것이다.

- 사람의 나이는 몇 살인가?
- 김연아의 나이는 몇 살인가?
- 뽀로로의 나이는 몇 살인가?
- 펭귄의 나이는 몇 살인가?

사람의 나이? 펭귄의 나이? 질문자를 구타하고 싶어질 것이다. 그래서 사람과 펭귄은 클래스다. 김연아의 나이? 뽀로로의 나이? 관심이 없을지라도 검색 엔진을 찾아보면 바로 답이 나온다. 그래서 김연아와 뽀로로는 객체다.

클래스는 분류에 대한 개념이지 실체가 아니다. 객체는 실체다. 그러면 이제 붕어빵틀과 붕어빵이라는 잘못된 메타포 대신 필자가 올바른 메타포를 제시하겠다.

> 클래스 : 객체 = 펭귄 : 뽀로로 = 사람 : 김연아

그림 3-2를 보자.

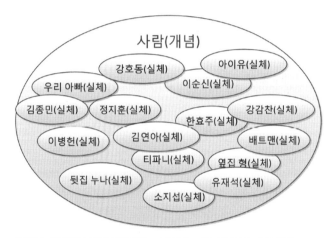

[**그림 3-2**] 클래스와 객체의 관계 – 분류(class)와 사물(object)의 관계

클래스와 객체의 관계를 알았으니 이제 객체 지향의 4대 특성을 하나하나 상세히 살펴보자.

## 추상화: 모델링

추상화의 대가는 누구일까? 추상화라고 하면 무엇이 떠오르는가? 컴퓨터 분야의 용어는 일상 용어와는 달라야 한다는 강박 관념을 갖고 있는 사람들이 ICT 종사자가 아닌가 생각하곤 한다. 하지만 용어가 나오면 가장 먼저 그 용어의 일반적인 의미를 찾아보는 게 맞을 때가 많다. 물론 우스갯소리로 공대생에게 정의는 Define이고, 일반인에게 정의는 Justice라는 말도 있지만 그건 우리말에서 정의라는

단어가 동음이의어이기 때문에 생긴 우스갯소리일 뿐이다. 추상/추상화의 경우 일반인이 생각하는 의미와 전산 용어로서의 의미가 다르지 않다.

이 책을 읽고 있는 독자(ICT종사자)는 추상화의 대가가 누구라고 생각하는가? C++의 창시자 비야네 스트롭스트룹? 자바 언어의 아버지 제임스 고슬링? GoF의 켄트 백? 에릭 감마? 또는 스프링의 창시자 로드 존슨? 또는 ICT 아이디어 뱅크 마틴 파울러? 그도 아니면 독자의 사수인 옆자리 김과장님이라고 생각하는가?

일반인(비 ICT 종사자)에게 추상화의 대가가 누구냐고 물어본다면 누구라고 대답할까? 상식과 교양이 넘치는 옆자리 김양이나 뒷자리 미스터 최는 누구라고 답변할 것 같은가? 피카소 또는 몬드리안이라고 말할 것이다.

전산 분야에서 추상화는 영어로 Abstraction이다. 입체파 화가 피카소로 인해 널리 알려진 추상화는 영어로 Abstract Painting이다. 같은 Abstract다. 그럼 추상화 그림의 특징은 무엇일까 생각해보자.

[그림 3-3] 마리 테레즈 발테르의 초상 - 피카소

그림 3-3의 초상화를 보자. 피카소가 시력이 이상해서 이렇게 그렸을까? 피카소는 극사실주의와 같이 눈에 보이는 그대로의 사물(객체)을 그린 것이 아니라 마음 속에 느껴지는 그 사람의 특징을 그렸다. 그리고 사실 피카소보다 몇천 년 전에 이미 추상화의 대가들이 계셨는데 바로 아래의 그림 3-4를 그리신 분들이다.

전신 거울을 앞에 두고 그림 3-4의 자세를 취해 보자. 얼굴은 측면, 몸통은 정면, 하체는 다시 측면이다. 이런 자세가 나오기도 힘들지만 제일 문제가 되는 것은 바로 측면 얼굴에 붙어있지만 정면에서 봐야 볼 수 있는 눈이 문제다.

[그림 3-4] 고대 이집트 벽화

이집트인이 괴물이어서 이렇게 그린 것일까? 아니다. 그림 3-4를 잘 보면 키도 제각각인 것을 알 수 있는데 바로 그 시대의 권력 크기에 비례해 키를 그렸다고 한다. 키가 클수록 큰 권력을 가진 사람인 것이다. 이집트 화가들은 그 사람의 사실적인 모습이 아니라 각 부분의 특징을 가장 잘 표현할 수 있도록 신체를 분해/결합해서 벽화를 그렸다고 한다. 한번 생각해 보자. 아름다운 눈은 정면과 측면 중 어디서 볼 때 더 아름다울까? 코는? 입은? 얼굴의 전체 윤곽은? 상체는? 하체는? 이집트 화가는 실제 모습이 아닌 추상적인 모습을 그려서 오히려 그 인물의 특징을 더욱 정확하게 묘사하려 했던 것이다. 피카소 또한 눈에 보이는 그대로의 모습이 아닌 마음 속에 느껴지는 그 사람의 특징을 극대화해서 추상화로 그린 것이다. 여기서 추상의 사전적 의미를 살펴볼 필요가 있다.

> 추상(抽象) [명사][심리] 여러 가지 사물이나 개념에서 공통되는 특성이나 속성 따위를 추출하여 파악하는 작용

객체 지향의 추상화와 그림으로서의 추상화, 그리고 사전적 의미로서의 추상화가 같은 의미인 것이다. 그런데 사전적 의미에서 "공통 특성 / 공통 속성 추출"이라는 부분에 주목해 보자.

> **추상화(抽象畵)**
>
> [명사][미술] 사물의 사실적 재현이 아니고 순수한 점·선·면·색채에 의한 표현을 목퓨로 한 그림. 일반적으로는 대상의 형태를 해체한 입체파 등의 회화도 포함한다.
>
> **추상화(抽象畵)**
>
> [명사] 추상적인 것으로 됨. 또는 그렇게 만듦

## 추상화는 모델링이다

"객체 지향의 추상화는 곧 모델링이다"라는 관점을 살펴보자.

추상화란 구체적인 것을 분해해서 관찰자가 관심 있는 특성만 가지고 재조합하는 것이라고 정리할 수 있다. 이 개념을 머릿속에 간직해 두고 객체 지향의 추상화로 이야기를 전개해 보자.

객체 지향의 4대 특성은 클래스를 통해 구현된다. 또는 객체라고 할 수도 있다. 그래서 클래스와 객체에 대해 먼저 이야기해 보자. 클래스를 설명하기 전에 먼저 객체를 알아보자. 왜냐하면 클래스는 실존하는 것이 아니기 때문에 실존하는 객체부터 이해하는 것이 쉽다.

일단 사전적 용어로 객체를 알아보자. 그런데 포털 사이트의 국어사전에서 찾아본 객체는 필자가 설명할 객체가 아니다. 사실 지금은 OOP를 객체 지향이라고 부르지만 예전에는 개체 지향이라는 말로 쓰기도 했다. 만약 필자에게 투표권이 있었다면 객체 지향이 아닌 개체 지향에 한 표를 던졌을 텐데, 필자에겐 투표권이 없었다. 그래서 object를 영어사전에서 찾아보면 아래와 같이 설명돼 있는 것을 볼 수 있다.

> **object 명사**
>
> 1. 물건, 물체   2. 욕망, 연구, 관심 등의 대상   3. 목적, 목표

결국 object는 번역했을 때 객체보다는 개체라는 뜻이 더 맞다. 그리하여 개체를 포털 사이트 국어사전에서 찾아보면 아래와 같이 설명하고 있다.

> **개체(個體) – 명사**
>
> 1. 전체나 집단에 상대하여 하나하나의 낱개를 이르는 말.
> 2. 〈생물〉 하나의 독립된 생물체. 살아가는 데에 필요한 독립적인 기능을 갖고 있다.
> 3. 〈철학〉 단일하고 독립적인 통일적 존재. 철학 사상의 발전 과정에서 이 통일성은 물질적·양적 측면, 또는 정신적·질적 측면 따위의 여러 관점에서 고찰되었다.

이 표현도 조금 맘에 안 들긴 한다. 그래서 객체 지향에서 말하는 객체에 필자가 다른 설명을 붙여 보았다.

> 객체: 세상에 존재하는 유일무이한 사물

또 이러한 객체는 생물이건 무생물이건 속성과 기능을 가지고 있다고 볼 수 있다. 무생물인 경우는 의인화해서 생각해 보면 속성과 기능을 가지고 있다는 말을 이해하기 쉬울 것이다.

이에 대비되는 클래스의 정의를 알아 보자.

> 클래스: 분류, 집합. 같은 속성과 기능을 가진 객체를 총칭하는 개념

객체와 클래스의 개념이 어렵다면 이전에도 나왔던 다음의 공식만이라도 꼭 기억해 두자.

> 클래스 : 객체 = 펭귄 : 뽀로로 = 사람 : 김연아 = 쥐 : 미키마우스

세상에 존재하는 유일무이한 객체를 특성(속성 + 기능)에 따라 분류해 보니 객체를 통칭할 수 있는 집합적 개념, 즉 클래스(분류)가 나오게 된다.

- 객체는 유일무이(unique)한 사물이다.
- 클래스는 같은 특성을 지닌 여러 객체를 총칭하는 집합의 개념이다.

클래스를 반, 학급, 모임과 같은 뜻으로 기억하는 독자들이 많을 텐데, 사실 가장 많이 사용되는 의미는 분류다. 따라서 객체들을 특성에 따라 분류했다는 의미가 된다. 여기서 메타포를 이용해 다시 설명해 보겠다. 새로운 사람이 태어났다고 해보자. 이걸 객체 지향 언어인 자바로 표현하면 어떻게 될까? 이름은 홍길동이라고 하자.

> 사람 홍길동 = new 사람();

또 새로운 사람이 태어났는데 이번에는 이름을 줄리엣이라고 해보자.

> 사람 줄리엣 = new 사람();

무슨 일이 일어난 것일까? 사람이라는 클래스(분류)를 이용해 유일무이하고 새로운 하나의 사람(객체)을 만들어 홍길동(객체 참조 변수)이라는 이름을 지어준 것이다.

전문 용어가 나오기 시작했는데 이왕 나온 전문 용어이니 살펴보자.

- 클래스는 영어로 class
- 객체는 영어로 object

그런데 클래스를 이용해 object를 만들었다는 것을 강조할 때는 object라는 표현보다는 클래스의 인스턴스(instance)라는 표현을 쓴다.

> 객체(object) = 클래스의 인스턴스

클래스를 객체의 설계도라고 설명하는 말은 바로 이런 과정에서 나왔다고 보면 된다. 붕어빵틀과 붕어빵도 클래스와 객체의 이런 일면만 설명하는 메타포인데, 그걸 클래스와 객체 관계의 전부를 표현하는 메타포로 착각하면서 지금까지도 그 폐해가 계속되고 있다.

인간은 객체를 먼저 인식하고 그다음에 클래스를 인식하게 되지만 창조주인 하나님께서는 객체를 만드시기 전에 클래스라는 개념을 먼저 갖고 계셨을 것이다. 아담과 이브라는 객체를 만드시기 전에 클래스로서 사람이라는 개념을 먼저 가지고 계셨을 것이다.

컴퓨터 프로그램을 만드는 과정에서 개발자는 바로 해당 애플리케이션의 창조자가 된다. 그래서 우리도 객체 지향 프로그래밍을 할 때 클래스를 먼저 설계하게 된다. 그런데 이게 객체 지향의 추상화와 무슨 관련이 있을까? 사람이라는 클래스를 설계한다고 해보자. 사람 클래스를 만들기 위해 주변에서 보이는 실체들, 즉 사람 객체들을 관찰해서 사람 객체들이 가진 공통된 특성을 찾게 된다.

시력, 몸무게, 혈액형, 키, 나이, 직업, 취미 등등 명사로 표현되는 특성을 속성이라고 한다. 속성은 값을 가질 수 있다.

먹다, 자다, 일하다, 침 뱉다, 운전하다, 울다 등등 동사로 표현되는 특성을 기능/행위라고 한다. 이러한 기능/행위는 수행 절차 또는 로직이라고 하는 것을 갖게 된다. 기능/행위를 객체 지향에서는 메서드라고 한다.

이제 사람 클래스를 UML 클래스 다이어그램을 이용해 만들어 보자.

사람의 모든 특성을 나열해 보고 싶지만 그렇게 했다가는 이 책은 수십만 페이지를 넘기고도 부족할 것이다. 사람 클래스가 사람 객체들의 모든 특성을 나열할 수 있을까? 또 그럴 필요가 있을까?

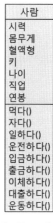

[그림 3-5] 사람 클래스

여기서 또 하나의 개념이 나온다. 바로 애플리케이션 경계다. 때로는 애플리케이션 경계를 컨텍스트(Context)라고 부르기도 한다. 이 책에서는 애플리케이션 경계라는 표현을 사용하겠다. 애플리케이션 경계를 알기 위해서는 단순한 질문 하나만 던져 보면 된다.

　　　*"내가 창조하려는 세상은 어떤 세상인가?"*

조금 더 프로그래밍적으로 질문을 바꾼다면 다음과 같이 바꿀 수 있을 것이다.

　　　*"내가 만들고자 하는 애플리케이션은 어디에서 사용될 것인가?"*

만약 병원 애플리케이션을 만들고 있다면 사람은 환자를 의미하는 좀 더 구체적인 이름으로 바꿀 수 있을 것이고 클래스 설계도 달라질 것이다. 은행 애플리케이션을 만들고 있다면 사람은 고객이라는 구체적인 이름으로 바꿀 수 있을 것이고 클래스 설계도 역시 달라져야 한다. 애플리케이션 경계에 따라 사람 클래스의 설계가 어떻게 달라지는지 비교해 보자.

병원 애플리케이션이라고 생각하니 사람 클래스에서 필요 없는 특성들이 보이기 시작한다. 역시 애플리케이션 경계를 은행이라고 생각하니 필요 없는 특성들이 보이기 시작한다.

추상화의 일반적인 뜻을 다시 새겨 보자.

> 추상화란 구체적인 것을 분해해서 관심 영역에 대한 특성만을 가지고 재조합하는 것

위의 정의를 IT 용어를 이용해 바꿔 보면 다음과 같다.

> 추상화란 구체적인 것을 분해해서 관심 영역(애플리케이션 경계, Application Boundary)에 있는 특성만 가지고 재조합하는 것 = 모델링

| 애플리케이션 경계 | 병원 애플리케이션 | 은행 애플리케이션 |
|---|---|---|
| 사람이란 | 사람은 환자다. | 사람은 고객이다. |
| 클래스 모델링 | **사람**<br>시력<br>몸무게<br>혈액형<br>키<br>나이<br>직업<br>연봉<br><br>먹다()<br>자다()<br>~~일하다()~~<br>운전하다()<br>~~입금하다()~~<br>~~출금하다()~~<br>~~이체하다()~~<br>~~대출하다()~~<br>운동하다() | **사람**<br>~~시력~~<br>몸무게<br>~~혈액형~~<br>키<br>나이<br>직업<br>연봉<br><br>~~먹다()~~<br>~~자다()~~<br>일하다()<br>~~운전하다()~~<br>입금하다()<br>출금하다()<br>이체하다()<br>대출하다()<br>~~운동하다()~~ |

[표 3-1] 애플리케이션 경계에 따른 사람 클래스의 설계 차이

이제 '추상화는 모델링이다'라는 말에 동의할 수 있을 것이다. 지구본을 보자. 지구를 정확히 표현하는가? 지구의 굴곡과 바다, 기후를 지구본에 다 표현할 수도 없으며, 그럴 필요도 없다. 지구본이 지구를 모델링하고 있다는 것에는 동의할 것이다. 과학 박물관에 있는 태양계 모델을 생각해 보자. 태양계를 정확히 묘사하는가? 태양을 축구공 크기로 표현한다면 수성은 축구장 넓이만큼 지난 지점에 좁쌀 한 톨 놓는 정도로 표현해야 할 것이다.

모델은 실제 사물을 정확히 복제하는 게 아니라 목적에 맞게 관심 있는 특성만을 추출해서 표현하는 것이다. 바로 모델은 추상화를 통해 실제 사물을 단순하게 묘사하는 것이다. 이런 모델링(추상화)은 객체 지향에서 클래스를 설계할 때 필요한 기법이고 또한 데이터베이스의 테이블을 설계할 때 필요한 기법이다. 어떻게 모델링(추상화)하느냐가 얼마나 중요한지는 현업 프로그래머들에게 물어보면 피를 토하며 그 중요성을 이야기해 줄 것이다.

이제 "객체 지향의 4대 특성 중 추상화는 모델링이다"라는 말에 동의할 수 있을 것이다.

중요한 부분을 다시 강조해서 살펴보자.

- OOP의 추상화는 모델링이다.
- 클래스 : 객체 = 펭귄 : 뽀로로
- 클래스 설계에서 추상화가 사용된다.
- 클래스 설계를 위해서는 애플리케이션 경계부터 정해야 한다.
- 객체 지향에서 추상화의 결과는 클래스다.

사실 추상화의 개념을 넓게 본다면 아래 내용도 포함된다.

- 상속을 통한 추상화, 구체화
- 인터페이스를 통한 추상화
- 다형성을 통한 추상화

위 내용들은 상속과 다형성, 인터페이스를 살펴볼 때 하나씩 살펴보겠다.

마무리하는 차원에서 질문을 하나 하겠다. 자바는 객체 지향의 추상화를 어떻게 지원하고 있을까? 바로 class 키워드를 통해 지원하고 있다. 꼭 기억하자.

```
추상화 = 모델링 = 자바의 class 키워드
```

그럼 클래스와 객체 관계를 자바에서는 어떻게 표현할까? 바로 다음과 같이 표현한다.

    클래스  객체_참조_변수 = new 클래스( );

위 코드가 말하는 내용을 조금 더 상세히 살펴보자.

| 클래스 | 객체_참조_변수 | = | new | 클래스 | () |
|---|---|---|---|---|---|
| 객체_참조_변수의 자료형(Type) | 생성된 객체를 참조할 수 있는 변수 | 할당문 | 새로운 | 만들고자 하는 객체의 분류 | 메서드 |
| | | | | 클래스의 인스턴스, 즉 객체를 생성하기 위해 객체 생성자를 호출 | |
| 새로운 객체를 하나 생성해 그 객체의 주소값(포인터)을 객체 참조 변수에 할당 | | | | | |

[표 3-2] 객체의 생성과 클래스, 객체 참조 변수

표 3-2는 다음 절의 실습을 통해 더 알아 보자.


## 추상화와 T 메모리

실습에 앞서 한 가지 해야 할 일이 있는데, 바로 애플리케이션 경계를 설정하는 것이다. 애니메이션의 쥐 캐릭터 관리 프로그램을 만든다고 가정해 보자. 먼저 클래스 설계를 위해 해당 클래스의 객체로부터 공통 특성을 뽑아내야 한다. 역사상 가장 유명한 쥐 캐릭터 2개를 가지고 시작해 보자.

| 객체명 | 미키마우스 | 제리 |
|---|---|---|
| 속성들 | 성명: 미키마우스<br>국적: 미국<br>나이: 87<br>종교: 무교<br>신장: 70 cm<br>체중: 11.5 kg<br>애완동물: 플루토<br>여자친구: 미니마우스<br>꼬리: 1 개<br>... | 성명: 제리<br>국적: 미국<br>나이: 75<br>종교: 기독교<br>친구: 톰<br>여자친구: null<br>꼬리: 1 개<br>... |

| | | |
|---|---|---|
| **행위들** | 달리다()<br>먹다()<br>휘파람불다()<br>데이트하다()<br>울다()<br>… | 달리다()<br>먹다()<br>장난치다()<br>… |

[표 3-3] 쥐 캐릭터 객체의 특성(2015년 기준의 위키피디아)

그럼 이제 쥐 캐릭터 객체들을 관찰해 쥐 클래스 설계에 들어가 보자. 클래스 설계, 즉 모델링에서 제일 중요한 것은 다시 한번 강조하지만 바로 추상화다. 잊지 말자. 추상화를 통해 애플리케이션 경계 내에서 관심 있는 특성들만 쏙쏙 뽑아 오자. 그런데 추상화는 주관적이다. 추상화의 결과가 설계자(모델러)마다 다를 수 있다. 추상화의 결과물은 모델이다. 모델은 자바 언어에서 클래스로 표현된다. 클래스 모델을 표현하는 국제 표준 표기법은 UML 클래스 다이어그램이다. 쥐 객체를 이용한 클래스 모델링, 즉 추상화의 결과는 그림 3-6에서 볼 수 있다.

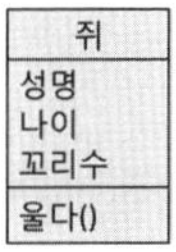

```
┌─────────┐
│   쥐    │
├─────────┤
│ 성명    │
│ 나이    │
│ 꼬리수  │
├─────────┤
│ 울다()  │
└─────────┘
```

[그림 3-6] 쥐 클래스의 UML 클래스 다이어그램

모델링 결과가 너무 성의 없어 보이긴 하지만 딱 이해하기 편한 수준만큼만 모델링했다. 이제 코드로 표현하기 위해 논리적 설계를 물리적 설계로 바꿔야 한다. 논리적 설계는 개발 환경(언어 등)에 영향을 받지 않는 설계이며, 물리적 설계는 개발 환경에 맞춰진 설계다.

| 쥐 클래스의 논리적 설계 | 쥐 클래스의 물리적 설계 |
|---|---|
| 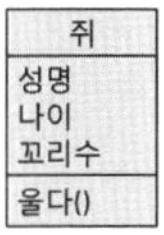 쥐<br>성명<br>나이<br>꼬리수<br>울다() | 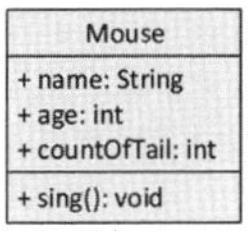 Mouse<br>+ name: String<br>+ age: int<br>+ countOfTail: int<br>+ sing(): void |

[표 3-4] 쥐 클래스의 논리적 / 물리적 설계

독자를 위해 UML 클래스 다이어그램을 상세하게 그려봤다.

위 클래스 다이어그램을 자바 코드로 변환하면 예제 3-1과 같다.

[예제 3-1] Mouse 클래스의 자바 코드

```
public class Mouse {
  public String name;
  public int age;
  public int countOfTail;

  public void sing() {}
}
```

패키지 정보도 없고 sing() 메서드 내부에 아무런 로직도 없다. 결국 UML 클래스 표기법의 한계라고 해야 할까? 차라리 타이핑하는 게 정신 건강에 이롭다. 그래서 순수하게 수작업으로 타이핑해서 완성하면 예제 3-2와 같다.

[예제 3-2] Mouse.java

```
1  package abstraction01;
2
3  public class Mouse {
4    public String name;
5    public int age;
6    public int countOfTail;
7
8    public void sing() {
9      System.out.println(name + " 찍찍!!!");
10   }
11 }
```

이제 Mouse 클래스를 가지고 객체를 생성해 보고 객체의 특성을 활용해 볼 수 있도록 main() 메서드를 가진 별도의 테스트용 클래스를 만들어 보자.

[예제 3-3] MouseDriver.java

```
1  package abstraction01;
2
3  public class MouseDriver {
4    public static void main(String[] args) {
5      Mouse mickey = new Mouse();
6
```

```
 7        mickey.name = "미키";
 8        mickey.age = 85;
 9        mickey.countOfTail = 1;
10
11        mickey.sing();
12
13        mickey = null;
14
15        Mouse jerry = new Mouse();
16
17        jerry.name = "제리";
18        jerry.age = 73;
19        jerry.countOfTail = 1;
20
21        jerry.sing();
22    }
23 }
```

예제 3-3을 복사기로 복사하거나 제공된 코드를 출력하거나, 직접 타이핑한 후에 출력해 두자. 그리고 종이를 한 장 들고 T 메모리 구조 그리기 연습을 다시 시작해 보자.

MouseDriver.main() 메서드가 시작점이니 4번째 줄 직전의 T 메모리 스냅샷을 그려보면 그림 3-7과 같다.

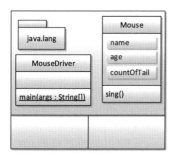

[그림 3-7] main() 메서드를 실행하기 직전의 T 메모리

역시 java.lang 패키지와 모든 클래스들(Mouse, MouseDriver)이 T 메모리의 스태틱 영역에 배치된다. 그런데 자세히 보면 Mouse에서 name, age, countOfTail에는 변수 저장 공간이 안 보인다.

그저 이름만 존재할 뿐이다. 이 세 개의 속성은 Mouse 클래스에 속한 속성이 아닌 Mouse 객체에 속한 속성이기 때문이다. 객체가 생성돼야만 속성의 값을 저장하기 위한 메모리 공간이 스태틱 영역이 아닌 힙 영역에 할당된다.

그리고 MouseDriver 클래스의 main() 메서드에는 밑줄이 그어져 있고, Mouse 클래스의 sing() 메서드에는 밑줄이 없다. main() 메서드는 클래스의 멤버 메서드이고, sing()은 객체의 멤버 메서드이기 때문이다. UML 표기법에서 클래스 멤버는 밑줄을, 객체 멤버는 밑줄 없이 표현하기로 합의했기에 그에 따라 그려진 것이다. 클래스 멤버와 객체 멤버를 구분하는 자바 키워드는 static이다. 클래스 멤버와 객체 멤버에 대해서는 바로 이어지는 주제로 살펴보겠다. 여기서는 객체가 T 메모리 상에 어떻게 저장되는지만 집중해서 보자.

5번째 줄을 보자. 3개의 명령문이 녹아 있다.

**Mouse mickey**

// Mouse 객체에 대한 참조 변수 mickey를 만든다.

**new Mouse()**

// Mouse 클래스의 인스턴스를 하나 만들어 힙에 배치한다.

**대입문**

// Mouse 객체에 대한 주소(포인터)를 참조 변수 mickey에 할당한다.

포인터는 학습하기 어려운 개념으로 유명하다. 하지만 걱정할 필요는 없다. 자바에서는 포인터가 객체 참조 변수에 할당된다는 사실 외에는 포인터에 대해 신경 쓸 일이 전혀 없다.

그럼 5번째 줄에 녹아있는 3개의 명령이 각각 실행될 때 T 메모리의 변화를 살펴보자.

Mouse mickey에 의해 Mouse 타입의 객체를 참조할 수 있는 객체 참조 변수 mickey가 T 메모리의 스택 영역 중에서도 main() 메서드 스택 프레임 안에 그림 3-8처럼 생성된다.

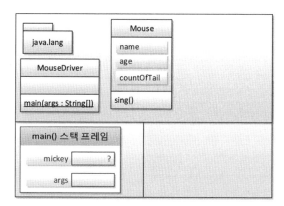

[그림 3-8] 5번째 줄의 Mouse mickey를 실행한 후 T 메모리

이제 new Mouse() 구문이 실행될 것이다. 드디어 힙 영역을 사용하게 된다.

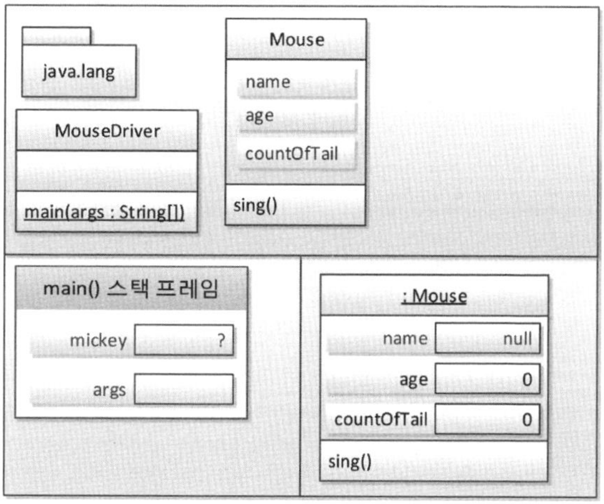

[그림 3-9] 5번째 줄의 new Mouse를 실행한 후 T 메모리

new Mouse()는 객체 생성자를 호출하는 구문이다. 생성된 객체는 T 메모리의 힙 영역에 그림 3-9
와 같이 배치된다. 이제 대망의 할당문이 남았다. 모든 메모리는 각자의 주소를 가지고 있는데 여기서
는 힙 영역에 저장된 Mouse 클래스의 인스턴스(Mouse Object, Mouse 객체)의 시작 주소가 100
번지라고 가정하면 대입문에 의해 mickey 객체 참조 변수에 할당되는 값은 얼마일까? 그림 3-10에
답이 있다.

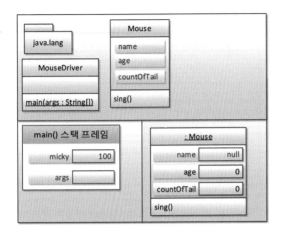

[그림 3-10] 5번째 줄을 실행한 후 T 메모리(주소값으로 표현)

객체 참조 변수 micky가 Mouse 객체의 주소(포인터)를 갖고 있다는 것을 화살표로 표현하기도
한다.

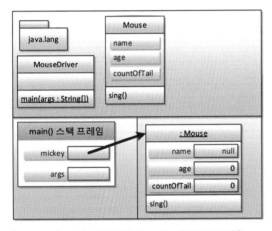

[그림 3-11] 5번째 줄을 실행한 후 T 메모리(화살표로 표현)

객체 참조 변수 mickey가 Mouse 객체에 대한 참조 변수라는 것을 그림 3-11을 통해 이해할 수 있
을 것이다.

- 객체 참조 변수 mickey는 Mouse 클래스의 인스턴스를 참조한다.

5번째 줄을 위 문장과 같이 의역할 수 있어야 한다. 의역하는 김에 조금 더 해보자. 표 3–5와 같이 의역할 수 있다.

| |
|---|
| Mouse mickey = new Mouse(); |
| 한 마리 쥐가 태어났으니 그 이름을 mickey라 하였다. |
| 쥐: 클래스 |
| 한 마리 쥐: 클래스의 인스턴스 = 객체 |
| mickey: 객체 참조 변수 |

[표 3–5] 객체의 생성과 객체 참조 변수

5번째 줄 하나에서 일어나는 일이 참 많다는 것을 알 수 있다. 이제 7번째 줄로 가보자.

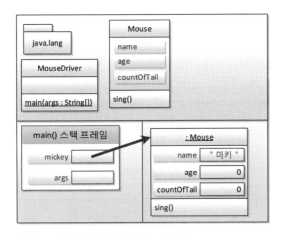

[그림 3–12] 7번째 줄을 실행한 후 T 메모리

그림 3–12에서 고수들은 String은 객체이기에 별도의 공간에… 이뮤터블… 등등 생각나는 것이 많을 것이다. 하지만 그러한 내용까지 다 표현하면 너무 복잡해지기도 하고, 또 내용을 이해하는 데는 오히려 단순화하는 것이 더 좋을 것 같아 과감히 생략했다. 따라서 String까지는 약식으로 그리는 걸 용납해 주기 바란다.

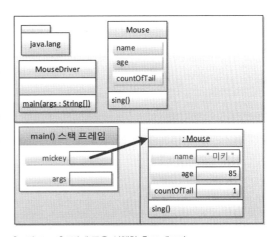

[그림 3–13] 9번째 줄을 실행한 후 T 메모리

7번째 줄의 코드를 보자.

```
mickey.name = "미키";
```

객체 참조 변수 mickey와 참조 연산자(.)를 이용해 실제 힙 상의 객체에 접근해 name 속성에 "미키"라는 문자열을 할당하고 있다. 같은 메커니즘으로 9번째 줄까지 실행하면 그림 3-13을 얻을 수 있다.

그림 3-14는 그림 3-13의 T 메모리의 상황을 STS 디버거에서 확인해 본 것이다.

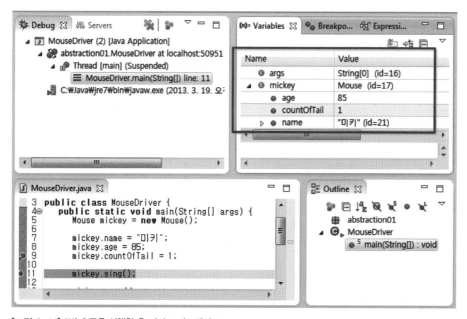

[그림 3-14] 9번째 줄을 실행한 후 디버그 퍼스펙티브

이제 11번째 줄의 명령를 이용해 mickey를 울려(sing) 볼 차례다. T 메모리 상의 변화는 없다. 객체 참조 변수 mickey가 참조하는 Mouse 객체의 sing() 메서드가 코드 실행 영역에서 실행되어 화면에 "미키 찍찍!!!"을 출력할 것이다.

13번째 줄에서 객체 참조 변수 mickey에 null을 할당하고 있다. 그림 T 메모리 상에는 어떤 일이 발생할까? 그림 3-15의 T 메모리 스냅샷을 보면 깊이 생각하지 않아도 답이 나올 것이다.

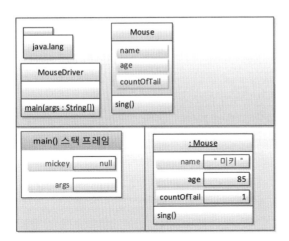

[그림 3-15] 13번째 줄을 실행한 후 T 메모리

13번째 줄이 실행된 후에는 객체 참조 변수 mickey가 더 이상 힙 영역에 존재하는 Mouse 객체 (:Mouse)를 참조하지 않는다. 그러면 누가 출동하게 될까? 바로 청소부 아저씨인 가비지 컬렉터 (Garbage Collector)가 아무도 참조해 주지 않는 Mouse 객체(:Mouse)를 쓰레기로 인지하고 수거해 간다. 가비지 컬렉터가 언제 오는지는 신만이 아신다고들 말한다. 우리는 가비지 컬렉터가 다녀갔다고 가정하고 Mouse 객체가 사용했던 힙 영역의 메모리 공간을 빼도록 하자. 그럼 13번째 줄을 실행한 후 T 메모리는 그림 3-16과 같을 것이다.

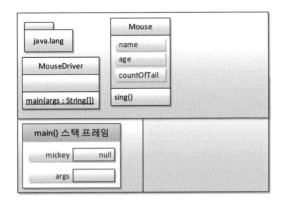

[그림 3-16] 13번째 줄 실행 및 가비지 컬렉션 이후 T 메모리

이제 15번째 줄이 실행되면 이전과 같은 과정을 거쳐서 새로운 Mouse 객체가 생성되고 객체 참조 변수 jerry에 그 주소값이 할당되어 그림 3-17과 같이 될 것이다.

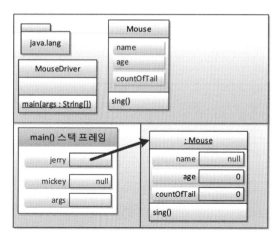

[그림 3-17] 15번째 줄을 실행한 후 T 메모리

힙 영역에 보이는 Mouse 객체는 이전의 그 Mouse 객체가 아니라는 것을 꼭 기억하자. 아까 name 속성에 "미키"라는 값을 갖고 있던 Mouse 객체는 이미 메모리에서 사라진 지 오래다. 그림 3-17에서 보이는 Mouse 객체는 새로운 것이다.

19번째 줄까지 실행한 후 T 메모리 스냅샷은 그림 3-18과 같다.

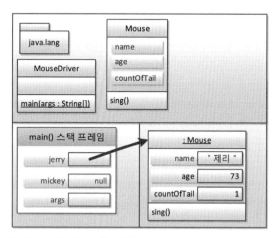

[그림 3-18] 19번째 줄을 실행한 후 T 메모리

21번째 줄을 실행하고 나면 역시 그림 3-19와 같이 화면에 "제리 찍찍!!!"이 출력된다.

**[그림 3-19]** 21번째 줄을 실행한 후 Console 창의 출력 결과

끝으로 22번째 줄에서 main() 메서드 스택 프레임을 종료하는 닫는 중괄호를 만나 프로그램은 완전히 종료된다.

이제는 T 메모리의 3대 영역인 스태틱, 스택, 힙이 사용되는 과정을 이해할 수 있을 것이다. 아직 이해가 잘 안 된다면 연반추 학습을 통해 꼭 이해하자. 이 책을 읽는 독자라면 연반추 학습에 대해 인터넷 검색을 통해 알아보는 열성을 가지고 있다고 믿어 의심치 않는다.

그리고 왜 스태틱을 스태틱이라고 하는지 생각해 보자. 스태틱은 "고정된"이라는 뜻을 가지고 있다. 스태틱 영역에 올라간 정보는 main() 메서드가 시작되기 전에 올라가서 main() 메서드가 종료된 후에 내려올 정도로 스태틱 영역에 단단히 고정돼 있기 때문에 스태틱 영역이라고 한다.

그럼 스택은 왜 스택이라고 할까? 전산과 출신이라면 자료구조 책을 다시 한번 펼쳐보자. 전산과 출신이 아니라도 한 번은 찾아보는 게 좋지 않을까 하는 생각이 들기는 한다. 선입후출구조, LIFO, FILO과 같은 용어가 보일 것이다. 그 뜻만이라도 살짝 살펴보는 수고를 하자.

힙은 대용량 자료를 저장할 수 있도록 메모리를 사용하는 방식이다. 더 자세한 것은 역시 자료구조 책을 살펴보자. 참고로 필자는 전산과 출신이 아니다.

## 클래스 멤버 vs. 객체 멤버 = static 멤버 vs. 인스턴스 멤버

필자가 클래스와 객체를 간단히 구분하는 법을 설명했는데, 그 방법은 다음 두 가지 질문 중 하나를 해보는 것이었다.

- 생물인 경우 "나이가 어떻게 되나요?"
- 무생물인 경우 "제조일자가 어떻게 되나요?"

객체는 유일무이하게 존재하는 실체이기 때문에 속성에 값을 가지고 있고, 클래스는 개념이면서 분류 체계일 뿐이므로 속성에 값을 가질 수 없다. 그런데 다음과 같은 질문을 해 보자.

- 미키마우스의 꼬리는 몇 개인가요?
- 제리의 꼬리는 몇 개인가요?
- 쥐의 꼬리는 몇 개인가요?

모든 질문의 답은 한 개다. 위 질문에서 미키마우스, 제리는 객체다. 당연히 꼬리 개수에 답이 있다. 그런데 쥐는 클래스인데 꼬리 개수에 답이 있다. 꼬리 개수는 객체의 속성이지만 모든 객체가 같은 값을 가지고 있기에 클래스를 통해 질문해도 하나라는 답을 알 수 있다. 이런 경우를 코드 없이 바로 T 메모리에서 살펴보자.

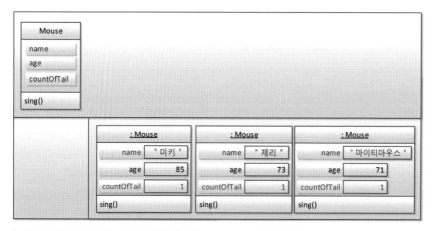

[그림 3-20] 쥐 클래스의 모든 쥐 객체들이 같은 countOfTail 값을 가진다.

그림 3-20에 표현한 T 메모리를 보면 모든 Mouse 객체가 모두 같은 값을 갖는 꼬리 개수 (countOfTail) 속성이 있음에도 Mouse 객체 수만큼 아까운 메모리를 잡아먹고 있다. 이런 경우 독자라면 어떻게 하겠는가? 한 곳에서만 쥐의 꼬리 개수(countOfTail)를 저장하고 싶지 않은가? 그러고 싶을 것이다. 그게 인간의 본성이다. 같은 유형(클래스)의 모든 객체가 같은 값을 가지고 있다면 그 값을 클래스에 저장하는 건 어떨까? 그림 3-21처럼 말이다.

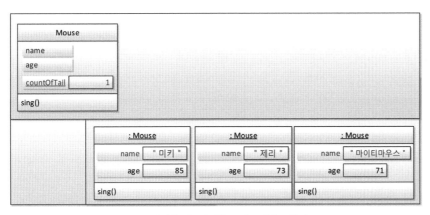

**[그림 3-21]** 모든 쥐 객체들이 공통된 값을 갖는 속성을 클래스 레벨로 옮김

이렇게 옮겨진 속성을 위해 Mouse.java의 코드는 어떻게 변해야 할까? 바로 static 키워드를 속성 앞에 붙이면 된다. abstraction02 패키지를 만들고 Mouse.java 코드를 작성하면 예제 3-4와 같다.

[예제 3-4] Mouse.java

```
1   package abstraction02;
2
3   public class Mouse {
4      public String name;
5      public int age;
6      public static int countOfTail = 1;
7
8      public void sing() {
9         System.out.println(name + " 찍찍!!!");
10     }
11  }
```

이제 countOfTail 속성은 T 메모리의 스태틱 영역에 단 하나의 저장 공간을 갖게 된다. countOfTail 속성에 접근하기 위해서는 객체를 이용해 객체_참조_변수.countOfTail로 접근할 수 있으며, 클래스를 이용해 클래스명.countOfTail, 즉 Mouse.countOfTail로도 접근할 수 있다. 테스트를 위한 예제 3-5를 만들어 보자.

```
 1  package abstraction02;
 2
 3  public class MouseDriver {
 4    public static void main(String[] args) {
 5      // 클래스명.countOfTail
 6      Mouse.countOfTail = 1;
 7
 8      Mouse mickey = new Mouse();
 9      Mouse jerry = new Mouse();
10      Mouse mightyMouse = new Mouse();
11
12      // 객체명.countOfTail
13      System.out.println(mickey.countOfTail);
14      System.out.println(jerry.countOfTail);
15      System.out.println(mightyMouse.countOfTail);
16
17      // 클래스명.countOfTail
18      System.out.println(Mouse.countOfTail);
19    }
20  }
```

6번째와 18번째 줄을 보면 Mouse.countOfTail 형식, 즉 클래스명.속성명 형식으로 접근했음을 볼수 있다. 13번째, 14번째, 15번째 줄은 객체_참조_변수.속성명 형식으로 접근했다. 이렇게 static 키워드가 붙은 속성을 클래스 멤버 속성이라고 한다. static이 안 붙은 속성은 객체 멤버 속성이라고 한다. 속성뿐만 아니라 메서드도 static 키워드를 붙였느냐 안 붙였느냐에 따라 클래스 멤버 메서드, 객체 멤버 메서드로 분류한다. main() 메서드를 보면 static 키워드가 항상 붙어 있는 것을 볼 수 있는데, main() 메서드가 클래스 멤버 메서드이기 때문이다. Mouse.java 코드 안에 sing() 메서드는 객체 멤버 메서드다. 결국 추상화를 통해 모델링을 하게 되면 다음 표 3-6과 같이 4가지 요소를 설계하게 되는 것이다.

| 클래스 설계 | 클래스 멤버 | static | 클래스 멤버 속성 |
| | | | 클래스 멤버 메서드 |
| | 객체 멤버 | | 객체 멤버 속성 |
| | | | 객체 멤버 메서드 |

[표 3-6] 클래스 멤버 vs. 객체 멤버

클래스 멤버들은 static 키워드와 함께 사용되고 또 T 메모리의 static 영역에 상주하게 되므로 static(정적) 멤버라고도 한다. 객체 멤버들은 객체가 클래스의 인스턴스이므로 인스턴스 멤버라고도 한다.

```
클래스 멤버 = static 멤버 = 정적 멤버
객체 멤버 = 인스턴스 멤버
```

클래스 멤버라는 표현 보다는 정적 멤버라는 표현을 더 많이 사용한다. 정적 멤버 속성은 위와 같이 해당 클래스의 모든 객체들이 같은 값을 가질 때 사용하는 것이 정석이다. 그럼 정적 멤버 속성으로 적당한 속성은 어떤 것들이 있을까?

- 사람 클래스의 인구
- 고양이 클래스의 다리 개수
- 승용차 클래스의 바퀴 개수
- 보병 클래스의 주특기번호
- 남자 클래스의 주민등록번호 성별코드
- 박카스 클래스의 제조사명, 용량, 성분

이처럼 정적 속성은 해당 클래스의 모든 객체가 같은 값을 가질 때 사용하는 것이 기본이다. 물론 이외의 경우에도 쓸 수는 있겠지만 그때는 정당한 논리를 가지고 써야 한다.

그럼 여기서 정적 메서드는 언제 사용하는 것이 좋을지도 고민해 보자. 정적 메서드는 객체들의 존재 여부에 관계없이 쓸 수 있는 메서드다. 정적 멤버들은 객체가 아닌 클래스에 속해 있으며, 클래스는 JVM 구동 시 T 메모리의 스태틱 영역에 바로 배치되기 때문에 객체의 존재 여부에 관계 없이 쓸 수 있다. 일단 main() 메서드는 당연히 정적 메서드여야 한다. T 메모리가 초기화된 순간 객체는 하나도 존재하지 않기 때문에 객체 멤버 메서드를 바로 실행할 수는 없다. 따라서 main() 메서드는 정적 메서드여야 한다. 그 밖에 정적 메서드를 사용하는 경우로는 또 어떤 경우가 있을까? main() 메서드의 논리를 함수로 분할해서 사용하는 경우와 정적 변수에 대한 접근자 메서드(getter)와 설정자 메서드(setter)로 사용하는 용도 정도가 있을 수 있다. 실무에서는 클래스의 인스턴스를 만들지 않고 사용하게 되는 유틸리티성 메서드를 주로 정적 메서드로 구성한다. 여러분도 Math 클래스에 있는 수많은 정적 메서드를 본 기억이 있을 것이다.

UML 표기법에서 정적 멤버에 대해서는 밑줄을 사용해 표시하도록 규정하고 있다. 밑줄이 있는 멤버 속성과 멤버 메서드, 즉 정적 멤버는 앞으로 자주 보게 되니 기억해 두자.

[그림 3-22] 정적 속성과 정적 메서드의 UML 표기 - 밑줄

그림 3-22는 중요한 사실을 하나 더 보여준다. 정적 속성인 경우 T 메모리의 스태틱 영역에 클래스가 배치될 때 클래스 내부에 메모리 공간이 확보되는 것을 보여준다. 이에 반해 객체 속성은 속성명만 있지 실제 메모리 공간은 확보하지 않는다. 객체 속성은 힙 영역에 객체가 생성되면 바로 그때 각 객체 안에 멤버 속성을 위한 메모리 공간이 할당된다.

앞에서 설명했듯이 클래스 멤버, 정적 멤버, 스태틱 멤버는 모두 같은 말이다. 객체 멤버, 오브젝트 멤버, 인스턴스 멤버도 같은 말이다. 또한 필드, 속성, 프로퍼티(Property)도 같은 말로 생각해도 된다. 함수(Function), 메서드(Method)도 혼용되고 있다. 변수 공간, 메모리 공간 역시 혼용하고 있다. 참 많이 혼용하고 있는데 이게 업계의 현실이다. 여러분들도 적응하기 바란다.

그리고 스택 영역에 생기는 변수들을 뭐라고 했었는지 기억나는가? 지역 변수였다. 지역 변수는 개발자가 별도로 초기화하지 않으면 쓰레기 값을 갖게 된다는 것도 학습했다. 클래스 속성과 객체 속성은 별도의 초기화를 해주지 않아도 정수형은 0, 부동소수점형은 0.0, 논리형은 false, 객체는 null로 초기화된다. 지역 변수는 별도로 초기화해야 하는데 멤버 변수(속성)는 왜 자동으로 초기화해줄까? 그 것은 지역 변수는 한 지역에서만 쓰는 변수이지만 멤버 변수는 공유 변수의 성격을 가지고 있기 때문이다. 객체 변수는 하나의 객체 안에서 다수의 객체 메서드가 공유하는 변수이고, 클래스 변수는 전역 변수로서 프로그램 어디서든 접근 가능한 공유 변수다. 이러한 공유 변수의 초기화는 누가 해야 할까? 객체 멤버인 경우는 생성자를 통해, 정적 멤버는 정적 실행 영역을 통해 초기화하는 경우가 있긴 하지만 공유 변수를 딱히 누가 초기화해야 한다고 규정할 수는 없다. 그래서 공유 변수는 별도로 초기화를 해주지 않아도 기본값으로 초기화되는 것이다. 지역 변수는 당연히 한 지역에서만 사용되고 소멸되는 변수이기에 그 지역에서 초기화하는 것이 논리적으로 맞다. 표 3-7의 변수 유형을 꼭 기억해 두자.

| 이름 | 다른 이름 | 사는 곳(T 메모리) |
|---|---|---|
| static 변수 | 클래스 [멤버] 속성, 정적 변수, 정적 속성... | 스태틱 영역 |
| 인스턴스 변수 | 객체 [멤버] 속성, 객체 변수... | 힙 영역 |
| local 변수 | 지역 변수 | 스택 영역(스택 프레임 내부) |

[표 3-7] 세 가지 변수 유형

## 상속: 재사용 + 확장

상속이라고 하면 어떤 느낌이 오는가? 혹시
그림 3-23과 같은 느낌인가?

그림 3-23은 우리가 일반적으로 알고 있는
상속의 개념도다. 하지만 객체 지향의 상속은
이런 개념이 아니다. 사실 객체 지향의 상속은
영어 단어를 그대로 옮기면서 생긴 오해라고

[그림 3-23] 객체 지향의 상속에 대한 잘못된 예 – 계층도 / 조직도

할 수 있다. 그 오해가 많은 교육 과정에서 그대로 받아들여져 더욱 많은 오해를 낳았다. 객체 지향의
상속은 그림 3-23의 상속이 아닌 재사용과 확장으로 이해하는 것이 맞다. 그림 3-24와 같이 분류도
로 이해해야 한다.

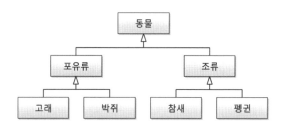

[그림 3-24] 객체 지향의 상속에 대한 올바른 예 – 분류도

그림 3-24는 상속 관계가 아니다. 동물은 포유류의 부모가 아니다. 역시 고래의 부모가 포유류일 수
는 없다. 동물이라고 하는 것 중 분류를 조금 더 세분화해서 포유류와 조류가 나오고 포유류를 조금 더
분류해서 고래, 박쥐가 나오는 것이다. 객체 지향에서의 상속은 상위 클래스의 특성을 하위 클래스에
서 상속(특성 상속)하고 거기에 더해 필요한 특성을 추가, 즉 확장해서 사용할 수 있다는 의미다. 그

런데 사람들은 클래스의 특성을 상속한다는 말에서 특성을 빼고 클래스를 상속한다는 뜻으로 오해를 하니 부모-자식 관계가 나와 버린 것이다. 그래서 이 글을 읽고 동의한다면 앞으로는 상속을 부모 클래스 - 자식 클래스라는 표현보다는 상위 클래스 - 하위 클래스 또는 슈퍼 클래스 - 서브 클래스라고 표현하자.

객체 지향에서 상속이란 일반인들이 생각하는 상속이 아닌 확장, 세분화, 슈퍼 클래스 - 서브 클래스(상위 클래스 - 하위 클래스) 개념으로 이해하기 바란다. 앞에서 필자가 클래스는 영한사전을 찾아보면 분류라고 이야기했던 것이 기억날 것이다. 그러니 상위 분류 - 하위 분류라고 이해해도 좋다. 그리고 상위 클래스 쪽으로 갈수록 추상화, 일반화됐다고 말하며, 하위 클래스 쪽으로 갈수록 구체화, 특수화됐다고 말한다.

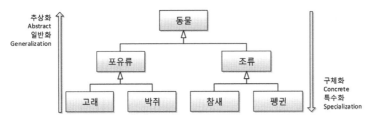

**[그림 3-25]** 추상화(일반화) vs. 구체화(특수화)

상속의 개념이 조직도나 계층도가 아닌 분류도라는 사실과 함께 그림 3-25을 기억해 두자.

포유류는 동물의 특성을 확장했다고 할 수 있고, 고래는 포유류의 특성을 확장했다고 할 수 있다. 이제 객체 지향 관련 서적이나 행사에서 상속이라고 보고 들어도 확장이라고 찰떡같이 이해하는 독자들이 되길 바란다. 다시 말하지만 객체 지향의 상속은 부모 - 자식 같은 계층도나 조직도가 아닌 동물 - 포유류 같은 분류도라는 사실을 꼭 기억하자. 그래도 잘 기억이 안 된다면 그림 3-26의 집합(포함, 세분화, 분류) 벤 다이어그램으로 기억하자.

**[그림 3-26]** 객체 지향의 상속 - 집합(포함, 세분화, 분류) 벤 다이어그램

상속 관계에서 반드시 만족해야 할 문장이 있다.

- 하위 클래스는 상위 클래스다.

객체 지향 상속에 있어서 아주 아주 중요한 문장이니 꼭 기억해야 한다. 그럼 조직도인 경우를 보자.

- 아버지는 할아버지다??
- 아들은 아버지다??
- 딸은 아버지다??

이상하고 괴이하다. 이제 분류도의 경우를 보자.

- 포유류는 동물이다.
- 고래는 포유류다.
- 고래는 동물이다.

너무나 자연스럽지 않은가? 나중에 설명하겠지만 "하위 클래스는 상위 클래스다"라는 문장은 로버트 C. 마틴이 주장하고 이제 모두가 동의하는 객체 지향 설계 5원칙 가운데 LSP(리스코프 치환 원칙)를 나타내는 말이다. 객체 지향 설계 5원칙은 5장을 통해 학습하겠다.

개발자는 코드로 대화할 때 편안함을 느끼기에 앞서 설명한 내용을 코드로 표현해보자.

```
아버지 영희아빠 = new 딸();
// 딸을 낳으니 아버지 역할을 하는 영희아빠라 이름 지었다???
```

이상하고 괴이하다.

```
동물 뽀로로 = new 펭귄();
// 펭귄을 낳으니 동물 역할을 하는 뽀로로라 이름 지었다.
```

문장이 매끄럽지는 못하지만 충분히 말은 된다. 잠시 후 필자가 더 예쁜 문장으로 다듬어 보겠다.

여기에 더해 한 가지 재미있는 것은 자바 언어에서 inheritance(상속)라는 키워드는 존재하지 않는 다는 것이다. 대신 extends(확장)가 존재한다. 자바 언어 개발팀, 특히 자바 언어의 아버지라고 하는 제임스 고슬링은 객체 지향의 상속을 정확히 이해한 것이다. inheritance가 아닌 extends라는 것을 말이다.

## 상속의 강력함

분류도 또는 벤 다이어그램만 봐도 상속의 강력함이 느껴질 것이다. 코드를 통해 상속의 강력함을 더 깊이 살펴보자. 위에 나온 클래스를 자바 코드로 만들어 보자. 워낙 쉬운 내용이라 코드만 보여주겠다. 다만 객체 참조 변수의 이름은 편의를 위해 막 지었는데, 실전에서는 고민해서 짓길 바란다. 왜 고민해야 하느냐고 묻는다면 객체 참조 변수는 결국 객체를 참조하게 되는데 객체의 특성은 유일무이한 것이다. 클래스명은 클래스답게, 객체 참조 변수명은 객체답게 지어야 한다. 조금 더 풀어 설명하면 클래스명은 분류스럽게, 객체 참조 변수명은 유일무이한 사물처럼 작명해야 한다는 말이다.

[예제 3-6] 동물.java

```java
package inheritance01;

public class 동물 {
  String myClass;

  동물() {
    myClass = "동물";
  }

  void showMe() {
    System.out.println(myClass);
  }
}
```

[예제 3-7] 포유류.java

```java
package inheritance01;

public class 포유류 extends 동물 {
  포유류() {
    myClass = "포유류";
```

```
    }
  }
```

```
package inheritance01;

public class 조류 extends 동물 {
  조류() {
    myClass = "조류";
  }
}
```

```
package inheritance01;

public class 고래 extends 포유류 {
  고래() {
    myClass = "고래";
  }
}
```

```
package inheritance01;

public class 박쥐 extends 포유류 {
  박쥐() {
    myClass = "박쥐";
  }
}
```

```
package inheritance01;

public class 참새 extends 조류 {
```

```
  참새() {
    myClass = "참새";
  }
}
```

[예제 3-12] 펭귄.java

```
package inheritance01;

public class 펭귄 extends 조류 {
  펭귄() {
    myClass = "펭귄";
  }
}
```

객체 참조 변수명은 객체스럽게, 클래스명은 클래스명답게 정하는 습관을 들이길 다시 강조한다.

조류 bird = new 조류();

만약 필자의 부사수가 위와 같이 코딩했다면 필자는 그에게 사랑의 매질, 아니 꿀밤을 하나 먹여줄 것이다. 그 이유는 bird라는 단어 자체가 객체보다는 클래스, 즉 분류에 가깝기 때문이다. 객체와 클래스 구분법은 이미 설명했다. 이를 적용해 보자.

조류의 나이는? 답할 수 있겠는가? 그래서 클래스다.

bird의 나이는? 역시 답하기 어렵다. 그래서 클래스다.

그런데 필자가 bird를 객체 참조 변수명으로 선택했다. 그렇다 논리적으로 맞지 않다. 물론 프로그램적으로는 허용되는 코드이긴 하지만 인간의 논리에는 맞지 않는다는 것이다. 뭐 이렇게 까다로우냐 할 수도 있지만 이런 작은 논리들이 모여 결국 큰 프로그램을 만들게 되는데 그 논리들이 인간적이면 더 좋지 않겠는가? 바로 그게 객체 지향인 것이다. 물론 영어를 잘 하는 분들이 대문자로 시작하는 Bird 는 집단, 즉 클래스이고, bird라고 소문자로 쓰면 객체를 나타낸다라고 하면 필자는 조용히 수긍할 것이다. 코드에서 bird와 Bird가 함께 나타나는 경우 영어에 약한 우리지만 이 부분은 잘 이해하고 쓰자. 그래서 필자가 존경하는 한 프로그래머는 Bird aBird 또는 Bird theBird 형태로 코딩한다. 그 프로그래머는 미국 사람이다.

일단 제시한 예제 코드는 필자도 고민을 많이 안 하고 급히 만든 예제다. 이걸 시적 허용(?) 또는 주최 측의 농간(!)이라고 한다. 좋지 않은 예를 보여서 교훈을 삼자는 필자의 진심어린 충정임을 믿어주길 바란다.

이어서 상속의 강력함을 보여줄 첫 번째 예제 코드를 소개한다.

[예제 3-13] Driver01.java

```java
package inheritance01;

public class Driver01 {
  public static void main(String[] args) {
    동물 animal = new 동물();
    포유류 mammalia = new 포유류();
    조류 bird = new 조류();
    고래 whale = new 고래();
    박쥐 bat = new 박쥐();
    참새 sparrow = new 참새();
    펭귄 penguin = new 펭귄();

    animal.showMe();
    mammalia.showMe();
    bird.showMe();
    whale.showMe();
    bat.showMe();
    sparrow.showMe();
    penguin.showMe();
  }
}
```

예제 3-13의 실행 결과는 충분히 짐작될 것이다. 상위 클래스에서만 showMe() 메서드를 구현했지만 모든 하위 클래스의 객체에서 showMe() 메서드를 사용할 수 있다. 상속한다는 것이 이렇게 상위 클래스의 특성을 상속한다는 의미이지 부모-자식 관계는 아니다. 앞의 테스트 코드는 늘 해오던 방식이라 감동이 없을 수도 있지만 절차적/구조적 프로그래밍을 하던 분들의 입장에서 생각해 보자. 눈물 나게 감동스러울 것이다. 하위 클래스에서 showMe() 메서드를 다시 작성하지 않아도 된다는 것, 재사용할 수 있다는 것은 정말 감동적일 것이다. 그래도 감동이 안 된다면 상속의 더욱 강력한 능력을 보여주는 두 번째 코드인 예제 3-14를 보자.

[예제 3-14] Driver02.java

```java
package inheritance01;

public class Driver02 {
  public static void main(String[] args) {
    동물 animal = new 동물();
    동물 mammalia = new 포유류();
    동물 bird = new 조류();
    동물 whale = new 고래();
    동물 bat = new 박쥐();
    동물 sparrow = new 참새();
    동물 penguin = new 펭귄();

    animal.showMe();
    mammalia.showMe();
    bird.showMe();
    whale.showMe();
    bat.showMe();
    sparrow.showMe();
    penguin.showMe();
  }
}
```

실행 결과는 Driver01과 같다. 이제 좀 감동이 오는가? "하위 클래스는 상위 클래스다", 즉 "하위 분류는 상위 분류다"라는 말이 코드에서 어떻게 표현되는지 유심히 살펴보자. 너무나도 감동적으로 표현해 주고 있다. 포유류 한 마리를 동물이라 하는 데 이견이 있는가? 고래 한 마리를 포유류 또는 동물이라고 하는 데 이견이 있는가? 이처럼 객체 지향은 현실 세계를, 인간의 논리를 그대로 코드로 옮길 수 있는 힘이 있다. 그런데 아직도 큰 감동은 없는가? 그럼 극강의 감동 코드를 보여주겠다.

[예제 3-15] Driver03.java

```java
package inheritance01;

public class Driver03 {
  public static void main(String[] args) {
    동물[] animals = new 동물[7];
```

```
    animals[0] = new 동물();
    animals[1] = new 포유류();
    animals[2] = new 조류();
    animals[3] = new 고래();
    animals[4] = new 박쥐();
    animals[5] = new 참새();
    animals[6] = new 펭귄();

    for (int index = 0; index < animals.length; index++) {
      animals[index].showMe();
    }
  }
}
```

감격과 감동과 놀라움의 쓰나미가 몰려오지 않는가? 이제 반복문 하나면 모든 동물들이 자신을 드러낼 수 있다. 이건 흡사 강남역에서 "총각들 모이세요", "남자들 모이세요", "사람들 모이세요"라고 외치는 것과 같은 효과를 불러온다. 반응하는 객체의 수가 달라진다.

이래도 감동이 안 오면 toString() 메서드 때문에라도 감동하자. 클래스 상속 구조에서 최상위 클래스는 Object다. 그래서 모든 클래스는 결국 Object의 특성을 물려받는다. 그래서 어떤 클래스의 인스턴스이든 상관없이 개발자는 toString() 메서드를 사용할 수 있는 것이다.

## 상속은 is a 관계를 만족해야 한다?

여기서 상속에 대한 또 하나의 오해를 짚고 넘어가자. 상속은 is a 관계를 만족해야 한다는 말을 들어본 적이 있을 것이다. 그럼 아래 문장을 번역해 보자.

> 펭귄 is a 동물

"펭귄은 한 마리 동물이다." 번역도 되고 논리도 맞는 것 같다. 하지만 천천히 다시 보자. 펭귄은 클래스다. 동물도 클래스다. 그러나 "한 마리 동물"은 클래스일까? 아니다. 객체다. 다시 상속은 is a 관계를 만족해야 한다는 말에 주어와 보어로 상위 클래스와 하위 클래스를 넣어보자. 주어는 무엇일까? 바로 하위 클래스다. 보어는 무엇일까? 바로 상위 클래스다. 그럼 is a 관계의 완벽한 표현은 아래와 같을 것이다.

> 하위 클래스 is a 상위 클래스

번역하면 "하위 클래스는 하나의 상위 클래스이다???" 하위 클래스는 분류/집단이다. 상위 클래스도 분류/집단이다. 그러나 "하나의 상위 클래스"는 하나의 객체다. 그리하여 삼단 논법에 의거해 "하위 클래스는 하나의 객체다"라는 결론에 도달하면 인간의 논리가 무너져 내린다. "하위 집단은 하나의 유일무이한 존재다". 이렇게 되면 논리가 성립되지 않는다. 결국 상속 관계는 is a 관계로 많이 설명되고 있지만 더 명확한 표현이 있다.

is a 관계는 객체(클래스의 인스턴스)와 클래스의 관계로 오해될 소지가 많다. is a 관계라고 표현할 때 오해를 일으킬 수 있는 아래의 예문을 보면 이해될 것이다.

- 객체 is a 클래스
- 김연아 is a 사람 → 김연아는 한 명의 사람이다.
- 뽀로로 is a 펭귄 → 뽀로로는 한 마리 펭귄이다.
- 뽀로로 is a 조류 → 뽀로로는 한 마리 조류다.
- 뽀로로 is a 동물 → 뽀로로는 한 마리 동물이다.

물론 "A lion is a dangerous animal"처럼 a를 "단수 명사 앞에 쓰여 그 부류를 통칭함"으로 해석해 "사자는 위험한 동물이다."라고 해석할 수도 있지만, "한 마리 사자는 한 마리 위험한 동물이다."처럼 해석되기도 하기에 상속 관계를 표현할 때 오해가 없도록 더 명확한 표현으로 기억하는 것이 좋다.

그렇다면 상속 관계의 더 명확한 영어 표현은 무엇일까? 바로 is a kind of 관계다. 우리는 kind of를 빼고 암기하거나 들어왔던 것이다. 이미 1999년 쓰리 아미고(Three Amigos)라는 칭함을 받는 그래드 부치, 이바 야콥슨, 제임스 럼버 세 분이 UML 사용자 지침서를 통해 말씀하셨는데 우리는 그것을 잊고 있었던 것이다.

---

 마이크로소프트 개발자 사이트인 MSDN에서도 상속을 표현하는 is a를 더 명확히 표현하면 a kind of라고 명시하고 있다.

MSDN 원문 일부(http://msdn.microsoft.com/en-us/library/27db6csx(v=vs.90).aspx)

In an "is a" relationship, the derived class is clearly a kind of the base class.

---

- 하위 클래스 is a kind of 상위 클래스
- 펭귄 is a kind of 조류 → 펭귄은 조류의 한 분류다.

- 펭귄 is a kind of 동물 → 펭귄은 동물의 한 분류다.

- 고래 is a kind of 동물 → 고래는 동물의 한 분류다.

- 조류 is a kind of 동물 → 조류는 동물의 한 분류다.

머리가 개운해지고 논리가 맑아지는 느낌일 것이다. 아래 세 문장을 꼭 기억하자.

- 객체 지향의 상속은 상위 클래스의 특성을 재사용하는 것이다.

- 객체 지향의 상속은 상위 클래스의 특성을 확장하는 것이다.

- 객체 지향의 상속은 is a kind of 관계를 만족해야 한다.


## 다중 상속과 자바

여기서 살짝 짚고 넘어갈 문제가 있다. "왜 자바는 다중 상속을 지원하지 않는가?"라는 문제다. C++를 계승/발전/단순화하면서 다중 상속을 빼버린 이유를 살펴보자.

인어공주 이야기는 다들 알 것이다. 그럼 인어는 사람과 물고기를 상속한다고 생각해 보자.

**[그림 3-27]** 다중 상속의 문제점

그림 3-27만 봐도 다중 상속의 문제점이 보인다. 사람도 수영할 수 있고, 물고기도 수영할 수 있는데 인어에게 "수영해!"라고 한다면 사람처럼 팔과 다리를 저어 수영해야 할까? 아니면 물고기처럼 가슴, 등, 꼬리 지느러미로 헤엄쳐야 할까? 이와 같은 문제를 다중 상속의 다이아몬드 문제라고 한다. 결국 다중 상속은 득실 관계에서 실이 더 많았기에 자바와 C#은 과감히 다중 상속을 포기했다. 대신 자바에서는 C++에는 없는 인터페이스를 도입해 다중 상속의 득은 취하고 실은 과감히 버렸다.


## 상속과 인터페이스

상속 관계가 is a kind of 관계라고 앞에서 설명했다. 해석과 예제를 함께 보는 것이 도움이 될 것이다.

- 상속 관계: 하위 클래스 is a kind of 상위 클래스

- 해석: 하위 클래스는 상위 클래스의 한 분류다.

- 예제: 고래는 동물의 한 분류다.

그럼 다중 상속을 포기하고 대신 인터페이스를 도입한 자바에서 인터페이스는 어떤 관계를 나타내는 것일까? 다중 상속 대신이니 상속과 같이 is a kind of일까? 그렇게 생각해도 사실 무관하지만 객체 지향이 긴 세월을 거쳐서 정제되고 발전하다 보니 인터페이스는 상속과는 다르게 쓰는 것이 유용하다는 결론에 도달하게 됐다.

- 인터페이스: 구현 클래스 is able to 인터페이스
- 해석: 구현 클래스는 인터페이스할 수 있다.
- 예제: 고래는 헤엄칠 수 있다.

이를 이전에 본 상속도(분류도)에 적용해보자.

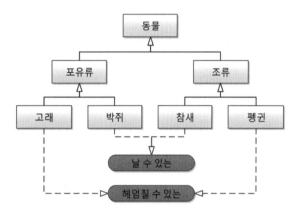

**[그림 3-28]** 상속과 인터페이스

인터페이스는 be able to, 즉 "무엇을 할 수 있는"이라는 표현 형태로 만드는 것이 좋다. 자바 API에서도 이러한 be able to 형식의 인터페이스를 많이 볼 수 있다. 몇 가지 예를 찾아보자.

- Serializable 인터페이스: 직렬화할 수 있는
- Cloneable 인터페이스: 복제할 수 있는
- Comparable 인터페이스: 비교할 수 있는
- Runnable 인터페이스: 실행할 수 있는

여기서 한 가지 더 생각해 보자. 상위 클래스는 하위 클래스에게 특성(속성과 메서드)을 상속해 주고, 인터페이스는 클래스가 '무엇을 할 수 있다'라고 하는 기능을 구현하도록 강제하게 된다. 여기서 퀴즈를 하나 풀어보자.

- 상위 클래스는 하위 클래스에게 물려줄 특성이 많을수록 좋을까? 적을수록 좋을까?

- 인터페이스는 구현을 강제할 메서드가 많을수록 좋을까? 적을수록 좋을까?

조금 깊이 생각해 보면 상위 클래스는 물려줄 특성이 풍성할수록 좋고, 인터페이스는 구현을 강제할 메서드의 개수가 적을수록 좋다는 결론에 도달할 수 있다. 왜 그런지는 다른 개발자들과 열띤 토의를 해보자. 혹시나 궁금해 할 독자를 위해 힌트를 주자면 추후에 다룰 객체 지향 설계 5원칙 중에서 상위 클래스가 풍성할수록 좋은 이유는 LSP(리스코프 치환 원칙)에 따른 이유라고 할 수 있다. 인터페이스에 메서드가 적을수록 좋은 이유는 ISP(인터페이스 분할 원칙)에 따른 이유라고 할 수 있다. LSP, ISP 등 객체 지향 설계 5원칙은 5장에서 설명하겠다.

인터페이스를 사용하는 예제를 살펴보고 마무리하자.

[예제 3-16] 동물.java

```java
package inheritance02;

public class 동물 {
  String myClass;

  동물() {
    myClass = "동물";
  }

  void showMe() {
    System.out.println(myClass);
  }
}
```

[예제 3-17] 날수있는.java

```java
package inheritance02;

public interface 날수있는 {
  void fly();
}
```

[예제 3-18] 헤엄칠수있는.java

```
package inheritance02;

public interface 헤엄칠수있는 {
  void swim();
}
```

[예제 3-19] 포유류.java

```
package inheritance02;

public class 포유류 extends 동물 {
  포유류() {
    myClass = "포유류";
  }
}
```

[예제 3-20] 조류.java

```
package inheritance02;

public class 조류 extends 동물 {
  조류() {
    myClass = "조류";
  }
}
```

[예제 3-21] 고래.java

```
package inheritance02;

public class 고래 extends 포유류 implements 헤엄칠수있는 {
  고래() {
    myClass = "고래";

  }
```

```java
    @Override
    public void swim() {
      System.out.println(myClass + " 수영 중. 어프!!! 어프!!!");
    }
}
```

```java
package inheritance02;

public class 박쥐 extends 포유류 implements 날수있는 {
  박쥐() {
    myClass = "박쥐";

  }

  @Override
  public void fly() {
    System.out.println(myClass + " 날고 있삼.. 슈웅!!! 슈웅!!!");
  }
}
```

```java
package inheritance02;

public class 참새 extends 조류 implements 날수있는 {
  참새() {
    myClass = "참새";
  }

  @Override
  public void fly() {
    System.out.println(myClass + " 날고 있삼.. 허우적!!! 허우적!!!");
  }
}
```

[예제 3-24] 펭귄.java

```
package inheritance02;

public class 펭귄 extends 조류 implements 헤엄칠수있는 {
  펭귄() {
    myClass = "펭귄";

  }

  @Override
  public void swim() {
    System.out.println(myClass + " 수영 중. 푸악!!! 푸악!!!");
  }
}
```

[예제 3-25] Driver.java

```
package inheritance02;

public class Driver {
  public static void main(String[] args) {
    날수있는 날라리1 = new 박쥐();
    날라리1.fly();

    날수있는 날라리2 = new 참새();
    날라리2.fly();

    헤엄칠수있는[] 맥주병들 = new 헤엄칠수있는[2];

    맥주병들[0] = new 고래();
    맥주병들[1] = new 펭귄();

    for (헤엄칠수있는 맥주병 : 맥주병들) {
      맥주병.swim();
    }
  }
}
```

실행결과는 따로 보여주지 않겠다. 직접 STS를 구동해서 확인해 보자. STS로 구동해 보기 전에 결과를 꼭 예상해 보자.

## 상속과 UML 표기법

필자가 그려온 그림들은 UML 표기법을 사용했다. UML에서 상속과 인터페이스의 표기법은 그림 3-29와 같다.

[그림 3-29] 상속(재사용, 확장)과 인터페이스(구현 강제)의 UML 표기

두 클래스 간의 상속을 표현하기 위해 하위 클래스에서 상위 클래스 쪽으로 화살표를 그린다. 화살표는 속이 비어있고 닫힌 삼각형 머리에 실선 꼬리를 가진 형태로 그린다.

클래스가 인터페이스를 구현한 경우에는 인터페이스를 구현하는 클래스에서 인터페이스 쪽으로 화살표를 그린다. 이때 화살표는 꼬리가 점선인 점만 제외하고 상속 화살표와 모든 것이 같다. 인터페이스 구현에 대한 약식 표기로 막대 사탕을 사용하기도 한다.

이러한 표기법은 이해당사자 사이의 의사소통 또는 코드에 대한 이해를 위해 사용하게 된다. 이 책에서는 설명에 필요한 정도로만 UML 표기법을 그때그때 알려주겠다. UML을 공부하고자 하는 독자가 있다면 로버트 C. 마틴의 『UML 실전에서는 이것만 쓴다(UML for Java Programmers)』와 마틴 파울러의 『UML Distilled 2판』을 추천한다.

## 상속과 T 메모리

바로 위에서 상속 관계의 UML 표기법을 살펴봤다. 그림 3-29처럼 클래스 이름만 표기하는 경우도 있고 클래스의 특성까지 함께 표기하는 경우도 있다. 그림 3-30과 같은 상속 구조가 있다고 가정해 보자.

그림 3-30은 클래스 다이어그램으로 상속 구조를 표현한 것이다. STS 플러그인 중 하나인 Amateras UML을 이용해 코드를 작성한 후 역공학 기법으로 다이어그램을 뽑아본 것이다. 코드는 예제 3-26과 예제 3-27과 같다.

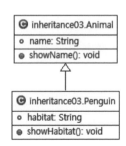

[**그림 3-30**] Animal과 Penguin 클래스 다이어그램

[**예제 3-26**] Animal.java

```
1  package inheritance03;
2
3  public class Animal {
4    public String name;
5
6    public void showName() {
7      System.out.printf("안녕 나는 %s야. 반가워\n", name);
8    }
9  }
```

[**예제 3-27**] Penguin.java

```
1  package inheritance03;
2
3  public class Penguin extends Animal {
4    public String habitat;
5
6    public void showHabitat() {
7      System.out.printf("%s는 %s에 살아\n", name, habitat);
8    }
9  }
```

클래스 다이어그램을 상세하게 표현해도 메서드 내부의 로직은 표현하지 못한다는 것은 이미 앞에서 이야기했다.

상속과 T 메모리를 설명하기 위해 예제 3-28의 Driver.java도 만들어 보자.

[예제 3-28] Driver.java

```java
1   package inheritance03;
2
3   public class Driver {
4     public static void main(String[] args) {
5       Penguin pororo = new Penguin();
6
7       pororo.name = "뽀로로";
8       pororo.habitat = "남극";
9
10      pororo.showName();
11      pororo.showHabitat();
12
13      Animal pingu = new Penguin();
14
15      pingu.name = "핑구";
16      // pingu.habitat = "EBS";
17
18      pingu.showName();
19      // pingu.showHabitat();
20
21      // Penguin happyfeet = new Animal();
22    }
23  }
```

5번째 줄을 실행한 후 T 메모리의 구조를 그려보면 그림 3-31과 같다.

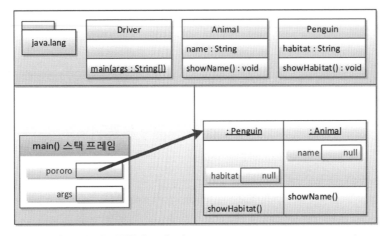

[그림 3-31] 5번째 줄을 실행한 후 T 메모리

Penguin 클래스의 인스턴스만 힙 영역에 생긴 게 아니라 Animal 클래스의 인스턴스도 함께 힙 영역에 생긴 것을 볼 수 있다. 아주 아주 중요한 내용이니 꼭 기억해 두자. 하위 클래스의 인스턴스가 생성될 때 상위 클래스의 인스턴스도 함께 생성된다. 사실 Animal 인스턴스 외에도 하나의 객체가 더 생성된다. 그림에서는 생략했지만 모든 클래스의 최상의 클래스인 Object 클래스의 인스턴스도 함께 생성되는 것이다.

이어서 13번째 줄을 실행한 후 T 메모리의 구조를 그려보면 그림 3-32가 나온다.

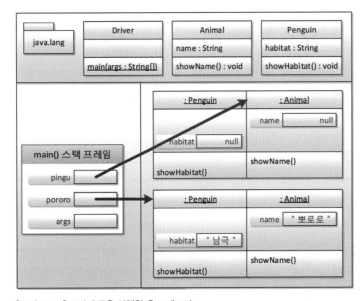

[그림 3-32] 13번째 줄을 실행한 후 T 메모리

독자들도 힙 영역은 충분히 짐작했을 것이다. 그런데 pingu 객체 참조 변수가 가리키고 있는 것은 Penguin 인스턴스가 아닌 Animal 인스턴스다. 이 부분이 코드에 어떻게 나와 있었는지 다시 살펴보자. 5번째 줄과 13번째 줄을 주의 깊게 비교하면서 살펴보자.

```
5번째 줄      Penguin pororo = new Penguin();
13번째 줄     Animal pingu = new Penguin();
```

차이점이 눈에 확 보일 것이다. pingu 객체 참조 변수는 사실 펭귄이면서 기억 상실에 걸렸는지 어쨌는지 모르겠지만 자신이 펭귄이라는 사실을 모르고 있다. 다만 자신이 동물이라는 것만 인식하고 있다. 따라서 pingu 객체 참조 변수는 16번째 줄에 나타난 펭귄의 서식지(habitat) 속성과 19번째 줄에 나타난 펭귄의 서식지를 알려주는 showHabitat() 메서드를 사용할 수 없다. 자바를 열심히 공부했다면 독자의 머릿속에 형변환 연산이 스칠 것이다. 생각이 잘 안 나는 독자들은 명시적 형변환 연산(Casting)과 암묵적 형변환(Promotion)에 대해 자바 책 또는 인터넷에서 찾아보는 수고를 하도록 하자.

21번째 줄이 실행되지 않는 이유는 무엇일지도 고민해 보자. 필자가 따로 설명하지는 않겠다.

Driver.java를 보면서 논리가 꼬여선 안 된다. 클래스명은 클래스답게, 객체 참조 변수명은 객체명답게 고민해서 이름을 지었다는 것을 알 수 있을 것이다. 자바 코드를 읽는 연습을 많이 하면 필자처럼 아름답고(?) 이해하기(?) 좋은 코드를 만들 수 있을 것이다. 그렇다고 코드의 알파벳과 영어를 그대로 읽으라는 것이 아니다. 인간의 언어로 번역하면서 읽어야 한다. 그리고 그렇게 읽을 때 논리적으로 이해하기 쉬운 코드가 돼야 한다. 객체 지향이 인간 지향이기 때문이다. 필자가 예로 몇 개만 읽어보겠다.

```
Penguin pororo = new Penguin();
// 펭귄 한 마리가 태어나니 펭귄 역할을 하는 pororo라 이름 지었다.
pororo.name = "뽀로로";
// pororo의 name을 "뽀로로"라 하자.
pororo.habitat = "남극";
// pororo의 habitat(서식지)를 "남극"이라 하자.
pororo.showName();
// pororo야 너의 이름을 보여다오.
pororo.showHabitat();
// pororo야 너의 서식지를 보여다오.
```

어떤가? 잘 번역되어 읽히지 않는가? 코드를 보면서 이렇게 번역해서 읽기가 힘들다면 그 코드는 객체 지향 언어의 아름다움을 충분히 활용하지 못하고 있는 것이다. 짧게 이야기했지만 사실은 아주 아주 중요한 내용이다. 형광펜으로 사정없이 색칠해 두자.

## 다형성: 사용편의성

객체 지향에서 다형성이라고 하면 오버라이딩(overriding)과 오버로딩(overloading)이라고 할 수 있다. 물론 상위 클래스와 하위 클래스 사이에서도 다형성을 이야기할 수 있고, 인터페이스와 그것의 구현 클래스 사이에서도 다형성을 이야기할 수 있지만 가장 기본은 오버라이딩과 오버로딩이라고 할 수 있다.

 오버로딩이 다형성인지 아닌지에 대해서는 이견이 있다.

### 오버라이딩? 오버로딩?

다음이 오버라이딩인지 오버로딩인지 한번 맞춰 보자.

- 같은 메서드 이름, 같은 인자 목록으로 상위 클래스의 메서드를 재정의
- 같은 메서드 이름, 다른 인자 목록으로 다수의 메서드를 중복 정의

혹시라도 혼동된다면 독자가 오토바이 마니아라고 상상해 보자. 독자는 오토바이를 라이딩하고 싶은가? 로딩하고 싶은가? 당연히 라이딩하고 싶을 것이다.

- ride: 올라타다
- load: 적재하다

이제 오버라이딩과 오버로딩이 헷갈리지 않을 것이다. 아직도 혼동된다면 이렇게 생각해 보자. 인공위성에서 당신의 친구가 오토바이에 올라탄, 즉 라이딩하고 있는 당신을 보고 있다고 생각해 보자. 그 친구 눈에 당신이 올라탄 미니 오토바이가 보일까? 안 보일까? 그리고 당신이 트럭에 짐을 적재할 때는

위로 쌓을 것인가? 옆으로 쌓을 것인가? 당연히 논리적이고 상식적인 사람이라면 짐을 실을 때는 위로 높이 쌓기보다는 옆으로 나란히 적재(load)할 것이다. 그림 3–33과 같이 인공위성에서 당신의 친구가 이 광경을 내려 본다고 생각해 보자.

[그림 3–33] 올라타기(overriding)와 적재하기(overloading)

인공위성에서 내려볼 때 오버라이딩(올라타기)된 경우는 맨 위에 올라탄 존재만 보인다. 오버로딩(적재하기)된 경우는 옆으로 적재된 모든 적재물이 다 보인다. 이제 오버라이딩과 오버로딩을 구분할 수 있을 것이다. 코드로 살펴보자.

[예제 3-29] Animal.java

```
1  package polymorphism01;
2
3  public class Animal {
4    public String name;
5
6    public void showName() {
7      System.out.printf("안녕 나는 %s야. 반가워\n", name);
8    }
9  }
```

[예제 3-30] Penguin.java

```
1  package polymorphism01;
2
3  public class Penguin extends Animal {
```

```
 4    public String habitat;

 5

 6    public void showHabitat() {

 7      System.out.printf("%s는 %s에 살아\n", name, habitat);

 8    }

 9

10    //오버라이딩 - 재정의: 상위클래스의 메서드와 같은 메서드 이름, 같은 인자 리스트

11    public void showName() {

12      System.out.println("어머 내 이름은 알아서 뭐하게요?");

13    }

14

15    // 오버로딩 - 중복정의: 같은 메서드 이름, 다른 인자 리스트

16    public void showName(String yourName) {

17      System.out.printf("%s 안녕, 나는 %s라고 해\n", yourName, name);

18    }

19  }
```

[예제 3-31] Driver.java

```
 1  package polymorphism01;

 2

 3  public class Driver {

 4    public static void main(String[] args) {

 5      Penguin pororo = new Penguin();

 6

 7      pororo.name = "뽀로로";

 8      pororo.habitat = "남극";

 9

10      pororo.showName();

11      pororo.showName("초보람보");

12      pororo.showHabitat();

13

14      Animal pingu = new Penguin();

15

16      pingu.name = "핑구";

17      pingu.showName();

18    }

19  }
```

Driver.java를 실행한 결과는 다음과 같다. 오버로딩과 오버라이딩을 생각하면서 천천히 분석해 보는 것은 독자의 몫으로 남기겠다.

> 어머 내 이름은 알아서 뭐하게요?
>
> 초보람보 안녕. 나는 뽀로로라고 해
>
> 뽀로로는 남극에 살아
>
> 어머 내 이름은 알아서 뭐하게요?

혹시 이해가 안 된다면 T 메모리를 그려서 이해해보자.

## 다형성과 T 메모리

바로 위의 예제를 그대로 활용해 보자. Driver.java의 5번째 줄을 실행한 후의 T 메모리 스냅샷을 그림 3-34에 표현해 봤다.

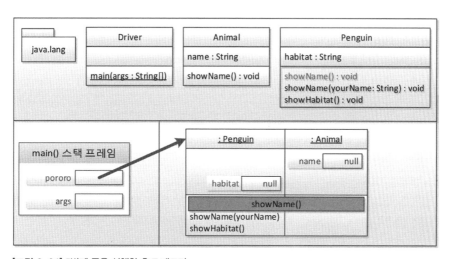

[그림 3-34] 5번째 줄을 실행한 후 T 메모리

그림에서 주목할 것은 Penguin 클래스가 상위 클래스인 Animal 클래스의 showName() 메서드를 오버라이딩(재정의)했다는 것과 showName(yourName: String) 메서드를 오버로딩(중복 정의) 했다는 것이다.

10번째 줄의 pororo.showName(); 부분을 실행하면 Animal 객체에 있는 showName() 메서드는 Penguin 객체에 있는 showName() 메서드에 의해 재정의, 즉 가려졌기에 Penguin 객체에서 재정의한 showName() 메서드가 호출되어 다음과 같은 결과를 출력한다.

> 어머 내 이름은 알아서 뭐하게요?

11번째 줄의 pororo.showName("초보람보"); 부분을 실행하면 문자열 하나를 인자로 받는 중복 정의된 showName(yourName) 메서드를 호출한다.

> 어머 내 이름은 알아서 뭐하게요?
>
> 초보람보 안녕, 나는 뽀로로라고 해

12번째 줄의 pororo.showHabitat(); 부분의 실행 결과는 짐작이 갈 것이다.

이번에는 14번째 줄을 실행한 후의 T 메모리 스냅샷을 보자.

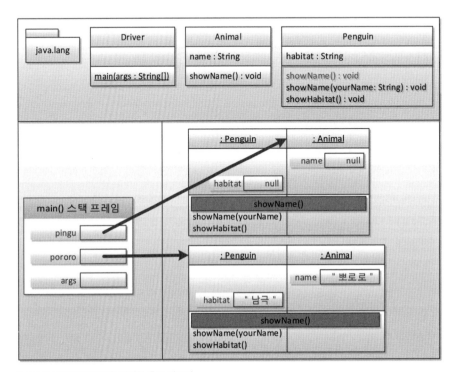

[그림 3-35] 14번째 줄을 실행한 후 T 메모리

그림 3-35에서 주목할 것은 pingu 객체 참조 변수는 타입이 Animal 타입이라는 것이다. 그럼에도 그림에서 보면 Animal 객체의 showName()은 Penguin 객체의 showName()에 의해 가려져 있다. 따라서 17번째 줄의 pingu.showName() 메서드를 실행하면 Animal 객체에 정의된 showName() 메서드가 아닌 Penguin 객체에 의해 재정의된 showName() 메서드가 실행된다.

> 어머 내 이름은 알아서 뭐하게요?
>
> 초보람보 안녕, 나는 뽀로로라고 해
>
> 뽀로로는 남극에 살아
>
> 어머 내 이름은 알아서 뭐하게요?

상위 클래스 타입의 객체 참조 변수를 사용하더라도 하위 클래스에서 오버라이딩(재정의)한 메서드가 호출된다는 사실을 꼭 기억하자.

## 다형성이 지원되지 않는 언어

간단하게 두 숫자를 더해서 반환하는 함수가 있다고 해보자. 두 정수를 더해서 반환하는 함수는 add(int, int) 형식일 것이다. 그런데 정수와 부동소수점수를 더해서 반환하는 함수가 필요해졌다면 오버로딩이 지원되지 않는 언어에서는 add라고 하는 함수명을 이미 사용했기에 이름과 인자 목록이 다른 addIntDouble(int, double) 형식의 함수를 만들어야 한다. 다형성이 지원되지 않는 언어는 같은 이름의 함수를 추가로 만들 수 없기 때문이다. 그런데 고객이 부동소수점 수를 먼저 입력받고 정수를 나중에 입력받는 함수도 원한다면 addDoubleInt(double, int) 형식의 함수를 또 만들어야 한다.

자바만 하더라도 정수 자료형으로는 byte, short, int, long, char가, 부동소수점 수 자료형으로는 float, double이 있다. 이 가운데 두 개의 형식으로 조합할 수 있는 경우의 수는 7 * 7 = 49다. 그 중에서 인자 목록이 중복되는 함수를 제외해도 대략 42개의 함수를 작성해야만 두 수를 더하는 모든 경우를 만족시킬 수 있고 함수의 이름은 다 달라야 한다.

오버로딩은 함수명 하나를 가지고 인자 목록만 달리하면 되니 얼마나 사용하기 편리한지 알 수 있다. 특히 자바 5에서 추가된 제네릭을 이용하면 하나의 함수만 구현해도 다수의 함수를 구현한 효과를 낼수 있다. 다형성에 대해 사용 편의성이라고 정의한 이유는 바로 이 때문이다.

오버라이딩의 경우에도 하위 클래스가 재정의한 메서드를 알아서 호출해 줌으로써 형변환이나 instanceof 연산자를 써서 하위 클래스가 무엇인지 신경 쓰지 않아도 된다. 상위 클래스 타입의 객체 참조 변수에서 하위 클래스가 오버라이딩한 메서드를 자동으로 호출해 줌으로써 깔끔한 코드를 유지할 수 있게 된다.

[예제 3-32] Driver.java

```java
class Driver {
  public static void main(String[] args) {
    동물[] 동물들 = new 동물[5];

    동물들[0] = new 쥐();
    동물들[1] = new 고양이();
    동물들[2] = new 강아지();
    동물들[3] = new 송아지();

    for(int i = 0; i < 동물들.length; i++) {
      동물들[i].울어보세요();
    }
  }
}
```

예제 3-32와 같은 소스가 있다고 해보자. 상위 클래스인 동물 클래스에 울어보세요()라는 메서드를 정의해 두고 하위 클래스인 쥐, 고양이, 강아지, 송아지 클래스에서 각각 울어보세요() 메서드를 오버라이딩했다고 가정해 보자. 실행 결과는 각 동물들이 하위 클래스 타입에 맞게 울게 된다는 것이다. 예상 결과는 아래와 같을 것이다.

나는 쥐! 찍! 찍!

나는 고양이! 야옹! 야옹!

나는 강아지! 멍! 멍!

나는 송아지! 음메! 음메!

오버라이딩을 통한 메서드 재정의, 오버로딩을 통한 메서드 중복 정의를 통해 다형성을 제공하고 이 다형성이 개발자가 프로그램을 작성할 때 사용편의성을 준다는 것을 학습했다. 이제 캡슐화에 대한 내용을 살펴보자.

## 캡슐화: 정보 은닉

자바에서 정보 은닉(information hiding)이라고 하면 접근 제어자인 private, [default], protected, public이 생각날 것이다. 그리고 접근자 및 설정자 메서드도 머릿속을 스쳐 지나갈 것이다.

접근 제어자가 객체 멤버(인스턴스 멤버)와 쓰일 때와 정적 멤버(클래스 멤버)와 함께 쓰일 때를 비교해서 살펴보자.

### 객체 멤버의 접근 제어자

너무 당연한 이야기이지만 자신의 멤버가 아닌 다른 객체의 멤버에 접근하는 경우에는 다른 객체를 생성한 후 접근해야 한다. 그림 3-36과 같은 패키지와 클래스가 있다고 가정해 보자.

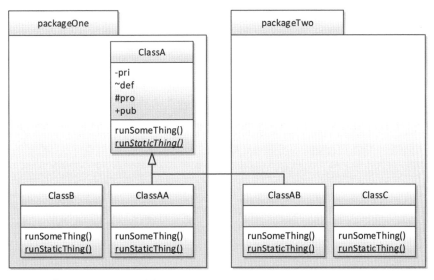

[그림 3-36] 객체 멤버와 접근 제어자

ClassA의 객체 멤버인 pri, def, pro, pub 속성이 보인다. UML 표기법에서 − 표시는 private 접근 제어자를, ~ 표시는 [default] 접근 제어자를, # 표시는 protected 접근 제어자를, + 표시는 public 접근 제어자를 나타낸다. 속성이나 메서드 아래에 _(밑줄)을 사용한 경우는 정적 멤버를 나타낸다. ClassA를 자바 코드로 변환해 보자. 모든 속성의 자료형은 int로 가정하고 모든 메서드의 반환값은 void로 가정하겠다. 위 다이어그램에서 속성의 자료형과 메서드의 반환값 자료형을 모두 표시할 수도 있지만 지면 관계상 생략했다.

**[예제 3-33] ClassA.java**

```java
package encapsulation01.packageOne;

public class ClassA {
  private int pri;
  int def;
  protected int pro;
  public int pub;

  void runSomething() {

  }

  static void runStaticThing() {

  }
}
```

ClassA의 runSomething() 메서드에서 접근할 수 있는 ClassA의 속성에는 어떤 것들이 있을까? 너무 쉽다고 생각된다면 다음 표를 완성해 보자. 각각의 빈 칸에 접근이 가능한지, 또 접근이 가능하다면 어떻게 코드를 작성해야 할지 연습장에 직접 적어보자.

| | | | *ClassA의 객체 멤버* | | | |
| | | | pri | def | pro | pub |
|---|---|---|---|---|---|---|
| PackageOne | ClassA | runSomething() | | | | |
| | | runStaticThing() | | | | |
| | ClassB | runSomething() | | | | |
| | | runStaticThing() | | | | |

| PackageOne | ClassAA | runSomething() |
| | | runStaticThing() |
| PackageTwo | ClassAB | runSomething() |
| | | runStaticThing() |
| | ClassC | runSomething() |
| | | runStaticThing() |

[표 3-8] 객체 멤버와 접근 제어자

다 작성했다면 이번에는 ClassA가 정적 속성인 priSt, defSt, proSt, pubSt를 가지고 있다고 가정해 보자. 그리고 그림 3-37을 보면서 정적 멤버 접근에 대한 표 3-9도 작성해 보자.

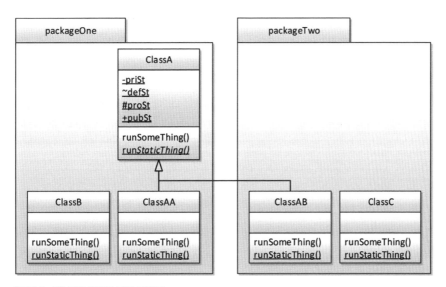

[그림 3-37] 정적 멤버와 접근 제어자

| | | | ClassA의 *정적 멤버* | | | |
| | | | priSt | defSt | proSt | pubSt |
| --- | --- | --- | --- | --- | --- | --- |
| PackageOne | ClassA | runSomething() | | | | |
| | | runStaticThing() | | | | |
| | ClassB | runSomething() | | | | |
| | | runStaticThing() | | | | |

| PackageOne | ClassAA | runSomething() |
| | | runStaticThing() |
| PackageTwo | ClassAB | runSomething() |
| | | runStaticThing() |
| | ClassC | runSomething() |
| | | runStaticThing() |

**[표 3-9]** 정적 멤버와 접근 제어자

그림 3-38처럼 단순하게 외우고 있었다면 위의 두 개의 표를 완성하는 것이 쉽지는 않을 것이다.

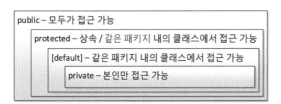

**[그림 3-38]** 접근 제어자(private인 경우 같은 클래스의 객체끼리는 서로 접근 가능. 참고: equals, compareTo 메서드)

접근 제어자는 그림 3-38과 같이 절대 단순하지 않다. 특히 객체 멤버에 대한 접근인가, 정적 멤버에 대한 접근인가에 따라 생각할 것이 많아진다. 그리고 protected가 자신과 상속 관계에 있는 서브 클래스만 접근 가능한 걸로 착각하는 경우가 많은데, 같은 패키지라면 한 집에 산다고 생각하기에 접근 가능하다는 사실도 꼭 기억해야 한다. 습관적으로 private 아니면 public만 사용하거나, 그냥 아무 표시도 하지 않는 [default]만 사용해 왔다면 반성이 필요한 대목이다. protected가 같은 패키지 내의 모든 클래스에서 접근이 가능하다고 하면 또 깊이 생각해 볼 문제가 하나 더 있다. aaa.jar 파일 안에 packageOne 패키지가 있고, bbb.jar 파일 안에 같은 이름을 가진 packageOne 패키지가 있다면 어떻게 될까? bbb.jar 파일 내부의 packageOne 패키지 내 클래스나 객체에서 aaa.jar 파일 내부의 packageOne 패키지 내 클래스나 객체가 가진 public 멤버뿐만 아니라 [default] 멤버와 protected 멤버에 자유롭게 접근할 수 있다. 보안과 관련해서 갑자기 많은 생각이 스쳐 지나갈 것이다.

위 표의 정답을 다 적어 주고 싶지만 내용이 너무 길어지기에 이 책의 예제 코드에 있는 chap04 폴더의 encapsulation01 패키지 밑에 예제 파일을 넣어뒀으니 참고하기 바란다. 그리고 다음 두 가지 사항을 기억하자.

- 상속을 받지 않았다면 객체 멤버는 객체를 생성한 후 객체 참조 변수를 이용해 접근해야 한다.
- 정적 멤버는 클래스명.정적멤버 형식으로 접근하는 것을 권장한다.

두 번째 문장은 조금 더 생각해 볼 필요가 있다. public 정적 속성인 pubSt의 경우라면 각 위치별 객체 멤버 메서드에서 접근할 수 있는 방법은 무려 세 가지나 된다.

| ClassA | | ClassA.pubSt | pubSt | this.pubSt |
|---|---|---|---|---|
| | | 사용 가능 | 사용 가능 | 사용 가능 |
| 같은 패키지 | 상속한 경우 | 사용 가능 | 사용 가능 | 사용 가능 |
| | 상속하지 않은 경우 | 사용 가능 | 사용 불가 | 사용 불가 |
| 다른 패키지 | 상속한 경우 | 사용 가능 | 사용 가능 | 사용 가능 |
| | 상속하지 않은 경우 | 사용 가능 | 사용 불가 | 사용 불가 |

[표 3-10] 정적 멤버의 접근 방법

정적 멤버인 경우 클래스명.정적멤버 형식으로 접근해야 할 이유가 느껴질 것이다. 바로 일관된 형식으로 접근하기 위해서다. 그리고 객체를 생성한 경우에는 객체참조변수명.정적멤버 형태로도 접근할 수도 있다. 지금은 학습을 위해 의미 없는 클래스명을 사용했지만 정적 멤버는 어떤 경우에 쓴다고 했는지 기억해 보자.

- 사람 클래스의 인구
- 고양이의 다리 개수

사람.인구, 고양이.다리개수 형식으로 접근하는 것이 홍길동.인구수, 키티.다리개수 형식으로 접근하는 것보다 권장된다. 즉, 정적 멤버에 접근할 때는 객체참조변수명.정적멤버 형식으로 접근하기보다는 클래스명.정적멤버 형식으로 접근하라는 것이다.

사실 메모리의 물리적 접근에 따른 이유도 있다. 잠시 T 메모리를 살펴보자.

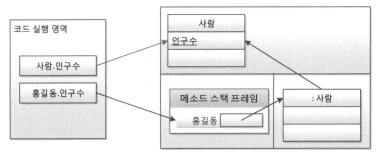

[그림 3-39] 메모리에서 정적 멤버에 접근하는 방법 2가지

그림 3-39를 보면 클래스명.정적멤버 vs. 객체참조변수명.정적멤버 형식의 접근법 중에 어떤 것을 써야 할지 확실해진다. 지면 관계상 책에 다 싣지는 못했지만 Chap03 프로젝트의 encapsulation01 밑에 있는 예제 코드를 참고해 접근제한자에 대해 더 깊이 이해해 보기 바란다.

## 참조 변수의 복사

기본 자료형 변수를 복사하는 경우 "2.6 메서드 호출과 메모리: 메서드 스택 프레임 2"에서 살펴본 대로 Call By Value(값에 의한 호출)에 의해 그 값이 복사되며 두 개의 변수는 서로에게 영향을 주지 않는다.

[예제 3-34] CallByValue.java

```
1 package reference;
2
3 public class CallByValue {
4   public static void main(String[] args) {
5     int a = 10;
6     int b = a;
7
8     b = 20;
9
10    System.out.println(a); // 10
11    System.out.println(b); // 20
12  }
13 }
```

[그림 3-40] CallByValue.java 실행 결과

예제 3-34를 보면 변수 a에 10을 대입한 후, 변수 b에 변수 a가 가진 값을 복사하고, 다시 변수 b에 20을 할당한 것을 볼 수 있다. 이때 a가 가진 값이 단순히 b에 복사된 것이고 a와 b 변수는 아무런 관계도 없는 것을 알 수 있다.

그렇다면 기본 자료형이 아닌 객체를 저장하고 있는 객체 참조 변수를 복사하는 경우는 어떨까? 많은 책에서는 이 경우 Call By Reference(참조에 의한 호출) 또는 Call By Address(주소에 의한 호출)라고 설명하면서 Call By Value와 다르게 설명하고 있다. 예제 3-35를 실행하고 그 차이를 확인해 보자.

[예제 3-35] CallByReference.java

```java
1 package reference;
2
3 public class CallByReference {
4   public static void main(String[] args) {
5     Animal ref_a = new Animal();
6     Animal ref_b = ref_a;
7
8     ref_a.age = 10;
9     ref_b.age = 20;
10
11     System.out.println(ref_a.age); // 20
12     System.out.println(ref_b.age); // 20
13   }
14 }
15
16 class Animal {
17   public int age;
18 }
```

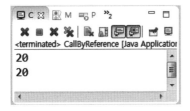

[그림 3-41] CallByReference.java 실행 결과

뭔가 큰 차이가 느껴질수도 있겠지만 사실은 Call By Value와 Call By Reference는 본질적으로 차이가 없다. 다만 차이라면 기본 자료형 변수는 저장하고 있는 값을 그 값 자체로 해석하는 반면, 객체 참조 변수는 저장하고 있는 값을 주소로 해석한다는 차이가 있을 뿐이다. 글이 어려울 수 있으니 T 메모리를 이용해 그림으로 살펴보자.

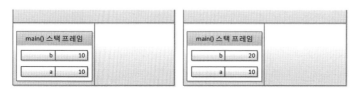

[그림 3-42] CallByValue.java의 8번째 줄 실행 전과 후의 T 메모리

[그림 3-43] CallByReference의 9번째 줄 실행 전과 후의 T 메모리(참조를 화살표로 표시)

그림 3-42와 그림 3-43을 보면 Call By Value와 Call By Reference가 다른 것처럼 보일 수도 있다. 하지만 그림 3-43의 화살표는 참조 변수가 가진 주소값을 다르게 표기하는 방법일 뿐이다. Animal 객체의 주소가 100번지라고 가정하면 그림 3-43은 다음 그림 3-44와 같아진다.

[그림 3-44] CallByReference의 9번째 줄 실행 전과 후의 T 메모리(참조를 주소값으로 표시)

기본 자료형 변수의 복사인 그림 3-42와 참조 자료형 변수의 복사인 그림 3-44를 비교해보면 Call By Value에 의해 변수를 복사하든 Call By Reference에 의해 참조 변수를 복사하든 결국은 변수가 가진 값이 그대로 복사된다는 것을 알 수 있다. 다만 그 값을 값 자체로 해석하느냐 아니면 주소값으로 해석하느냐의 차이일 뿐이다.

주소를 보여주지는 않치만 참조하고 있는 객체에 대한 고유값을 보여주는 다음 코드를 실행해 보면
ref_a와 ref_b는 결국 같은 값을 가지고 있음을 알 수 있다.

[예제 3-36] CallByReference2.java

```java
package reference;

public class CallByReference2 {
    public static void main(String[] args) {
        Animal ref_a = new Animal();
        Animal ref_b = ref_a;

        System.out.println(ref_a); // reference.Animal@15db9742 - 실행할 때마다 다르다.
        System.out.println(ref_b); // 바로 위와 같은 값이 출력된다.
    }
}
```

ref_a와 ref_b는 완전히 다른 변수다. 다만 같은 값을 가지고 있고 컴퓨터는 그 값을 주소로서 활용한
다. 결국 두 변수가 같은 객체를 참조하고 있을 뿐이다. 참조하고 있는 객체가 같으니 참조하고 있는
객체의 변화에 함께 영향을 받을 뿐이다. ref_a에 null을 할당하거나 다른 객체의 참조를 할당해 보면
ref_b에는 아무런 영향도 주지 못한다.

결국 Call By Value와 Call By Reference를 다르다고 이해하기보다는 기본 자료형 변수는 저장하
고 있는 값을 그 값 자체로 판단하고, 참조 변수는 저장하고 있는 값을 주소로 판단한다고 이해하는 것
이 더 쉽다.

여기서는 main() 메서드 내부만 살펴봤는데 변수를 메서드의 인자나 반환값으로 사용하는 경우도 동
일하다.

기억할 부분을 정리해 보자.

- 기본 자료형 변수는 값을 값 자체로 판단한다.
- 참조 자료형 변수는 값을 주소, 즉 포인터로 판단한다.
- 기본 자료형 변수를 복사할 때, 참조 자료형 변수를 복사할 때 일어나는 일은 같다.
  즉, 가지고 있는 값을 그대로 복사해서 넘겨 준다.

## 정리 – 자바 키워드와 OOP 4대 특성

자바 키워드를 다시 살펴보자. 표 3-11에 3장에서 학습한 객체 지향 관련 키워드에 배경색과 볼드체를 적용해 봤다. 복습도 할겸 각 키워드의 의미, 객체 지향 4대 특성과 관련 있는 키워드를 잘 매칭해보자.

| abstract | continue | for | *new* | switch |
|---|---|---|---|---|
| assert | default | goto | package | synchronized |
| boolean | do | if | *private* | this |
| break | double | implements | *protected* | throw |
| byte | else | import | *public* | throws |
| case | enum | instanceof | return | transient |
| catch | *extends* | int | short | try |
| char | final | interface | *static* | void |
| *class* | finally | long | strictfp | volatile |
| const | float | native | super | while |

[표 3-11] 자바 키워드 및 객체 지향의 4대 특성과 관련된 키워드

절차적/구조적 프로그래밍의 유산

*객체 지향 4대 특성 지원*

3장을 통해 많은 내용을 살펴봤는데 그 중심에는 좋은 상추가 있었다는 사실 역시 꼭 기억해 두자.
"캡! 상추다"

사람을
사랑한 기술 **01**

자바와 절차적/
구조적 프로그래밍 **02**

자바와 객체 지향 **03**

01_ abstract 키워드 – 추상 메서드와 추상 클래스
02_ 생성자
03_ 클래스 생성 시의 실행 블록, static 블록
04_ final 키워드
05_ instanceof 연산자
06_ package 키워드
07_ interface 키워드와 implements 키워드
08_ this 키워드
09_ super 키워드
10_ 예비 고수를 위한 한마디
11_ 정리 – 자바 키워드와 OOP 확장

자바가 확장한
객체 지향 **04**

객체 지향 설계
5원칙 – SOLID **05**

스프링이 사랑한
디자인 패턴 **06**

스프링 삼각형과
설정 정보 **07**

스프링 MVC를
이용한 자유
게시판 구축 **A1**

이번 장에서는 객체 지향 4대 특성을 넘어 자바가 객체 지향을 확장하기 위해 사용하는 키워드와 개념을 살펴보자.

## abstract 키워드 – 추상 메서드와 추상 클래스

추상 메서드(Abstract Method)를 간단하게 설명하면 선언부는 있는데 구현부가 없는 메서드를 말한다. 추상 메서드를 하나라도 갖고 있는 클래스는 반드시 추상 클래스(Abstract Class)로 선언해야 한다. 물론 추상 메서드 없이도 추상 클래스를 선언할 수는 있다. 그럼 몸체가 없이 선언만 있는 메서드는 어떤 것이고, 왜 필요할까? 역시 개발자답게 코드로 살펴보자.

**[예제 4-1] Driver.java**

```java
package abstractMethod01;

public class Driver {
  public static void main(String[] args) {
    동물[] 동물들 = new 동물[5];

    동물들[0] = new 쥐();
    동물들[1] = new 고양이();
    동물들[2] = new 강아지();
    동물들[3] = new 송아지();
    동물들[4] = new 병아리();

    for (int i = 0; i < 동물들.length; i++) {
      동물들[i].울어보세요();
    }
  }
}
```

예제 4-1이 낯설지 않을 것이다. 3장에서 다형성을 설명할 때 나왔던 코드다. 예제 4-1을 만족하는 쥐, 고양이, 병아리 클래스를 만들어 보자.

[예제 4-2] 쥐.java

```
package abstractMethod01;

public class 쥐 extends 동물 {
  void 울어보세요() {
    System.out.println("나는 쥐! 찍! 찍!");
  }
}
```

[예제 4-3] 고양이.java

```
package abstractMethod01;

public class 고양이 extends 동물 {
  void 울어보세요() {
    System.out.println("나는 고양이! 야옹! 야옹!");
  }
}
```

[예제 4-4] 병아리.java

```
package abstractMethod01;

public class 병아리 extends 동물 {
  void 울어보세요() {
    System.out.println("나는 병아리! 삐약! 삐약!");
  }
}
```

[예제 4-5] 동물.java

```
package abstractMethod01;

public class 동물 {
  void 울어보세요() {
    System.out.println("나는 동물! 어떻게 울어야 하나요?");
  }
}
```

예제 4-5의 동물 클래스 인스턴스는 어떻게 울어야 하는 걸까? 소리 내어 울게 하는 것 자체가 논리에 맞지 않다. 그렇다고 동물 클래스의 객체 멤버 메서드인 울어보세요() 메서드의 몸체를 {}처럼 비워두는 것도 이상하다. 동물 타입의 참조 변수를 통해 하위 클래스의 인스턴스가 가진 울어보세요() 메서드를 호출하고 있으니 상위 클래스인 동물의 울어보세요() 메서드는 반드시 존재해야 한다. 그런데 실수로 동물 클래스의 인스턴스를 만들고 그렇게 만들어진 동물 객체의 울어보세요() 메서드를 호출하면 난감해진다. 바로 이런 경우 추상 메서드를 사용하게 된다. 메서드 선언은 있으되 몸체는 없는 형태로 메서드를 구현하는 것이다. 패키지를 바꿔서 구현한 동물 추상 클래스의 울어보세요() 추상 메서드는 예제 4-6에서 볼 수 있다.

**[예제 4-6] 동물.java**

```
package abstractMethod02;

public abstract class 동물 {
    abstract void 울어보세요();
}
```

STS에서 하위 클래스들은 복사해서 abastractMethod02 패키지로 붙여 넣으면 자동으로 패키지명이 변경되어 복사된다. 다른 부분은 변경할 필요가 없다. 역시 Driver.java도 복사해서 붙여 넣으면된다. Driver.java는 예제 4-7에서 보이는 것과 같이 주석을 하나 추가해서 넣었다.

**[예제 4-7] Driver.java**

```
package abstractMethod02;

public class Driver {
  public static void main(String[] args) {
    동물[] 동물들 = new 동물[5];

    동물들[0] = new 쥐();
    동물들[1] = new 고양이();
    동물들[2] = new 강아지();
    동물들[3] = new 송아지();
    동물들[4] = new 병아리();
```

```
      for (int i = 0; i < 동물들.length; i++) {
        동물들[i].울어보세요();
      }

      // 동물 짐승 = new 동물();
    }
  }
```

동물 객체를 생성하는 new 동물()이 있는 줄에 주석을 걸었다. 주석을 해제하고 STS에서 보면 붉은 색 밑줄이 생기고 다음과 같은 오류 메시지를 볼 수 있다.

- Cannot instantiate the type 동물

이 메시지는 "동물 타입은 인스턴스를 만들 수 없다"라고 번역할 수 있다. 추상 클래스는 인스턴스, 즉 객체를 만들 수 없는 클래스가 된다. 앞에서 걱정했던 두 가지 사항을 다시 살펴보자.

- 동물 객체는 어떻게 울어야 하지? / 누가 실수로 동물 객체를 만들면 어떡하지?

- 동물 참조 변수 배열로 모든 동물을 울게 하려면 하위 클래스에서 오버라이딩할 울어보세요() 메서드가 동물 클래스에 필요한데…

이 두 가지 문제가 추상 메서드와 추상 클래스로 한 번에 해결된다. 그뿐만 아니라 만약 동물을 상속한 하위 클래스가 울어보세요() 메서드를 오버라이딩하지 않으면 컴파일 시점에 에러가 발생한다. 예제 4-8처럼 STS에서 고양이의 울어보세요() 메서드를 주석으로 처리하면 고양이 밑에도 붉은색 밑줄이 생긴다.

**[예제 4-8] 울어보세요() 메서드를 주석으로 처리한 고양이.java**

```
package abstractMethod02;

public class 고양이 extends 동물 {
//  void 울어보세요() {
//    System.out.println("나는 고양이! 야옹! 야옹!");
//  }
}
```

컴파일 에러 메시지는 다음과 같다.

- The type 고양이 must implement the inherited abstract method 동물.울어보세요()

번역해 보면 "고양이 타입은 반드시 동물.울어보세요() 추상 메서드를 구현해야 합니다"가 된다.

그럼 지금까지 설명한 내용을 정리해 보자.

- 추상 클래스는 인스턴스, 즉 객체를 만들 수 없다. 즉, new를 사용할 수 없다.
- 추상 메서드는 하위 클래스에게 메서드의 구현을 강제한다. 오버라이딩 강제.
- 추상 메서드를 포함하는 클래스는 반드시 추상 클래스여야 한다.

## 생성자

클래스의 인스턴스, 즉 객체를 만들 때마다 new 키워드를 사용한다.

동물 뽀로로 = new 동물();

new 클래스명()을 자세히 보면 열고 닫는 소괄호가 보인다. 이전에 사용했던 열고 닫는 소괄호는 메서드를 의미하는 것이었다. 클래스명에 붙은 소괄호는 뭔가 다른 뜻이 있는 걸까? 아니다. 클래스명()도 메서드다. 반환값이 없고 클래스명과 같은 이름을 가진 메서드를 객체를 생성하는 메서드라고 해서 객체 생성자 메서드라 한다. 그리고 줄여서 생성자라는 이름으로 더 많이 부른다. 그런데 여태껏 그런 메서드를 만든 적이 없다. 자바가 알아서 인자가 없는 기본 생성자를 자동으로 만들어 주었기 때문이다. 예제 4-9와 예제 4-10을 살펴보자.

**[예제 4-9] 동물.java**

```
package constructor01;

public class 동물 {

}
```

[예제 4-10] Driver.java

```
package constructor01;

public class Driver {
  public static void main(String[] args) {
    동물 뽀로로 = new 동물();
  }
}
```

아무것도 없는 동물 클래스와 동물 인스턴스를 만드는 것을 실험해볼 초간단 예제다. 동물 클래스에는 아무런 메서드도 없는 것처럼 보인다. 하지만 사실 하나의 메서드가 존재한다. 바로 아무런 인자도 갖지 않는 기본 생성자 메서드다. 예제 4-9의 동물.java는 사실 예제 4-11의 동물.java와 같다. 예제 4-9처럼 만들어도 컴파일 과정에서 자바 컴파일러가 알아서 예제 4-11처럼 기본 생성자를 만들어주기 때문이다.

[예제 4-11] 동물.java

```
package constructor02;

public class 동물 {
    public 동물() {}
}
```

자바가 개발자의 수고를 덜어주고자 자동으로 기본 생성자를 만들어 주는 것이다. 필요하다면 인자를 갖는 생성자를 더 만들 수도 있다.

[예제 4-12] 인자가 있는 생성자를 갖는 동물.java

```
package constructor03;

public class 동물 {
  public 동물(String name) {
    System.out.println(name);
  }
}
```

예제 4-13은 하나의 문자열을 인자로 받는 생성자를 시험해 보는 예제다.

**[예제 4-13] Driver01.java**

```
package constructor03;

public class Driver01 {
  public static void main(String[] args) {
    동물 뽀로로 = new 동물("뽀로로");
  }
}
```

예제 4-13을 실행해 보면 정상적으로 실행되는 것을 확인할 수 있다. 그런데 여기서 테스트 코드를 추가해 보자.

**[예제 4-14] Driver02.java**

```
package constructor03;

public class Driver02 {
  public static void main(String[] args) {
    동물 뽀로로 = new 동물("뽀로로");
    동물 무명 = new 동물();
  }
}
```

STS가 빨간 밑줄을 new 동물() 밑에 표시하고는 컴파일을 거부한다. 무엇이 문제일까?

여기서 기억해야 할 자바의 특징이 있다.

- 개발자가 아무런 생성자도 만들지 않으면 자바는 인자가 없는 기본 생성자를 자동으로 만들어준다.
- 인자가 있는 생성자를 하나라도 만든다면 자바는 기본 생성자를 만들어 주지 않는다.

꼭 기억해 둬야 할 특징이다. 로마에 가면 로마법을 따르랬다고, 필자가 제임스 고슬링과 친분이 있었다면 이렇게 하지 마시라고 조언했을 것이다. 하지만 필자랑 안 친하셨다. 백 마디 말보다 한 장의 그림이 낫다고 하니 그림으로 기억해도 좋겠다.

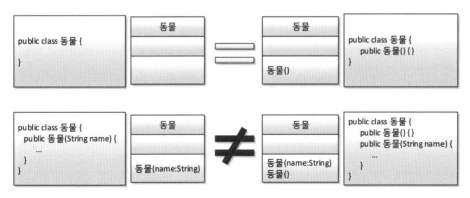

[그림 4-1] 생성자

생성자는 개발자가 필요한 만큼 오버로딩해서 만들 수 있다. 그리고 생성자로 줄여서 부르지만 정확하게 표현하자면 객체 생성자 메서드임을 기억해 두자.

## 클래스 생성 시의 실행 블록, static 블록

객체 생성자가 있다면 클래스 생성자도 있을 거라고 기대해 볼 만하다. 자바는 그 기대의 절반만 부응해 준다. 클래스 생성자는 존재하지 않는다. 그러나 클래스가 스태틱 영역에 배치될 때 실행되는 코드 블록이 있다. 바로 static 블록이다. 예제 4-15로 살펴보자.

[예제 4-15] 동물.java

```
package staticBlock;

public class 동물 {
  static {
    System.out.println("동물 클래스 레디 온!");
  }
}
```

간단하게 아래의 테스트 예제 4-16을 돌려 보면 이해될 것이다.

```
package staticBlock;

public class Driver01 {
  public static void main(String[] args) {
    동물 뽀로로 = new 동물();
  }
}
```

실행해 보면 Console 창에서 아래와 같은 메시지를 확인할 수 있다.

```
동물 클래스 레디 온!
```

이번에는 다른 테스트 코드를 만들어 보자.

```
package staticBlock;

public class Driver02 {
  public static void main(String[] args) {
    System.out.println("main 메서드 시작!");
  }
}
```

이 코드를 실행하고 나면 콘솔 창에는 어떤 메시지가 출력될까? 아래와 같이 생각했는가?

```
동물 클래스 레디 온!

main 메서드 시작!
```

틀렸다. 자바는 우리가 생각하는 것보다 지능적이다. 동물 클래스를 사용하는 코드가 없기에 동물 클래스의 static 블록을 실행하지 않는다. 심지어 Driver02의 main() 메서드를 실행하면 동물 클래스는 T 메모리 스태틱 영역에 자리 잡지도 않는다. 따라서 실행 결과로 콘솔 창에 출력되는 메시지는 다음과 같다.

> main 메서드 시작!

그리고 static 블록에서 사용할 수 있는 속성과 메서드는 당연히 static 멤버 뿐이다. 혹시 왜 그런지 이해되지 않는다면 T 메모리를 그려보자. 객체 멤버에는 접근할 방법이 없다는 것을 알 수 있다. 객체 멤버는 클래스가 static 영역에 자리 잡은 후에 객체 생성자를 통해 힙에 생성된다. 클래스의 static 블록이 실행되고 있을 때는 해당 클래스의 객체는 하나도 존재하지 않기 때문에 static 블록에서는 객체 멤버에 접근할 수 없는 것이다.

여기서 한 가지 밝혀둘 사실이 있다. 앞에서는 설명을 쉽게 하기 위해 프로그램이 시작될 때 모든 패키지와 모든 클래스가 T 메모리의 스태틱 영역에 로딩된다고 설명했다. 하지만 실제로는 해당 패키지 또는 클래스가 처음으로 사용될 때 로딩되는 것이 맞다. 다음 예제 4-18을 실행해 보자.

**[예제 4-18] Driver03.java**

```
package staticBlock;

public class Driver03 {
  public static void main(String[] args) {
    System.out.println("main 메서드 시작!");
    동물 뽀로로 = new 동물();
  }
}
```

실행 결과는 아래의 박스와 같다.

> main 메서드 시작!
> 동물 클래스 레디 온!

동물 클래스의 static 블록보다 main() 메서드의 실행문이 먼저 실행된 것을 볼 수 있다.

이번에는 예제 4-19를 실행해 보자.

```java
package staticBlock;

public class Driver04 {
  public static void main(String[] args) {
    System.out.println("main 메서드 시작!");
    동물 뽀로로 = new 동물();
    동물 피카츄 = new 동물();
  }
}
```

동물 클래스의 인스턴스를 여러 개 만들어도 동물 클래스의 static 블록은 단 한 번만 실행되는 것을 알 수 있다.

이번에는 클래스의 인스턴스를 만드는 작업이 아닌 클래스의 정적 속성에 접근하는 예제 4-20을 실행해 보자.

```java
package staticBlock;

public class Driver05 {
  public static void main(String[] args) {
    System.out.println("main 메서드 시작!");
    System.out.println(Animal.age);
  }
}

class Animal {
  static int age = 0;

  static {
    System.out.println("Animal class ready on!");
  }
}
```

역시 static 블록이 실행되는 것을 볼 수 있다. 실행 결과는 다음과 같다.

```
main 메서드 시작!
Animal class ready on!
0
```

정리해 보자. 클래스 정보는 해당 클래스가 코드에서 맨 처음 사용될 때 T 메모리의 스태틱 영역에 로딩되며, 이때 단 한번 해당 클래스의 static 블록이 실행된다. 여기서 클래스가 제일 처음 사용될 때는 다음 세 가지 경우 중 하나다.

- 클래스의 정적 속성을 사용할 때
- 클래스의 정적 메서드를 사용할 때
- 클래스의 인스턴스를 최초로 만들 때

왜 프로그램이 실행될 때 바로 클래스들의 정보를 T 메모리의 static 영역에 로딩하지 않고 해당 클래스가 처음 사용될 때 로딩할까? 스태틱 영역도 메모리이기 때문이다. 메모리는 최대한 늦게 사용을 시작하고 최대한 빨리 반환하는 것이 정석이다. 물론 자바는 스태틱 영역에 한번 올라가면 프로그램이 종료되기 전까지는 해당 메모리를 반환할 수 없지만 그럼에도 최대한 늦게 로딩함으로써 메모리 사용을 최대한 늦추기 위해서다. 사실 실무에서 static 블록을 사용할 일은 거의 없지만 그래도 static 블록의 특성을 기억해 두면 언제가 한번은 긴요하게 써 먹을 일이 있을 것이다. 이 책의 범위를 넘어서기에 더 깊이 설명하지는 못하지만 관심이 있다면 JUnit의 @BeforeClass 어노테이션을 살펴보기를 권장한다.

---

참고

사실 static 블록과 유사하게 클래스의 인스턴스를 위한 인스턴스 블록도 존재한다. 아무런 표시없이 {} 블록을 사용하게 되면 인스턴스가 생성될 때마다 {} 블록이 실행된다. {} 블록은 객체 생성자가 실행되기 전에 먼저 실행된다.

객체는 주로 생성자를 통해 초기화하기 때문에 사실 {} 블록은 거의 사용할 일은 없지만 필자가 최근 Spring Batch 프로젝트를 살펴보다 {} 블록이 사용되는 코드를 보고 참으로 낯설었던 경험이 있어서 언급해 봤다. 관심이 있는 독자는 다음 URL에서 Initializing Instance Members 부분을 참고하기 바란다.

http://docs.oracle.com/javase/tutorial/java/javaOO/initial.html

# final 키워드

final은 마지막, 최종이라는 의미를 가진 단어다. final 키워드가 나타날 수 있는 곳은 딱 세 군데다. 사실 객체 지향 언어의 구성 요소는 딱 세 가지 뿐이다. 바로 클래스, 변수, 메서드다.

## final과 클래스

예제 4-21과 같이 클래스에 final이 붙었다면 어떤 의미가 될까?

[예제 4-21] 고양이.java

```
package finalClass;

public final class 고양이 { }
```

상속을 허락하지 않겠다는 의미다. 따라서 예제 3-22와 같이 하위 클래스를 만들 수 없다.

[예제 4-22] 길고양이.java(컴파일 에러 발생)

```
package finalClass;

public class 길고양이 extends 고양이 { }
```

이 경우 컴파일러가 다음과 같은 에러를 표시한다.

- The type 길고양이 cannot subclass the final class 고양이

  (길고양이 타입은 최종 클래스인 고양이의 하위 분류가 될 수 없다.)

## final과 변수

변수에 final이 붙었다면 그 의미는 뭘까?

[예제 4-23] 고양이.java

```
package finalVariable;

public class 고양이 {
```

```
    final static int 정적상수1 = 1;
    final static int 정적상수2;

    final int 객체상수1 = 1;
    final int 객체상수2;

    static {
      정적상수2 = 2;

      // 상수는 한 번 초기화되면 값을 변경할 수 없다.
      // 정적상수2 = 4;
    }

    고양이() {
      객체상수2 = 2;

      // 상수는 한 번 초기화되면 값을 변경할 수 없다.
      // 객체상수2 = 4;

      final int 지역상수1 = 1;
      final int 지역상수2;

      지역상수2 = 2;
    }
  }
```

코드에 답이 있다. 바로 변경 불가능한 상수가 된다. 정적 상수는 선언 시에, 또는 정적 생성자에 해당하는 static 블록 내부에서 초기화가 가능하다. 객체 상수 역시 선언 시에, 또는 객체 생성자 또는 인스턴스 블록에서 초기화할 수 있다. 지역 상수 역시 선언 시에, 또는 최초 한 번만 초기화가 가능하다.

다른 언어에서는 읽기 전용인 상수에 대해 final 키워드 대신 const 키워드를 사용하기도 하는데 자바에서는 이런 혼동을 피하기 위해 const를 키워드로 등록해두고 쓰지 못하게(not used) 하고 있다.

## final과 메서드

메서드가 final이라면 최종이니 재정의, 즉 오버라이딩을 금지하게 된다. 따라서 예제 4-24와 같은 코드를 작성할 수 없다.

[예제 4-24] 동물.java

```
package finalMethod;

public class 동물 {
  final void 숨쉬다() {
    System.out.println("호흡 중");
  }
}

class 포유류 extends 동물 {
  // 에러 발생: Cannot override the final method from 동물
  void 숨쉬다() {
    System.out.println("호흡 중");
  }
}
```

## instanceof 연산자

인스턴스는 클래스를 통해 만들어진 객체라고 했다. instanceof 연산자는 만들어진 객체가 특정 클래스의 인스턴스인지 물어보는 연산자다. instanceof 연산자는 결과로 true 또는 false를 반납한다. 사용법은 아래와 같다.

```
객체_참조_변수 instanceof 클래스명
```

예제 4-25로 살펴보자.

[예제 4-25] Driver.java

```
package instanceOf01;

class 동물 {

}
```

```
class 조류 extends 동물 {

}

class 펭귄 extends 조류 {

}

public class Driver {
  public static void main(String[] args) {
    동물 동물객체 = new 동물();
    조류 조류객체 = new 조류();
    펭귄 펭귄객체 = new 펭귄();

    System.out.println(동물객체 instanceof 동물);

    System.out.println(조류객체 instanceof 동물);
    System.out.println(조류객체 instanceof 조류);

    System.out.println(펭귄객체 instanceof 동물);
    System.out.println(펭귄객체 instanceof 조류);
    System.out.println(펭귄객체 instanceof 펭귄);

    System.out.println(펭귄객체 instanceof Object);
  }
}
```

예제 4-25를 실행해 보면 모든 경우에 true가 출력되는 것을 확인할 수 있다. 그럼 예제 4-26의 경우는 어떨까?

**[예제 4-26] Driver.java**

```
package instanceOf02;

class 동물 {

}
```

```java
class 조류 extends 동물 {

}

class 펭귄 extends 조류 {

}

public class Driver {
  public static void main(String[] args) {
    동물 동물객체 = new 동물();
    동물 조류객체 = new 조류();
    동물 펭귄객체 = new 펭귄();

    System.out.println(동물객체 instanceof 동물);

    System.out.println(조류객체 instanceof 동물);
    System.out.println(조류객체 instanceof 조류);

    System.out.println(펭귄객체 instanceof 동물);
    System.out.println(펭귄객체 instanceof 조류);
    System.out.println(펭귄객체 instanceof 펭귄);

    System.out.println(펭귄객체 instanceof Object);
  }
}
```

실행 결과는 모두 true다. 객체 참조 변수의 타입이 아닌 실제 객체의 타입에 의해 처리하기 때문이다. 그런데 instanceof 연산자가 강력하기는 하지만 객체 지향 설계 5원칙 가운데 LSP(리스코프 치환 원칙)를 어기는 코드에서 주로 나타나는 연산자이기에 코드에 instanceof 연산자가 보인다면 냄새 나는 코드가 아닌지, 즉 리팩터링의 대상이 아닌지 점검해 봐야 한다. LSP와 냄새 나는 코드에 대해서는 5장 "객체 지향 설계 5원칙"에서 살펴보겠다.

instanceof 연산자는 클래스들의 상속 관계뿐만 아니라 인터페이스의 구현 관계에서도 동일하게 적용된다. 예제 4-27을 실행해 이를 확인할 수 있다.

```java
package instanceOf03;

interface 날수있는 {

}

class 박쥐 implements 날수있는 {

}

class 참새 implements 날수있는 {

}

public class Driver {
  public static void main(String[] args) {
    날수있는 박쥐객체 = new 박쥐();
    날수있는 참새객체 = new 참새();

    System.out.println(박쥐객체 instanceof 날수있는);
    System.out.println(박쥐객체 instanceof 박쥐);

    System.out.println(참새객체 instanceof 날수있는);
    System.out.println(참새객체 instanceof 참새);
  }
}
```

실행해 보면 역시 모두 true를 반환한다.

## package 키워드

package 키워드는 네임스페이스(이름공간)를 만들어주는 역할을 한다. 거창하기는 하지만 특별히 하는 일은 없다. 먼저 네임스페이스의 필요성에 대해 잠깐 생각해 보자. 만약 회사의 여러 개발 조직이 하나의 프로젝트에 참여하고 있다고 가정해 보자. 고객 사업부 담당 개발팀에서 Customer라는 클래스를 작성할 수 있을 것이다. 그런데 마케팅 사업부 담당 개발팀에서도 Customer라는 클래스를 작성한다면 이 두 개의 클래스는 이름 충돌이 발생한다. 바로 이럴 때 이름 공간을 나누어 고객 사업부에서는 고객사업부.Customer라고 클래스의 전체 이름을 지정하고, 마케팅 사업부에서는 마케팅사업부.Customer라고 클래스의 전체 이름을 지정하면 이름 충돌을 피할 수 있다. 고객 사업부의 Customer클래스와 마케팅 사업부의 Customer클래스는 완전 별개가 되는 것이다. 메타포로 생각해 보자. 그냥 스마트폰이라고 하면 누구의 것인지 구분할 수 없지만 홍길동의 스마트폰, 일지매의 스마트폰이라고 하면 두 스마트폰을 구분하는 것이 가능한 것과 같은 논리다. 스마트폰이라는 명칭은 갖지만 소유자는 각각이 되는 것이다. 여기서 소유자가 바로 패키지라고 보면 된다.

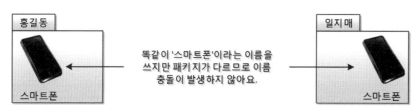

[그림 4-2] package와 네임스페이스

## interface 키워드와 implements 키워드

interface는 이미 앞에서 살펴봤지만 몇 가지 추가적인 내용을 짚고 넘어가자. 인터페이스는 public 추상 메서드와 public 정적 상수만 가질 수 있다고 했다.

[예제 4-28] Driver.java

```
package Interface;

interface Speakable {
    double PI = 3.14159;
    final double absoluteZeroPoint = -275.15;

    void sayYes();
}
```

```
class Specker implements Speakable {
  public void sayYes() {
    System.out.println("I say NO!!!");
  }
}

public class Driver {
  public static void main(String[] args) {
    System.out.println(Speakable.absoluteZeroPoint);
    System.out.println(Speakable.PI);

    Specker reporter1 = new Specker();
    reporter1.sayYes();
  }
}
```

그런데 예제 4-28의 Speakable 인터페이스를 보면 객체 속성인 듯한 PI가 보인다. 그뿐만 아니라 객체 상수인 듯한 absoluteZeroPoint도 보인다. 게다가 sayYes() 메서드는 추상을 의미하는 abstract 키워드가 안 보인다. PI와 absoluteZeroPoint 변수에는 정적 멤버를 나타내는 static 키워드도 안 보인다. 그럼 필자가 잘못 설명한 것일까? 아니다. 이것은 제임스 고슬링과 자바 언어 설계 팀의 배려 덕분이다.

인터페이스는 추상 메서드와 정적 상수만 가질 수 있기에 따로 메서드에 public과 abstract, 속성에 public과 static, final을 붙이지 않아도 자동으로 자바가 알아서 붙여준다. 결국 아래의 예제 4-29와 예제 4-30은 동등한 코드다.

[예제 4-29] public, static, final, abstract 키워드가 생략된 경우

```
interface Speakable {
  double PI = 3.14159;
  final double absoluteZeroPoint = -275.15;

  void sayYes();
}
```

[예제 4-30] public, static, final, abstract 키워드가 표시된 경우

```
interface Speakable {
    public static final double PI = 3.14159;
    public static final double absoluteZeroPoint = -275.15;

    public abstract void sayYes();
}
```

예제 4-29와 예제 4-30 가운데 어느 것이 더 좋은 코드일까? 정답은 없고 모법 답안은 있다. 필자가 선택한 모법 답안은 아래쪽에 있는 public, static, final, abstract가 붙은 코드다. 인터페이스의 기본 규칙을 모르는 사람이라도 예제 4-30은 명확하다. 명확한 게 좋은 것이다. 만약 아직도 인터페이스가 추상 메서드와 정적 상수만 가질 수 있다는 것이 의심스럽다면 다음 두 가지 증거를 살펴보자.

먼저 인터페이스의 메서드가 추상 메서드인 증거를 살펴보자.

[예제 4-31] sayYes() 메서드의 몸체가 없다.

```
interface Speakable {
    double PI = 3.14159;
    final double absoluteZeroPoint = -275.15;

    void sayYes();
}
```

추상 메서드의 정의가 무엇이었는지 기억해 보자. 바로 몸체가 없는 메서드다. 예제 4-31을 보면 sayYes() 메서드는 몸체가 없다. 그러니 당연히 추상 메서드다. STS에서 예제 4-31을 작성해도 구문 오류가 나지 않는다.

다음은 선언된 변수가 정적 상수인 증거를 살펴보자. Driver 클래스에 아래와 같이 메서드를 하나 추가해 보자.

[예제 4-32] 인터페이스의 변수에 새로운 값을 할당할 수 없다.

```
public class Driver {
    ...

    public static void test() {
```

```
    //에러 발생:
    //The final field Speakable.PI cannot be assigned
    Speakable.PI = 3.14;

    //에러 발생:
    //The final field Speakable.absoluteZeroPoint
    //cannot be assigned
    Speakable.absoluteZeroPoint = -275.0;
  }
}
```

STS에 코드를 입력하면 에러가 있다는 표시로 PI와 absoluteZeroPoint에 빨간 밑줄이 생긴다. 에러에 대한 설명을 보면 cannot be assigned인데, 이를 해석해 보면 "값을 할당할 수 없습니다."가 된다. 변수에 값을 할당할 수 없다는 것은 상수, 즉 final 변수라는 의미다. 그리고 클래스명으로 접근할 수 있는 속성은 정적 속성이다. 결국 PI와 absoluteZeroPoint는 final static 멤버임을 확인할 수 있다.

그리고 public, static, final, abstract가 생략된 예제 4-29를 STS의 아웃라인 뷰 화면에서 확인해 보자.

그림 4-3을 보면 PI와 absoluteZeroPoint의 앞에 S와 F가 표기돼 있는 것을 볼 수 있다. STS는 S로 static임을, F로 final임을 표시해준다. 패키지 익스플로러에서 해당 인터페이스를 찾아서 펼쳐봐도 같은 결과를 볼 수 있다.

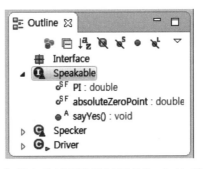

**[그림 4-3]** 아웃라인 뷰를 통해 본 Speakable 인터페이스

여기서 한 가지 짚고 넘어갈 것이 있다. 2014년 오라클에서는 빅데이터와 병렬성 지원을 강화한 자바 8을 출시했다. 빅데이터와 병렬성 지원을 위해 자바는 컬렉션을 강화하는 수순으로 발전할 수밖에 없었고, 이를 위해 람다(Lambda)라고 하는 기능을 언어적으로 추가했다. 이 책은 책 출간 시점에서 가장 많이 사용하는 자바 6을 기준으로 설명하고 있기에 람다와 기타 자바 7, 자바 8의 변화를 설명하고 있지는 않다. 이 부분은 별도의 자바 책을 통해 학습하기 바란다. 다만 약간 맛만 보자면 람다란 함수를 의미하고, 변수에 할당할 수 있다. 함수는 로직이다. 이를 삼단 논법으로 전개해 보면 결국 "람다는

변수에 저장할 수 있는 로직이다.”라고 할 수 있다. 변수는 값을 저장할 수 있고, 메서드의 인자로 쓰일 수 있고, 메서드의 반환값으로 사용할 수 있다. 결국 람다로 인해 변수에 로직을 저장할 수 있고, 로직을 메서드의 인자로 쓸 수 있고, 로직을 메서드의 반환값으로 사용할 수 있다는 결론에 도달한다. 이것은 함수형 언어가 지닌 특성을 자바도 수용했다는 것을 의미한다. 람다로 인해 자바 8은 언어적으로 큰 변화를 맞이하게 됐다.

자바에서 람다는 인터페이스를 기초로 하고 있다. 이에 따라 인터페이스에도 큰 변화가 생겼다. 자바 8 이전까지의 인터페이스는 정적 상수와 객체 추상 메서드만 가질 수 있었던 것에 반해 자바 8부터는 디폴트 메서드라고 하는 객체 구상 메서드와 정적 추상 메서드를 지원할 수 있게 언어 스펙이 바뀌었다. 부록 B에서 람다와 인터페이스의 스펙 변화에 대해 살짝 살펴보겠지만 더 자세한 내용은 자바 8을 다루는 책을 통해 학습하길 바란다.

## this 키워드

this는 객체가 자기 자신을 지칭할 때 쓰는 키워드다. 마치 일상생활에서 “나”라고 하는 대명사와 같은 것이라고 보면 된다. 예제 4-33을 보자.

**[예제 4-33] 펭귄.java**

```
1  package This;
2
3  class 펭귄 {
4    int var = 10;
5
6    void test() {
7      int var = 20;
8
9      System.out.println(var);
10      System.out.println(this.var);
11    }
12  }
```

```
13
14  public class Driver {
15    public static void main(String[] args) {
16      펭귄 뽀로로 = new 펭귄();
17      뽀로로.test();
18    }
19  }
```

7번째 줄이 끝난 후의 T 메모리 스냅샷을 살펴보자.

9번째 줄은 var 변수에 있는 값을 화면에 출력하라는 명령이다. 그런데 var 변수는 지역 변수도 있고 객체 변수도 존재한다. 지역 변수 var가 저장하고 있는 값 20이 화면에 출력될까? 아니면 객체 변수 var가 저장하고 있는 값 10이 출력될까? 당연히 9번째 줄에서는 test() 메서드 내부의 지역 변수 var에 우선권이 있다.

메타포로 설명하자면 내 자리에 있는 볼펜을 두고 옆 사무실에 있는 다른 볼펜을 쓸 이유가 없는 것이다. 그래서 화면에는 지역 변수 var에 저장돼 있는 값 20이 출력된

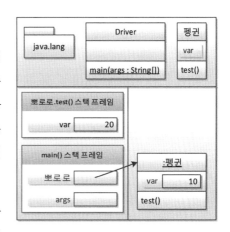

[그림 4-4] 7번째 줄 실행 후 T 메모리

다. 그런데 때로는 내 자리에 있는 볼펜보다 옆 사무실에 있는 볼펜을 쓰고 싶을 때가 있다. 그럴 때, 즉 지역 변수에 저장돼 있는 값이 아닌 객체 변수에 저장돼 있는 값을 사용하고 싶은데 지역 변수와 객체 변수의 이름이 같은 경우 this.var라고 하면 객체 변수 var에 저장한 값을 사용하게 된다. 따라서 10번째 줄을 실행하면 화면에는 객체 변수 var에 저장돼 있는 값 10이 화면에 출력된다. 아래 내용을 기억해 두자.

- 지역 변수와 속성(객체 변수, 정적 변수)의 이름이 같은 경우 지역 변수가 우선한다.
- 객체 변수와 이름이 같은 지역 변수가 있는 경우 객체 변수를 사용하려면 this를 접두사로 사용한다.
- 정적 변수와 이름이 같은 지역 변수가 있는 경우 정적 변수를 사용하려면 클래스명을 접두사로 사용한다.

## super 키워드

this가 객체 멤버 메서드 내부에서 객체 자신을 지칭하는 키워드라고 설명했다. super는 충분히 짐작이 갈 것이다. 단일 상속만을 지원하는 자바에서 super는 바로 위 상위 클래스의 인스턴스를 지칭하는 키워드다.

[예제 4-34] Driver.java

```java
1  package Super;
2
3  class 동물 {
4    void method() {
5      System.out.println("동물");
6    }
7  }
8
9  class 조류 extends 동물 {
10   void method() {
11     super.method();
12     System.out.println("조류");
13   }
14 }
15
16 class 펭귄 extends 조류 {
17   void method() {
18     super.method();
19     System.out.println("펭귄");
20
21     // Syntax error on token "super", Identifier expected
22     // super.super.method();
23   }
24 }
25
26 public class Driver {
27   public static void main(String[] args) {
28     펭귄 뽀로로 = new 펭귄();
29     뽀로로.method();
30   }
31 }
```

예제 4-34에서 11번째 줄과 18번째 줄에 주목하자. super 키워드를 이용해 상위 클래스의 인스턴스 메서드를 호출하고 있음을 볼 수 있다.

super 키워드로 바로 위의 상위 클래스 인스턴스에는 접근할 수 있지만 super.super 형태로 상위의 상위 클래스의 인스턴스에는 접근이 불가능하다.

## 예비 고수를 위한 한마디

초급자는 이번 내용은 건너뛰어도 좋다. 객체 메서드를 호출할 때 STS의 스택 정보를 보면 그림 4-5와 같이 객체명.객체메서드명( )이 아닌 클래스명.객체메서드명( )임을 확인할 수 있다.

[예제 4-35] Driver.java

```
1  package stack;
2
3  class 펭귄 {
4    void test() {
5      System.out.println("Test");
6    }
7  }
8
9  public class Driver {
10   public static void main(String[] args) {
11     펭귄 뽀로로 = new 펭귄();
12
13     뽀로로.test();
14   }
15 }
```

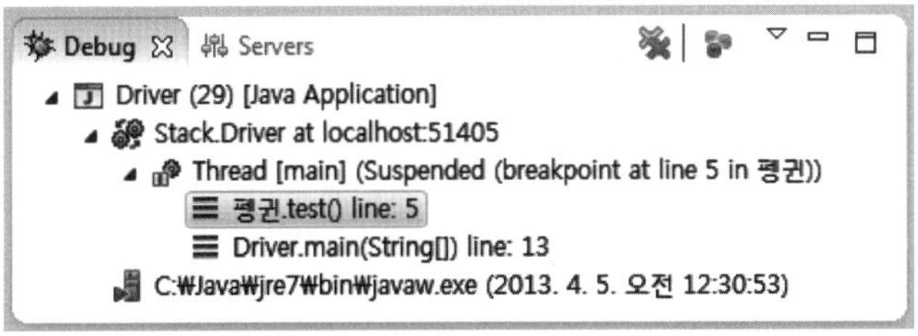

[그림 4-5] 5번째 줄을 실행한 후 디버그 뷰의 모습

5번째 줄에서의 T 메모리를 한번 살펴보자.

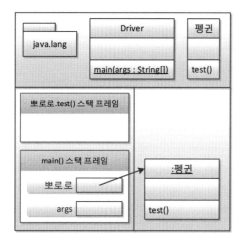

[**그림 4-6**] 5번째 줄을 실행한 후의 T 메모리

그림 4-6처럼 T 메모리를 그려보면 스택에 쌓여진 스택 프레임은

    ***뽀로로***.test()
    Driver.main(...)

와 같은 형태여야 할 것 같은데 실제 STS 상에서 나타나는 모습은 그림 4-5와 같다.

    ***펭귄***.test()
    Driver.main(...)

잠시 생각해 보자. 만약 펭귄 객체가 뽀로로 하나가 아니라 펭귄[100]과 같이 요소가 100개인 배열이라면 힙 영역에 생기는 펭귄 객체는 100개가 되고 test() 메서드도 각 펭귄 객체에 따라 힙에 100개가 만들어져야 한다. 그런데 객체 멤버 메서드는 각 객체별로 달라지는 것이 아니다. 객체 멤버 메서드에서 사용하는 객체 멤버 속성의 값만 다를 뿐이다. 똑같은 객체 멤버 메서드인 test() 메서드를 힙 영역에 100개나 만든다는 것은 심각한 메모리 낭비라고 할 수 있다. 그래서 JVM은 지능적으로 객체 멤버 메서드 test()를 스태틱 영역에 단 하나만 보유한다. 그리고 눈에 보이지는 않지만 test() 메서드를 호출할 때 객체 자신을 나타내는 this 객체 참조 변수를 넘긴다. 즉, 위의 코드는 JVM에 의해 아래와 같이 변경된다고 생각하면 된다.

```
1  package stack;
2
3  class 펭귄 {
4    static void test(펭귄 this) {
5      System.out.println("Test");
6    }
7  }
8
9  public class Driver {
10   public static void main(String[] args) {
11     펭귄 뽀로로 = new 펭귄();
12
13     펭귄.test(뽀로로);
14   }
15 }
```

기존 코드와 예제 4-36을 잘 비교하면서 생각해 보자. 예제 4-36의 T 메모리는 그림 4-7에 표현돼 있다.

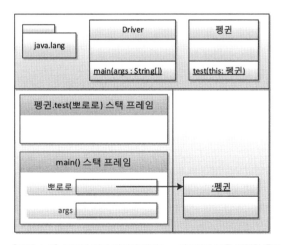

[**그림 4-7**] JVM에 의해 변경된 펭귄.java의 5번째 줄을 실행한 후 T 메모리

위의 내용이 잘 이해되지 않더라도 크게 문제는 없으니 그냥 넘어가도 된다.

## 정리 – 자바 키워드와 OOP 확장

지금까지 설명한 내용을 종합하는 차원에서 자바 키워드를 정리한 표를 다시 한 번 살펴보자.

| | | | | |
|---|---|---|---|---|
| *abstract* | continue | for | new | switch |
| assert | default | goto | *package* | synchronized |
| boolean | do | if | private | *this* |
| break | double | *implements* | protected | throw |
| byte | else | import | public | throws |
| case | *enum* | *instanceof* | return | transient |
| catch | extends | int | short | try |
| char | *final* | *interface* | static | void |
| class | finally | long | strictfp | volatile |
| const | float | native | *super* | while |

**[표 4-1]** 자바 키워드 분류표

| |
|---|
| 절차적/구조적 프로그래밍의 유산 |
| 객체 지향 4 대 특성 지원 |
| *객체 지향 확장 지원* |
| 기타 |

자바에서 사용하는 50개의 키워드가 역할별로 잘 구분될 것이다. 기타에는 예외 처리 지원, 멀티 스레드 지원, 직렬화 지원 키워드가 보인다. 기타에 해당하는 부분은 이 책에서 다루지 않지만 인터넷 검색이나 기타 자바 책을 통해 한 번씩 찾아보기 바란다.

사람을
사랑한 기술 01

자바와 절차적/
구조적 프로그래밍 02

자바와 객체 지향 03

자바가 확장한
객체 지향 04

객체 지향 설계
5원칙 – SOLID 05

01_ SRP – 단일 책임 원칙
02_ OCP – 개방 폐쇄 원칙
03_ LSP – 리스코프 치환 원칙
04_ ISP – 인터페이스 분리 원칙
05_ DIP – 의존 역전 원칙
06_ 정리 – 객체 지향 세계와 SOLID

스프링이 사랑한
디자인 패턴 06

스프링 삼각형과
설정 정보 07

스프링 MVC를
이용한 자유
게시판 구축 A

자바 8 람다와
인터페이스
스펙 변화 B

앞의 3개의 장을 통해 객체 지향의 개념과 4대 특성을 학습했다. 이제 객체 지향 프로그램을 작성할 수 있는 도구를 획득한 것이다. 도구는 그 용도에 맞게 사용해야 한다. 요리로 비유하자면 객체 지향의 4대 특성은 요리를 만들기 위한 불·물·칼 등 주방기구라고 할 수 있다. 물의 수압을 높이면 과일이나 채소를 자를 수 있다. 가스레인지 대신 맛동산 한 봉지의 열량으로 대략 7리터의 물을 100도까지 끓일 수 있다. 냄비 대신 비닐 봉지에 물을 담아 물을 끓일 수도 있다. 그리고 젓가락 대신 나뭇가지를 잘라 젓가락 대용으로 쓸 수도 있다. 하지만 과일이나 채소를 자를 때는 칼을 쓰는 것이 가장 좋은 방법이고, 음식을 조리할 때는 가스레인지와 냄비가 제격이다. 좋은 도구가 있어도 올바르게 사용하지 않으면 요리를 만드는 작업은 고될 수밖에 없다. 도구를 올바르게 사용하는 법이 있는 것처럼 객체 지향의 특성을 올바르게 사용하는 방법, 즉 객체 지향 언어를 이용해 객체 지향 프로그램을 올바르게 설계해 나가는 방법이나 원칙이 존재할까?

객체 지향 언어의 시초라고 하는 Simula67이 1960년 발표되고 50년 이상의 세월이 흘렀다. 그 세월 동안 수많은 시행착오와 베스트 프랙티스 속에서 객체 지향 설계(OOD; Object Oriented Design)의 정수라고 할 수 있는 5원칙이 집대성됐는데, 바로 SOLID다. SOLID는 로버트 C. 마틴(Robert C. Martin)이 2000년대 초반 객체 지향 프로그래밍 및 설계의 다섯 가지 기본 원칙으로 제시한 것을 마이클 페더스(Michael Feathers)가 두문자어로 소개한 것이다. SOLID는 아래 5가지 원칙의 앞 머리 알파벳을 따서 부르는 이름이다.

- SRP(Single Responsibility Principle): 단일 책임 원칙
- OCP(Open Closed Principle): 개방 폐쇄 원칙
- LSP(Liskov Substitution Principle): 리스코프 치환 원칙
- ISP(Interface Segregation Principle): 인터페이스 분리 원칙
- DIP(Dependency Inversion Principle): 의존 역전 원칙

이 원칙들도 하늘에서 뚝 떨어졌다기보다는 응집도는 높이고(High Cohesion), 결합도는 낮추라(Loose Coupling)는 고전 원칙을 객체 지향의 관점에서 재정립한 것이라고 할 수 있다. 이번 장에서는 객체 지향 프로그램을 잘 설계하기 위한 5원칙인 SOLID를 설명한다.

**참고**

**결합도와 응집도**

좋은 소프트웨어 설계를 위해서는 결합도(coupling)는 낮추고 응집도(cohesion)는 높이는 것이 바람직하다.

결합도는 모듈(클래스) 간의 상호 의존 정도로서 결합도가 낮으면 모듈 간의 상호 의존성이 줄어들어 객체의 재사용이나 수정, 유지보수가 용이하다.

응집도는 하나의 모듈 내부에 존재하는 구성 요소들의 기능적 관련성으로, 응집도가 높은 모듈은 하나의 책임에 집중하고 독립성이 높아져 재사용이나 기능의 수정, 유지보수가 용이하다.

**결합도 수준**

데이터 결합도, 스탬프 결합도, 컨트롤 결합도, 외부 결합도, 공유 결합도, 내용 결합도

**응집도 수준**

기능 응집도, 순차 응집도, 통신 응집도, 절차 응집도, 시간 응집도, 논리 응집도, 우연 응집도

더 자세한 내용은 이일민 님의 글을 참고하기 바란다.

· http://toby.epril.com/?p=727

SOLID는 개념이니 정신 바짝 차리지 않으면 길을 잃기가 쉽다. 머리를 냉철히 하고 가슴은 뜨겁게 하고 마음을 단단히 먹고 객체 지향 설계 원칙의 세계로 들어가 보자.

SOLID는 객체 지향 프로그램을 구성하는 속성, 메서드, 클래스, 객체, 패키지, 모듈, 라이브러리, 프레임워크, 아키텍처 등 다양한 곳에 다양하게 적용되는 것이기에 막상 SOLID가 적용됐는지 아닌지 애매모호하거나 보는 사람의 관점에 따라 다르게 해석될 수 있는 소지가 있음을 밝혀둔다. SOLID 자체는 제품이 아닌 개념이기에 그렇다.

SOLID가 개념이긴 하지만 우리가 만드는 제품, 즉 소프트웨어에 녹여 내야 하는 개념이다. SOLID를 잘 녹여낸 소프트웨어는 그렇지 않은 소프트웨어에 비해 상대적으로 이해하기 쉽고, 리팩터링과 유지보수가 수월할 뿐만 아니라 논리적으로 정연하다. SOLID는 객체 지향 4대 특성을 발판으로 하고 있으며, 이어지는 6장에서 소개할 디자인 패턴의 뼈대이며 스프링 프레임워크의 근간이기도 하다. 여기서는 SOLID의 각 원칙에 대해 최대한 단순한 예제를 들어 설명하겠다. 각 예제가 SOLID 원칙의 전부가 아닌 한 사례일 뿐임을 기억하자. SOLID에 관한 더 많은 내용은 2017년 재출간된 『클린 소프트웨어(기존: 소프트웨어 개발의 지혜)』(로버트 C. 마틴, 제이펍) Part 2 애자일 설계 부분, 『UML 실전에서는 이것만 쓴다』(로버트 C. 마틴, 인사이트)의 6장 객체 지향 개발의 원칙 부분과 ZDnet의 "객체 지향 SW 설계의 원칙"이라는 기사를 읽어보길 권한다.

[객체지향 SW 설계의 원칙] ① 개방-폐쇄 원칙

  http://www.zdnet.co.kr/news/news_view.asp?artice_id=00000039134727

[객체지향 SW 설계의 원칙] ② 사례연구, 단일 책임 원칙

  http://www.zdnet.co.kr/news/news_view.asp?artice_id=00000039135552

[객체지향 SW 설계의 원칙] ③ 인터페이스 분리의 원칙

  http://www.zdnet.co.kr/news/news_view.asp?artice_id=00000039139151

위 zdnet 기사에서 이미지가 보이지 않는 경우

http://www.moazine.com/에 접속해서 [객체지향 소프트웨어 설계의 원칙들 최상훈]으로 검색하면 마이크로소프트웨어

원문 기사를 볼 수 있다.

   기획 2 | 객체지향 소프트웨어 설계의 원칙들 / 최상훈

   기획 2 | 객체지향 소프트웨어 설계의 원칙들 2 / 최상훈

   기획 2 | 객체지향 소프트웨어 설계의 원칙들 3 / 최상훈

   기획 2 | 객체지향 소프트웨어 설계의 원칙들 4 / 최상훈

   기획 2 | 객체지향 소프트웨어 설계의 원칙들 5 / 최상훈

NEXTREE 홈페이지에 정리된 "객체지향 개발 5대 원리: SOLID"도 참고하기 바란다.

  http://www.nextree.co.kr/p6960/

## SRP - 단일 책임 원칙

*"어떤 클래스를 변경해야 하는 이유는 오직 하나뿐이어야 한다" - 로버트 C. 마틴*

그림 5-1과 같이 남자라고 하는 클래스와 남자 클래스에 의존하는 다양한 클래스가 있다고 생각해 보자.

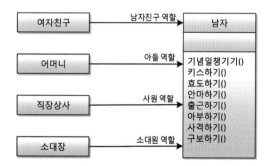

[그림 5-1] 남자 클래스와 의존 관계에 있는 다른 클래스들

딱 봐도 남자는 참 피곤할 것 같다. 이러한 피곤함은 역할과 책임이 너무 많기 때문이다. 객체 지향의 세계에서는 이런 경우 나쁜 냄새가 난다고 한다. 예를 들어, 어느 날 여자 친구와 헤어졌다고 해보자. 남자는 더 이상 챙길 일 없는 기념일과 대상이 없는 키스하기에 힘들어하게 된다. 거기에 더해 여자 친구 없는 스트레스를 온 세상에 뿌리고 다니니 어머니, 직장 상사, 소대장님까지 피곤한 지경에 이르게 되고야 만다. 따라서 이런 경우에 역할(책임)을 분리하라는 것이 단일 책임 원칙이다. 그림 5-1의 클래스 설계를 그림 5-2처럼 바꿔 보자.

[**그림 5-2**] 남자 클래스에 단일 책임 원칙을 적용해 여러 개의 클래스로 분리

남자라는 하나의 클래스가 역할과 책임에 따라 네 개의 클래스로 쪼개진 것을 볼 수 있다. 그리고 역할과 클래스명도 딱 떨어지니 이해하기도 좋다. 이제 여자 친구와 이별하더라도 남자 친구만 상처를 입으면 된다. 어머니 – 아들 관계, 직장 상사 – 사원 관계, 소대장 – 소대원 관계는 여자 친구와 이별한 남자 친구로부터 어떠한 영향도 받지 않는 아름다운(?) 세상이 온 것이다. 어떤가? 아까 하나의 클래스(남자)에 다수의 역할과 책임이 몰려 있을 때는 냄새가 나더니, 클래스를 역할과 책임에 따라 분리해서 각각 하나의 역할과 책임만 갖게 하니 향기가 나지 않는가? 여기서는 클래스의 분할에 대해서만 이야기했지만 단일 책임 원칙은 속성, 메서드, 패키지, 모듈, 컴포넌트, 프레임워크 등에도 적용할 수 있는 개념이다.

단일 책임 원칙은 잘된 경우보다 잘못된 경우를 살펴보는 것이 이해하는 데 좋다. 몇 가지 잘못된 사례를 살펴보자. 먼저 속성이 단일 책임 원칙을 지키지 못하는 경우를 살펴보자. 객체 지향 세계에서 남자는 반드시 군대를 가고, 여자는 절대로 군대를 가지 않는다고 가정해 보자. 그런데 사람 클래스에 군번 속성이 있다면 어떻게 될까? 예제 5-1을 살펴보고 문제점을 찾아보자.

```
class 사람 {
  String 군번;
  ...
}

...

사람 로미오 = new 사람();
사람 줄리엣 = new 사람();

줄리엣.군번 = "1573042009"; // 이건?
```

예제 5-1을 보면 사람형 참조 변수 줄리엣이 가진 군번 속성에 값을 할당하거나 읽어 오는 코드를 제제할 방법이 없다. 코드에서 향기가 아닌 냄새가 나고 있는 것이다.

예제 5-1의 소스가 향기가 나도록 리팩터링해보자. 사람 클래스를 남자 클래스와 여자 클래스로 분할하고 남자 클래스에만 군번 속성을 갖게 하면 향기 나는 코드로 변모시킬 수 있다. 바로 단일 책임 원칙을 적용하는 것이다. 이때 남자 클래스와 여자 클래스에 공통점이 없다면 사람 클래스는 제거하면 되고, 공통점이 많다면 사람 클래스를 상위 클래스로 해서 공통점을 사람 클래스에 두고 남자 클래스와 여자 클래스는 사람 클래스를 상속하고 차이점만 각자 구현하면 된다.

하나의 속성이 여러 의미를 갖는 경우도 단일 책임 원칙을 지키지 못하는 경우다. 필자가 예전에 참여했던 한 프로젝트에서는 데이터베이스 테이블에 존재하는 하나의 필드가 토지인 경우 면적을, 건물인 경우 층수를 나타내는 경우가 있었다. 덕분에 자바 코드에서는 if 문을 여기저기 사용해야만 했다. 비록 클래스가 아닌 데이터베이스 테이블이긴 했지만 테이블을 설계할 때도 단일 책임 원칙을 고려해야 한다. 데이터베이스 테이블을 설계할 때는 정규화라고 하는 과정을 거치게 되는데, 정규화 과정을 조금 더 확장해서 생각해 보면 테이블과 필드에 대한 단일 책임 원칙의 적용이라고 할 수 있다.

이번에는 메서드가 SRP를 지키는 못하는 경우를 살펴보자. 예제 5-2와 같이 강아지 클래스를 만들고 소변보다() 메서드를 구현했다고 해보자.

**[예제 5-2] 메서드가 단일 책임 원칙을 지키지 않은 경우**

```
class 강아지 {
  final static Boolean 수컷 = true;
  final static Boolean 암컷 = false;
  Boolean 성별;

  void 소변보다() {
    if(this.성별 == 수컷) {
      // 한쪽 다리를 들고 소변을 본다.
    } else {
      // 뒷다리 두 개를 굽혀 앉은 자세로 소변을 본다.
    }
  }
}
```

예제 5-2를 보면 강아지가 수컷이냐 암컷이냐에 따라 소변보다() 메서드에서 분기 처리가 진행되는 것을 볼 수 있다. 강아지 클래스의 소변보다() 메서드가 수컷 강아지의 행위와 암컷 강아지의 행위를 모두 구현하려고 하기에 단일 책임(행위) 원칙을 위배하고 있는 것이다. 메서드가 단일 책임 원칙을 지키지 않을 경우 나타나는 대표적인 냄새가 바로 분기 처리를 위한 if 문이다. 이런 경우 단일 책임 원칙을 적용해 코드를 리팩터링하면 예제 5-3처럼 만들 수 있다.

**[예제 5-3] 단일 책임 원칙을 적용해 개선한 코드**

```
abstract class 강아지 {
  abstract void 소변보다()
}

class 수컷강아지 extends 강아지 {
  void 소변보다() {
    //한쪽 다리를 들고 소변을 본다.
  }
}

class 암컷강아지 extends 강아지 {
  void 소변보다() {
    //뒷다리 두 개로 앉은 자세로 소변을 본다.
  }
}
```

지금까지 단일 책임 원칙을 준수하지 않았을 때 객체 지향 세계가 얼마나 난해해질 수 있는지 몇 가지 사례를 들어봤다. 객체 지향 세계는 현실 세계를 모델링하고 있으니 이번에는 단일 책임 원칙을 지키지 못한 현실 사례를 하나 들어보자. 현실 세계에 한 명의 사람이 있다. 그 사람은 서버 사이드(JSP) 개발자이면서 때때로 클라이언트 사이드(JavaScript) 개발자이기도 하고, 가끔은 웹 디자이너 겸 퍼블리셔 작업(CSS, HTML)도 하며, 간혹 서버(OS) 세팅도 한다. 설계(Design)를 할 때도 있고, 종종 WAS(Tomcat) 세팅도 한다. 어쩌다 한 번씩 네트워크 케이블(UTP)도 만든다. 왕왕 고객 미팅도 하고, 간간히 데이터베이스 테이블도 설계한다. 그 사람이 하는 역할을 그림 5-3에 표현해 보았다.

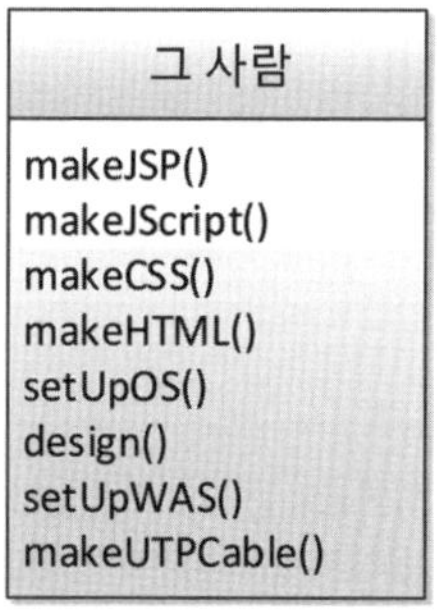

**[그림 5-3]** SRP를 만족하지 못한 대표적인 현실 사례

그 사람은 일명 슈퍼맨이라고도 하고, 만능 엔터테이너, 팔방미인, 멀티 플레이어라고도 불린다. 하지만 아는 사람은 안다. 그 사람이 JSP 코딩을 할 때 var를 붙여서 변수를 선언했던 전적이 있음을 말이다. 때로는 자바스크립트 코드를 작성할 때 private 키워드를 타이핑했다는 것도 아는 사람은 안다. 심지어 자바 코딩 중에 Console.WriteLine() 메서드를 사용하기도 했고, ResultSet 자리에 RecordSet을 쓴다거나 =, ==, === 연산자를 엉뚱한 위치에 쓰기도 했다. 바로 단일 책임 원칙이 지켜지지 못한 삶을 살았던 것이다. 그나마 다행인 것은 ICT 업계가 이제 그 사람과 같은 슈퍼맨보다는 각 분야별 전문가를 선호하는 추세로 변해가고 있다는 것이다. 현재는 웹 디자이너, 퍼블리셔, 개발자는 당연히 다른 사람이어야 한다는 것이 업계의 중론이고, 가까운 미래에는 개발자도 서버 사이드 개발자와 클라이언트 사이드 개발자로 영역이 분할되고 인력도 그렇게 투입될 것으로 보인다. ICT 업계의 변화처럼 이 책을 읽은 독자와 그 직장 상사인 분들은 그 사람에게 반드시 단일 책임 원칙이 필요하다는 사실을 꼭 알았으면 좋겠다. 더불어 이 책을 읽고 있는 독자도 객체 지향 세계에 단일 책임 원칙의 필요성과 유용성을 깊이 인식했길 바란다.

단일 책임 원칙과 객체 지향 4대 특성은 어떻게 결부돼 있을까? 캡상추다를 다시 상기해 보면 단일 책임 원칙과 가장 관계가 깊은 것은 바로 모델링 과정을 담당하는 추상화임을 알 수 있다. 애플리케이션의 경계를 정하고 추상화를 통해 클래스들을 선별하고 속성과 메서드를 설계할 때 반드시 단일 책임 원칙을 고려하는 습관을 들이자. 또한 리팩터링을 통해 코드를 개선할 때도 단일 책임 원칙을 적용할 곳이 있는지 꼼꼼히 살피자.

## OCP - 개방 폐쇄 원칙

> "소프트웨어 엔티티(클래스, 모듈, 함수 등)는 확장에 대해서는 열려 있어야 하지만 변경에 대해서는 닫혀 있어야 한다." - 로버트 C. 마틴

위 문장을 조금 더 의역해 보면 아래와 같은 문장을 이끌어 낼 수 있다.

> "자신의 확장에는 열려 있고, 주변의 변화에 대해서는 닫혀 있어야 한다."

개방 폐쇄 원칙은 다양한 곳에서 다양하게 이야기되고 있으니 딱 꼬집어서 예를 들기가 그리 쉽지는 않다. 조금 억지스럽지만 몇 가지 예제를 통해 개방 폐쇄 원칙을 이해해 보자.

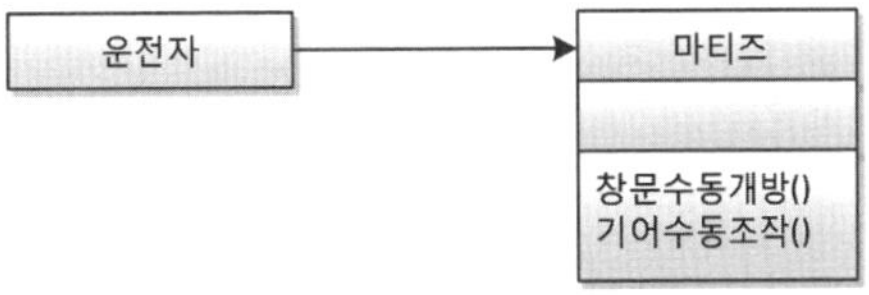

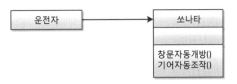

[그림 5-4] 개방 폐쇄 원칙에 위배되는 경우

어느 날 한 운전자가 마티즈를 구입했다. 그리고 열심히 마티즈에 적응했다고 해보자. 그리고 훗날 그 운전자에게 쏘나타가 생겼다.

[그림 5-5] 개방 폐쇄 원칙에 위배되는 경우

그림 5-4처럼 창문과 기어가 수동이던 마티즈에서 그림 5-5처럼 창문과 기어가 자동인 쏘나타로 차종을 바꾸니 운전자의 행동에도 변화가 온다. 마티즈를 운전할 때 운전자는 마티즈 인스턴스의 기어수동조작( ) 메서드를 사용했는데 쏘나타로 차종을 변경하자 쏘나타 인스턴스의 기어자동조작( ) 메서드를 사용하게 된다. 운전자는 차량에 따라 운전하던 습관을 바꿔야만 하는 것일까? 스틱 차량에서 오토

차량으로 바꿨다고 해서 운전자가 운전에 영향을 받아야만 하는가를 생각해 보자. 현실 세계라면 당연히 어느 정도 변화가 있어야 하겠지만 객체 지향 세계에는 다른 해법이 있다.

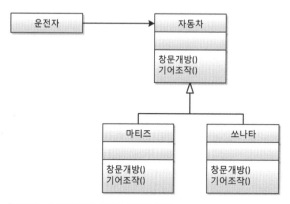

**[그림 5-6]** 개방 폐쇄 원칙을 적용한 경우

그림 5-6과 같이 상위 클래스 또는 인터페이스를 중간에 둠으로써 다양한 자동차가 생긴다고 해도 객체 지향 세계의 운전자는 운전 습관에 영향을 받지 않게 된다. 다양한 자동차가 생긴다고 하는 것은 자동차 입장에서는 자신의 확장에는 개방돼 있는 것이고, 운전자 입장에서는 주변의 변화에 폐쇄돼 있는 것이다.

혹시라도 데이터베이스 프로그래밍을 경험한 적이 있다면 개방 폐쇄 원칙의 아주 좋은 예를 이미 알고 있을 것이다. 그 예란 바로 JDBC다. JDBC를 사용하는 클라이언트는 데이터베이스가 오라클에서 MySQL로 바뀌더라도 Connection을 설정하는 부분 외에는 따로 수정할 필요가 없다. Connection 설정 부분을 별도의 설정 파일로 분리해두면 클라이언트 코드는 단 한 줄도 변경할 필요가 없다. JDBC뿐만

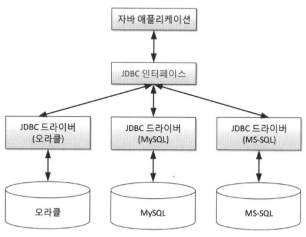

**[그림 5-7]** OCP의 예: JDBC

아니라 iBatis, MyBatis, 하이버네이트 등등 데이터베이스 프로그래밍을 지원하는 라이브러리와 프레임워크에서도 개방 폐쇄 원칙의 예를 볼 수 있다.

그림 5-7을 보자. 오라클을 MySQL이나 MS-SQL로 교체할 때 자바 애플리케이션은 JDBC 인터페이스라고 하는 완충 장치로 인해 변화에 영향을 받지 않는다. 바로 자바 애플리케이션은 데이터베이스라고 하는 주변의 변화에 닫혀 있는 것이다. 데이터베이스를 교체한다는 것은 데이터베이스가 자신의 확장에는 열려 있다는 것이다.

자바에도 개방 폐쇄 원칙이 적용돼 있다. 자바 개발자는 작성하고 있는 소스코드가 윈도우에서 구동될지, 리눅스에서 구동될지 또는 또 다른 운영체제 상에서 구동될지에 대해서는 걱정하지 않는다. 각 운영체제별 JVM과 목적 파일(.class)이 있기에 개발자는 다

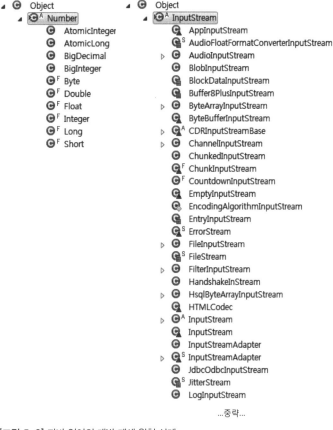

[그림 5-8] 자바 언어의 개방 폐쇄 원칙 사례

양한 구동 환경에 대해서는 걱정하지 않고 본인이 작업하고 있는 개발 PC에 설치된 JVM에서 구동되는 코드만 작성하면 된다. 개발자가 작성한 소스코드는 운영체제의 변화에 닫혀 있고, 각 운영체제별 JVM은 확장에 열려 있는 구조가 되는 것이다. 개발자의 소스코드와 운영체제별 JVM 사이에는 목적 파일이라고 하는 완충 장치가 있는 것이다.

이 외에도 자바에 개방 폐쇄 원칙이 적용돼 있는 사례는 각종 상속 구조를 통해서도 확인할 수 있다. 그림 5-8을 보면서 자바에 숨겨진 OCP를 음미해 보자.

마지막으로 현실 세계의 개방 폐쇄 원칙의 사례를 하나 더 생각해 보자. 편의점에서는 일일 삼교대로 직원이 교대한다. 주말에는 다른 아르바이트 직원이 근무하기도 한다. 하지만 직원이 바뀐다고 해서 손님이 구매라는 행위를 하는 데는 영향이 없다. 편의점 직원 중 한 명은 구매 담당자일 수도 있다. 또

다른 직원은 보안 담당자일 수도 있다. 편의점 직원이 근본적으로 판매라고 하는 행위, 즉 손님과의 인터페이스가 바뀌지 않는 한 손님의 구매라는 행위는 직원이 세부적으로 구매 담당자든, 보안 담당자든 심지어 남자에서 여자로, 학생에서 노인으로 교대한다고 해도 전혀 영향을 받지 않는다. 직원 교대라고 하는 주변의 변화에 손님의 구매 행위는 영향을 받지 않는 것이고, 직원은 교대라고 하는 확장 행위에는 열려 있는 것이다. 또한 교대 이외에도 구매 담당자의 행위를 추가하거나, 보안 담당자의 행위를 추가하는 확장에 대해 직원은 열려 있다. 이런 내용을 UML 약식 표기법으로 표현해 보면 그림 5-9와 같다.

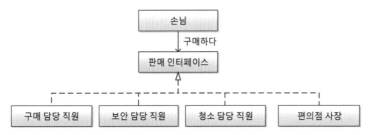

**[그림 5-9]** 현실 세계의 개방 폐쇄 원칙 사례

개방 폐쇄 원칙을 따르지 않는다고 해서 객체 지향 프로그램을 구현하는 것이 불가능한 것은 아니지만 개방 폐쇄 원칙을 무시하고 프로그램을 작성하면 객체 지향 프로그래밍의 가장 큰 장점인 유연성, 재사용성, 유지보수성 등을 얻을 수 없다. 따라서 객체 지향 프로그래밍에서 개방 폐쇄 원칙은 반드시 지켜야 할 원칙이다.

개방 폐쇄 원칙에 대한 좋은 예로 스프링 프레임워크도 있다. 스프링 프레임워크를 공부하다 보면 개방 폐쇄 원칙의 김연아라고 할 정도로 개방 폐쇄 원칙을 교과서적으로 활용하고 있음을 확인할 수 있다.

## LSP - 리스코프 치환 원칙

> "서브 타입은 언제나 자신의 기반 타입(base type)으로 교체할 수 있어야 한다." - 로버트 C. 마틴

상속에 대해 설명하면서 객체 지향에서의 상속은 조직도나 계층도가 아닌 분류도가 돼야 한다고 했다. 객체 지향의 상속은 다음의 조건을 만족해야 한다.

- 하위 클래스 is a kind of 상위 클래스 – 하위 분류는 상위 분류의 한 종류다.

- 구현 클래스 is able to 인터페이스 – 구현 분류는 인터페이스할 수 있어야 한다.

위 두 개의 문장대로 구현된 프로그램이라면 이미 리스코프 치환 원칙을 잘 지키고 있다고 할 수 있다. 하지만 위 문장대로 구현되지 않은 코드가 존재할 수 있는데 바로 상속이 조직도나 계층도 형태로 구축된 경우다.

 위에서 두 번째 문장에서 "인터페이스할 수 있어야 한다"라는 표현은 각 인터페이스명에 따라 읽으면 쉽게 이해할 수 있다.

AutoCloseable – 자동으로 닫힐 수 있어야 한다.

Appendable – 덧붙일 수 있어야 한다.

Cloneable – 복제할 수 있어야 한다.

Runnable – 실행할 수 있어야 한다.

아버지를 상위 클래스(기반 타입)로 하는 딸이라는 하위 클래스(서브 타입)가 있다고 하자. 바로 전형적인 계층도 형태이며, 객체 지향의 상속을 잘못 적용한 예다. 그럼 무엇이 문제인지 생각해 보자. 상위 클래스의 객체 참조 변수에는 하위 클래스의 인스턴스를 할당할 수 있다.

아버지 춘향이 = new 딸()

딱 봐도 이상하지 않은가? 딸을 하나 낳아서 이름을 춘향이라 한 것까지는 좋은데 아빠의 역할을 맡기고 있다. 춘향이는 아버지형 객체 참조 변수이기에 아버지 객체가 가진 행위(메서드)를 할 수 있어야 하는데 춘향이에게 아버지의 어떤 역할을 시킬 수 있을까? 이번에는 동물 클래스와 이를 상속(확장)하는 펭귄 클래스가 있다고 해보자. 즉, 분류도 형태인 경우를 살펴보자.

동물 뽀로로 = new 펭귄()

논리적인 흠이 없다. 펭귄 한 마리가 태어나 뽀로로라 이름을 짓고 동물의 행위(메서드)를 하게 하는데 전혀 이상함이 없다. 아버지 – 딸 구조(계층도/조직도)는 리스코프 치환 원칙을 위배하고 있는 것이며, 동물 – 펭귄 구조(분류도)는 리스코프 치환 원칙을 만족하는 것이다. 로버트 C. 마틴의 말을 다시 의역하고 결론을 내보자.

"하위 클래스의 인스턴스는 상위형 객체 참조 변수에 대입해 상위 클래스의 인스턴스 역할을 하는 데 문제가 없어야 한다."

리스코프 치환 원칙은 말로 기억하기보다는 그림을 통해 기억하는 것이 편하다. 리스코프 치환 원칙을 지키지 않는 경우는 그림 5-10의 계층도/조직도에서 볼 수 있다.

[그림 5-10] 리스코프 치환 원칙 위반 사례 - 계층도/조직도

그림 5-10처럼 계층도/조직도인 경우를 보면 딸이 아버지, 할아버지의 역할을 하는 것이 논리에 맞지 않음을 알 수 있다. 리스코프 치환 원칙을 완벽하게 지원하는 경우는 그림 5-11의 분류도에서 볼 수 있다.

[그림 5-11] 리스코프 치환 원칙 적용 사례 - 분류도

그림 5-11처럼 분류도인 경우 하위에 존재하는 것들은 상위에 있는 것들의 역할을 하는 데 전혀 문제가 없다. 고래가 포유류 또는 동물의 역할을 하는 것은 전혀 문제가 되지 않는다. 기억력이 좋은 독자라면 그림 5-10과 그림 5-11은 이미 3장에서 상속을 설명할 때 본 그림이라는 것을 기억할 것이다. 결국 리스코프 치환 원칙는 객체 지향의 상속이라는 특성을 올바르게 활용하면 자연스럽게 얻게 되는 것이다. 객체 지향에서 가장 강력한 특성이라고 하는 상속이 잘못 적용됐을 때 발생하는 문제점은 3장의 내용을 다시 한번 참고하자.

리스코프 치환 원칙은 유명한 논문에 소개된 내용이기도 하다. 하지만 이 책에서는 현업 개발자가 알아야 할 정도로 무척이나 단순화했음을 미리 밝혀둔다. 관심이 있는 독자라면 위키피디아의 논문 (http://ko.wikipedia.org/wiki/리스코프_치환_원칙)을 참고하길 바란다. 참고로 논문은 다음과 같은 내용도 포함한다.

- 하위형에서 선행 조건은 강화될 수 없다.

- 하위형에서 후행 조건은 약화될 수 없다.

- 하위형에서 상위형의 불변 조건은 반드시 유지돼야 한다.

# ISP – 인터페이스 분리 원칙

"클라이언트는 자신이 사용하지 않는 메서드에 의존 관계를 맺으면 안 된다." – 로버트 C. 마틴

단일 책임 원칙(SRP) 예제를 다시 살펴보자. 단일 책임 원칙을 적용하기 전 남자 클래스는 그림 5-12와 같았다.

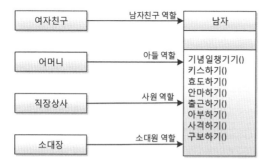

**[그림 5-12]** 다양한 책임을 가진 남자 클래스

단일 책임 원칙을 적용한 후에는 그림 5-13처럼 단일 책임을 갖는 클래스로 나뉘었다.

**[그림 5-13]** 단일 책임 원칙을 적용해 남자 클래스를 단일 책임을 가진 여러 클래스로 분리

단일 책임 원칙에서 제시한 해결책은 남자 클래스를 토막내서 하나의 역할(책임)만 하는 다수의 클래스로 분할하는 것이었다. 그런데 꼭 그 방법뿐일까? 만약 남자를 토막 내는 것이 너무 잔인하다는 생각이 든다면 그때 선택할 수 있는 방법이 바로 ISP 즉, 인터페이스 분할 원칙이다. 인터페이스 분할 원칙이 제시하는 해결책을 그림 5-14를 통해 알아보자.

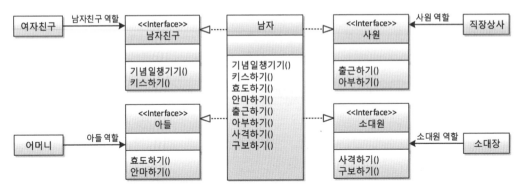

**[그림 5-14]** 인터페이스 분할 원칙를 적용한 남자 클래스

남자 클래스를 토막 내는 것이 아니라 자아 붕괴(?) 또는 다중 인격화(?)화시켜 여자친구를 만날 때
는 남자친구 역할만 할 수 있게 인터페이스로 제한하고, 어머니와 있을 때는 아들 인터페이스로 제한
하고, 직장 상사 앞에서는 사원 인터페이스로 제한하고, 소대장 앞에서는 소대원 인터페이스로 제한하
는 것이 바로 인터페이스 분할 원칙의 핵심인 것이다.

결론적으로 단일 책임 원칙(SRP)과 인터페이스 분할 원칙(ISP)은 같은 문제에 대한 두 가지 다른 해
결책이라고 볼 수 있다. 프로젝트 요구사항과 설계자의 취향에 따라 단일 책임 원칙이나 인터페이스
분할 원칙 중 하나를 선택해서 설계할 수 있다. 하지만 특별한 경우가 아니라면 단일 책임 원칙을 적용
하는 것이 더 좋은 해결책이라고 할 수 있다.

인터페이스 분할 원칙을 이야기할 때 항상 함께 등장하는 원칙 중 하나로 인터페이스 최소주의 원칙이
라는 것이 있다. 인터페이스를 통해 메서드를 외부에 제공할 때는 최소한의 메서드만 제공하라는 것이
다. 그림 5-14에서 남자친구 인터페이스에 사격하기() 메서드를 제공할 필요도 없고 제공해서도 안
된다는 것이다. "3.5.4 상속과 인터페이스" 부분에서 상위 클래스는 풍성할수록 좋고, 인터페이스는
작을수록 좋다고 했다. 그 이유를 조금 더 살펴보자. 리스코프 치환 원칙(LSP)에 따라 하위 객체는 상
위 객체인 척 할 수 있다.

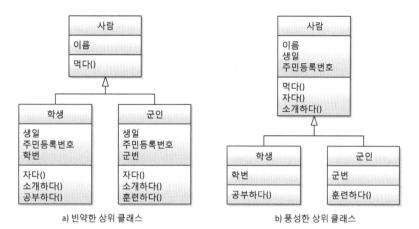

[그림 5-15] 빈약한 상위 클래스 vs. 풍성한 상위 클래스

그림 5-15의 a)빈약한 상위 클래스인 경우 하위 클래스인 학생 클래스와 군인 클래스는 같은 속성인 생일, 주민등록번호와 같은 메서드인 자다()와 소개하다()를 공통적으로 가지고 있는 것을 볼 수 있다. 그림 5-15의 b)풍성한 상위 클래스인 경우에는 상위 클래스가 하위 클래스들이 공통으로 가질 수 있는 속성과 메서드를 상속해주고 있다. 빈약한 상위 클래스인 경우를 이용하는 예제 5-4를 살펴보자.

**[예제 5-4] 빈약한 상위 클래스를 이용하는 경우**

```
package poorSuperClass;

import java.util.Date;

public class Driver {
  public static void main(String[] args) {
    사람 김학생 = new 학생("김학생", new Date(2000, 01, 01), "20000101-1234567",
        "20190001");
    사람 이군인 = new 군인("이군인", new Date(1998, 12, 31), "19981231-1234567",
        "19-12345678");

    System.out.println(김학생.이름);
    System.out.println(이군인.이름);

    // System.out.println(김학생.생일); // 사용불가
    // System.out.println(이군인.생일); // 사용불가

    System.out.println(((학생) 김학생).생일); // 캐스팅 필요
```

```
        System.out.println(((군인) 이군인).생일); // 캐스팅 필요

        // System.out.println(김학생.주민등록번호); // 사용불가
        // System.out.println(이군인.주민등록번호); // 사용불가

        System.out.println(((학생) 김학생).주민등록번호);  // 캐스팅 필요
        System.out.println(((군인) 이군인).주민등록번호);  // 캐스팅 필요

        김학생.먹다();
        이군인.먹다();

        // 김학생.자다(); // 사용불가
        // 이군인.자다(); // 사용불가

        ((학생) 김학생).자다(); // 캐스팅 필요
        ((군인) 이군인).자다(); // 캐스팅 필요

        // 김학생.소개하다(); // 사용불가
        // 이군인.소개하다(); // 사용불가

        ((학생) 김학생).소개하다(); // 캐스팅 필요
        ((군인) 이군인).소개하다(); // 캐스팅 필요

        ((학생) 김학생).공부하다(); // 캐스팅 필요
        ((군인) 이군인).훈련하다(); // 캐스팅 필요
    }
}
```

예제 5-4는 설명을 위해 억지스럽게 구성했음을 미리 밝혀둔다. 빈약한 상위 클래스를 이용한 경우 여기저기 형변환이 발생하면서 상속의 혜택을 제대로 누리지 못하고 있음을 볼 수 있다. 물론 김학생 객체 참조 변수를 사람형이 아닌 학생형으로, 이군인 객체 참조 변수를 군인형으로 선언하고 사용하면 되겠지만 그럼 굳이 상속 구조를 만들 필요도 없다. 상위 클래스형의 참조 변수를 이용해야 상속의 가장 큰 혜택을 볼 수 있다. 그럼 이제 풍성한 상위 클래스를 이용하는 예제 5-5를 살펴보자.

**[예제 5-5] 풍성한 상위 클래스를 이용하는 경우**

```
package richSuperClass;

import java.util.Date;
```

```
public class Driver {
  public static void main(String[] args) {
    사람 김학생 = new 학생("김학생", new Date(2000, 01, 01), "20000101-1234567",
        "20190001");
    사람 이군인 = new 군인("이군인", new Date(1998, 12, 31), "19981231-1234567",
        "19-12345678");

    System.out.println(김학생.이름);
    System.out.println(이군인.이름);

    System.out.println(김학생.생일);
    System.out.println(이군인.생일);

    System.out.println(김학생.주민등록번호);
    System.out.println(이군인.주민등록번호);

    // System.out.println(김학생.학번); // 사용불가
    // System.out.println(이군인.군번); // 사용불가

    System.out.println(((학생) 김학생).학번);  // 캐스팅 필요
    System.out.println(((군인) 이군인).군번);  // 캐스팅 필요

    김학생.먹다();
    이군인.먹다();

    김학생.자다();
    이군인.자다();

    김학생.소개하다();
    이군인.소개하다();

    // 김학생.공부하다(); // 사용불가
    // 이군인.훈련하다(); // 사용불가

    ((학생) 김학생).공부하다(); // 캐스팅 필요
    ((군인) 이군인).훈련하다(); // 캐스팅 필요
  }
}
```

풍성한 상위 클래스를 이용하는 예제 5-5를 빈약한 상위 클래스를 이용하는 예제 5-4와 비교할 때 사용 불가능한 경우나 불필요한 형변환이 없음을 볼 수 있다. 소개하다( ) 메서드의 경우 학생 클래스와 군인 클래스가 다른 기능을 수행할 것 같은데도 상위 클래스인 사람 클래스에 정의된 것을 볼 수 있다. 학생과 군인이 소개 내용이 같다는 것은 이치에 맞지 않는다. 하지만 소개하다라는 기능은 둘 다 필요하다. 이 경우 사용할 수 있는 객체 지향 기법이 있었다. 바로 추상 메서드다. 전체 코드가 궁금한 독자는 제공되는 소스에서 Chap05 프로젝트의 richSuperClass 패키지와 poorSuperClass 패키지를 비교하면서 살펴보기 바란다.

이번에는 인터페이스 최소주의가 가진 장점을 살펴보자. 그림 5-14 인터페이스 분리 원칙을 적용한 남자 클래스를 살짝 다시 보고 오자. 그리고 상상의 나래를 펼쳐서 군대에 대한 환상을 하나 만들어 보자. 새로 부임한 소대장님이 여자이고, 그 소대장님이 남자 객체의 여자 친구가 됐다고 해보자. 그래서 희한한 인터페이스인 소대원남자친구 인터페이스를 만들어 보자. 객체 지향 세계가 조금 난해하니 현실 세계에 대입해서 상상해보자. 유격 훈련 중에 소대장에게 키스하는 소대원남자친구, 데이트 중에 사격하기를 실시하는 소대원남자친구, 불가능하지는 않겠지만 현실 세계에서도 용납이 안 되는 상황이다. 아무리 소대장을 여자친구로 둔 남자라고 해도 훈련 중에는 소대원으로서의 역할만, 데이트 중에는 남자친구로서의 역할만을 충실하게 수행해야 한다. 객체 지향 세계에서도 같은 원리가 적용된다. 인터페이스는 그 역할에 충실한 최소한의 기능만 공개하라는 것이 이 시대 객체 지향 스승들의 가르침이라는 것을 꼭 명심하자. 인터페이스는 "~할 수 있는(is able to)"이라는 기준으로 만드는 것이 정석이라는 것을 기억하자. "3.5.4 상속과 인터페이스" 부분의 설명을 다시 살펴보면 도움될 것이다.

## DIP - 의존 역전 원칙

> "고차원 모듈은 저차원 모듈에 의존하면 안 된다.
> 이 두 모듈 모두 다른 추상화된 것에 의존해야 한다."
>
> "추상화된 것은 구체적인 것에 의존하면 안 된다.
> 구체적인 것이 추상화된 것에 의존해야 한다."
>
> "자주 변경되는 구체(Concrete) 클래스에 의존하지 마라 "
>
> - 로버트 C. 마틴

자동차와 스노우타이어 사이에는 그림 5-16처럼 의존 관계가 있다. 자동차가 스노우타이어에 의존한다.

**[그림 5-16]** 의존 역전 원칙 적용 전(자주 변경되는 구체 클래스에 의존)

그런데 자동차는 한 번 사면 몇 년은 타야 하는데 스노우타이어는 계절이 바뀌면 일반 타이어로 교체해야 한다. 이런 경우 스노우타이어를 일반타이어로 교체할 때 자동차는 그 영향에 노출돼 있음을 알수 있다. 바로 자동차 자신보다 더 자주 변하는 스노우타이어에 의존하기에 부서지기 쉬움이라는 나쁜냄새를 풍기고 있는 것이다. 그럼 이런 경우 나쁜 냄새가 좋은 향기가 되도록 개선해 보자.

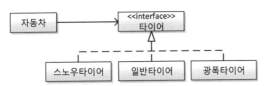

**[그림 5-17]** 의존 역전 원칙 적용 후

그림 5-17과 같이 자동차가 구체적인 타이어들(스노우타이어, 일반타이어, 광폭타이어)이 아닌 추상화된 타이어 인터페이스에만 의존하게 함으로써 스노우타이어에서 일반타이어로, 또는 다른 구체적인 타이어로 변경돼도 자동차는 이제 그 영향을 받지 않는 형태로 구성된다. 그런데 이 설명에서 기시감(데자뷰)이 느껴질 것이다. 바로 개방 폐쇄 원칙(OCP)를 설명할 때 나온 설명이었다. 이렇게 하나의 해결책을 찾으면 그 안에 여러 설계 원칙이 녹아있는 경우가 많다. 이 다음 장에서 다룰 디자인 패턴이나 지금 다루고 있는 설계 원칙이나 결국 객체 지향 4대 특성을 활용하는 것인데, 그 대표적인 것이 바로 상속과 다형성이니 결국 비슷비슷한 모습의 코드로 구현된다. 차후 6장에서 디자인 패턴을 설명하면서 다시 그 유사성에 대해 살펴볼 것이다. 그런데 그림 5-16을 보면 기존에는 스노우타이어가그 무엇에도 의존하지 않는 클래스였는데, 그림 5-17에서는 추상적인 것인 타이어 인터페이스에 의존하게 됐다. 바로 의존의 방향이 역전된 것이다. 그리고 자동차는 자신보다 변하기 쉬운 스노우타이어에 의존하던 관계를 중간에 추상화된 타이어 인터페이스를 추가해 두고 의존 관계를 역전시키고 있다. 이처럼 자신보다 변하기 쉬운 것에 의존하던 것을 추상화된 인터페이스나 상위 클래스를 두어 변하기 쉬운 것의 변화에 영향받지 않게 하는 것이 의존 역전 원칙이다.

의존 역전 원칙을 의역해 보면 다음과 같다.

"자신보다 변하기 쉬운 것에 의존하지 마라."

우리의 삶도 비슷하다. 우리가 의존하는 존재를 보면 우리 자신보다 변함없는 분들을 의지하게 된다. 우리보다 어린 사람이 아니라 우리보다 성숙하고 일관성 있는, 즉 요동치지 않는 분에게 의존하게 되는 것에 빗대어 생각해 보면 의존 역전 원칙의 장점을 조금은 느낄 수 있을 것이다. 인간보다는 신을, 아이보다는 어른을, 부하 직원보다는 상사에게 의지하게 되는데 바로 신이 인간보다, 어른이 아이보다, 상사가 부하 직원보다 변할 가능성이 적기 때문이다.

상위 클래스일수록, 인터페이스일수록, 추상 클래스일수록 변하지 않을 가능성이 높기에 하위 클래스나 구체 클래스가 아닌 상위 클래스, 인터페이스, 추상 클래스를 통해 의존하라는 것이 바로 의존 역전 원칙이다.

의존 역전 원칙을 적용한 대표적인 사례는 이전에 개방 폐쇄 원칙(OCP)에서 설명했던 JDBC에서도 확인할 수 있다. 그림 5-6과 그림 5-7, 그림 5-9에 숨어있는 의존 역전 원칙을 찾아보는 것은 독자의 몫으로 남기겠다.

## 정리 – 객체 지향 세계와 SOLID

SOLID는 객체 지향을 올바르게 프로그램에 녹여내기 위한 원칙이다. SOLID는 갑자기 하늘에서 떨어진 것이 아니라 객체 지향 4대 특성을 제대로 활용한 결과로 당연히 나타나는 것이다. 따라서 객체 지향 4대 특성을 제대로 이해해야 SOLID 를 제대로 이해하고 활용할 수 있음을 기억하자.

SOLID를 이야기할 때 빼놓을 수 없는 것이 SoC다. SoC는 관심사의 분리(Separation Of Concerns)의 머리글자다. 관심이 같은 것끼리는 하나의 객체 안으로 또는 친한 객체로 모으고, 관심이 다른 것은 가능한 한 따로 떨어져 서로 영향을 주지 않도록 분리하라는 것이다. 하나의 속성, 하나의 메서드, 하나의 클래스, 하나의 모듈, 또는 하나의 패키지에는 하나의 관심사만 들어 있어야 한다는 것이 SoC다. 관심사가 다르고 변화의 시기가 다르면 분리해야 한다는 것이다. SoC를 적용하면 자연스럽게 단일 책임 원칙(SRP), 인터페이스 분리 원칙(ISP), 개방 폐쇄 원칙(OCP)에 도달하게 된다. 스프링 또한 SoC를 통해 SOLID를 극한까지 적용하고 있다.

SOLID의 각 원칙은 한글화된 이름을 쓰기도 하지만 거의 대부분의 개발자는 약어를 이용해 대화하니 약어와 한글화된 이름을 개념과 함께 이해해 둬야 한다.

- SRP(단일 책임 원칙): 어떤 클래스를 변경해야 하는 이유는 오직 하나뿐이어야 한다.

- OCP(개방 폐쇄 원칙): 자신의 확장에는 열려 있고, 주변의 변화에 대해서는 닫혀 있어야 한다.

- LSP(리스코프 치환 원칙): 서브 타입은 언제나 자신의 기반 타입으로 교체할 수 있어야 한다.

- ISP(인터페이스 분리 원칙): 클라이언트는 자신이 사용하지 않는 메서드에 의존 관계를 맺으면 안 된다.

- DIP(의존 역전 원칙): 자신보다 변하기 쉬운 것에 의존하지 마라.

SOLID 원칙을 적용하면 소스 파일의 개수는 더 많아지는 경향이 있다. 하지만 이렇게 많아진 파일이 논리를 더욱 잘 분할하고, 잘 표현하기에 이해하기 쉽고, 개발하기 쉬우며, 유지와 관리, 보수하기 쉬운 소스가 만들어진다. SOLID 원칙을 적용함으로써 얻는 혜택에 비하면 늘어나는 소스 파일 개수에 대한 부담은 충분히 감수하고도 남을 만하다.

객체 지향은 현실 세계를 모델링한다고 이야기했다. 여기서 두 가지를 생각해 볼 수 있다. 객체 지향 세계는 현실 세계 같아야 한다는 것이 하나이고, 또 다른 하나는 모델링을 통해 추상화됐다는 것이다. SOLID는 현실 세계 같아야 한다는 첫 번째 요건보다는 추상화됐다는 두 번째 요건에 초점을 맞추고 있다. 추상화된 객체 지향 세계에는 그에 맞는 법도가 있다.

레너드 서스킨드(Leonard Susskind)라고 하는 물리학자는 상대성 이론, 양자 역학, 블랙홀, 끈 이론 등 현대 물리학의 연구를 이해하기 위해서는 신경망의 재배선이 필요하다고 『블랙홀 전쟁』(사이언스북스)이라는 책에서 역설하고 있다. 객체 지향을 다루는 ICT 인력도 객체 지향 시스템을 설계, 구현하기 위해 어느 정도의 신경망 재배선이 필요하다. 객체 지향의 특성과 설계 원칙, 그리고 이후에 다룰 디자인 패턴에 대한 이해는 스프링 프레임워크를 이해하기 위해 반드시 필요한 것이다. 스프링 프레임워크 자체가 객체 지향의 특성, 설계 원칙, 디자인 패턴 위에 구현돼 있기 때문이다. 이 책을 읽는 독자들이 더 좋은 객체 지향 세계 구현을 위해 꼭 읽었으면 하는 책들을 추천하면서 이 장을 마치겠다.

- 『Head First Design Patterns』(한빛미디어, 2005)

- 『토비의 스프링 3.1』(에이콘출판, 2012)

- 『도메인 주도 설계란 무엇인가?』(인사이트, 2011)

- 『도메인 주도 설계』(위키북스, 2011)

**02** 자바와 절차적/
구조적 프로그래밍

**03** 자바와 객체 지향

**04** 자바가 확장한
객체 지향

**05** 객체 지향 설계
5원칙 – SOLID

**06** 스프링이 사랑한
디자인 패턴

01_ 어댑터 패턴(Adapter Pattern)
02_ 프록시 패턴(Proxy Pattern)
03_ 데코레이터 패턴(Decorator Pattern)
04_ 싱글턴 패턴(Singleton Pattern)
05_ 템플릿 메서드 패턴(Template Method Pattern)
06_ 팩터리 메서드 패턴(Factory Method Pattern)
07_ 전략 패턴(Strategy Pattern)
08_ 템플릿 콜백 패턴(Template Callback
Pattern – 견본/회신 패턴)
09_ 스프링이 사랑한 다른 패턴들

**07** 스프링 삼각형과
설정 정보

**A** 스프링 MVC를
이용한 자유
게시판 구축

**B** 자바 8 람다와
인터페이스
스펙 변화

앞서 객체 지향 4대 특성과 객체 지향 설계 5원칙을 학습했다. 이번에는 디자인 패턴이다. 5장에서 객체 지향 특성은 도구로, 설계 원칙은 도구를 올바르게 사용하는 방법으로 비유했다. 그렇다면 디자인 패턴은 무엇에 비유할 수 있을지 잠시 생각해 보자. 요리를 위한 도구가 있고, 도구를 올바르게 사용할 줄도 안다. 그렇다면 다음에 필요한 것은 바로 요리법, 즉 레시피다. 떡볶이를 만들 때 된장 넣지 말라는 법 없다. 김치찌개에 닭고기를 넣었다고 잡혀가지 않는다. 하지만 사람들은 떡볶이라면 어떤 맛이 나야 한다는 기대치가 있고 김치찌개라면 매콤하고 신맛이 돌면서 돼지고기나 참치가 들어가 있기를 기대한다. 하나의 요리에 대해 표준화된 요리법이 있듯이 프로그램을 작성하다 보면 비슷 비슷한 상황에 직면하게 되는 경우가 많은데, 그러한 상황에서 이전의 많은 개발자들이 고민하고 정제한 사실 상의 표준 설계 패턴이 있다. 바로 디자인 패턴이다. 디자인이라고 하면 미술에 관계된 것으로 많이 생각하지만 영어 사전에서 Design을 찾으면 설계라는 뜻으로 더 많이 사용되는 것을 볼 수 있다. 디자인 패턴은 이름에서부터 설계 패턴인 것이다. 표 6-1에 요리와 OOP를 비유한 내용을 정리했다.

| 요리 | 객체 지향 프로그래밍(OOP) |
|------|--------------------------|
| 요리도구 | 4대 원칙(캡! 상추다) |
| 요리도구 사용법 | 설계 원칙(SOLID) |
| 레시피 | 디자인 패턴 |

[표 6-1] 요리와 OOP 비교

디자인 패턴은 실제 개발 현장에서 비즈니스 요구 사항을 프로그래밍으로 처리하면서 만들어진 다양한 해결책 중에서 많은 사람들이 인정한 베스트 프랙티스를 정리한 것이다. 디자인 패턴은 당연히 객체 지향 특성과 설계 원칙을 기반으로 구현돼 있다.

스프링 역시 다양한 디자인 패턴을 활용하고 있는데 이번 장을 통해 스프링을 이해하는 데 크게 도움될 디자인 패턴들을 살펴보겠다.

스프링 프레임워크는 현재 그리고 앞으로도 가장 각광받을 것으로 여겨지는 개발 프레임워크다. 스프링 프레임워크를 사용해 본 후에 스프링이 없던 개발 방식으로 돌아가지 않겠다는 개발자들의 이야기를 들어보면 스프링이 개발자에게 제공하는 혜택이 얼마나 큰지 알 수 있다. 스프링 프레임워크를 설명하는 공식적인 정의는 다음과 같다.

"자바 엔터프라이즈 개발을 편하게 해주는 오픈소스 경량급 애플리케이션 프레임워크"

하지만 필자에게 스프링 프레임워크를 정의해 보라고 하면 다음과 같이 말하곤 한다.

"OOP 프레임워크"

스프링은 객체 지향의 특성과 설계 원칙을 극한까지 적용한 프레임워크이기에 스프링을 공부하다 보면 자연스럽게 객체 지향 설계의 베스트 프랙티스, 즉 디자인 패턴을 만날 수 있다. 따라서 스프링에서 시작해 객체 지향으로 향하는 하향식(Top-Down) 학습이든, 객체 지향에서 시작해 스프링으로 향하는 상향식(Bottom-Up) 학습이든 스프링을 꼭 만나보길 권한다.

이제부터 스프링을 이해하기 위해 스프링이 사랑한 디자인 패턴을 간단한 예제를 통해 살펴보겠다. 패턴을 쉽게 이해하기 위해 패턴 이름을 한글로 번역해 두긴 했지만 실무에서는 영문 이름으로 사용하니 각 패턴을 이해했다면 꼭 영문 이름으로 기억해 두자.

디자인 패턴은 객체 지향의 특성 중 상속(extends), 인터페이스(interface/implements), 합성 (객체를 속성으로 사용)을 이용한다. 이 세 가지 방식 외에 다른 방식은 없다. 그러다 보니 여러 디자인 패턴이 비슷해 보일 수 있으니 집중해서 살펴보자.

## 어댑터 패턴(Adapter Pattern)

어댑터를 번역하면 변환기(converter)라고 할 수 있다. 변환기의 역할은 서로 다른 두 인터페이스 사이에 통신이 가능하게 하는 것이다. 주변에서 가장 흔히 볼 수 있는 변환기로는 충전기가 있다. 휴대폰 충전기의 경우 휴대폰을 직접 전원 콘센트에 연결할 수 없기 때문에 충전기가 핸드폰과 전원 콘센트 사이에서 둘을 연결해주는 변환기의 역할을 수행해 준다.

데이터베이스 관련 프로그램을 작성해 본 독자라면 다양한 데이터베이스 시스템을 공통의 인터페이스인 ODBC 또는 JDBC를 이용해 조작할 수 있다는 사실을 알고 있을 것이다. 바로 ODBC/JDBC가 어댑터 패턴을 이용해 다양한 데이터베이스 시스템을 단일한 인터페이스로 조작할 수 있게 해주기 때문이다. 자바 언어의 구조를 살펴보면서 플랫폼별 JRE에 대해 학습했었는데 이 또한 어댑터 패턴이라고 할 수 있다.

JDBC와 JRE는 5장의 SOLID에서 개방 폐쇄 원칙(OCP)를 설명할 때도 예로 들었던 내용이다. 결국 어댑터 패턴은 개방 폐쇄 원칙을 활용한 설계 패턴이라고 할 수 있다. JDBC와 JRE가 어댑터의 역할을 수행하고 있는 것이다.

예제 코드를 통해 어댑터 패턴을 이해해 보자. 먼저 어댑터 패턴이 적용되지 않은 코드다.

**[예제 6-1] ServiceA.java**

```
1  package adapterPattern;
2
3  public class ServiceA {
4    void runServiceA() {
5      System.out.println("ServiceA");
6    }
7  }
```

**[예제 6-2] ServiceB.java**

```
1  package adapterPattern;
2
3  public class ServiceB {
4    void runServiceB() {
5      System.out.println("ServiceB");
6    }
7  }
```

**[예제 6-3] ClientWithNoAdapter.java**

```
1   package adapterPattern;
2
3   public class ClientWithNoAdapter {
4     public static void main(String[] args) {
5       ServiceA sa1 = new ServiceA();
6       ServiceB sb1 = new ServiceB();
7
8       sa1.runServiceA();
9       sb1.runServiceB();
10    }
11  }
```

main() 메서드를 살펴보면 sa1 참조 변수와 sb1 참조 변수를 통해 호출하는 각 메서드가 비슷한 일을 하지만 메서드명이 다른 것을 8번째와 9번째 라인에서 볼 수 있다. 이해를 돕기 위해 그림 6-1의 시퀀스(sequence, 순차, 순서) 다이어그램을 살펴보자.

 Amateras UML 배포 사이트(http://sourceforge.jp/projects/amateras/releases/)에서 AmaterasUML.zip 파일을 내려받아 압축한 jar 파일들을 STS의 plugin 폴더에 복사하고, STS를 재실행하면 배포한 소스 내의 클래스 다이어 그램(cld 확장자)과 시퀀스 다이어그램(sqd 확장자)을 STS GUI 환경에서 볼 수 있다.

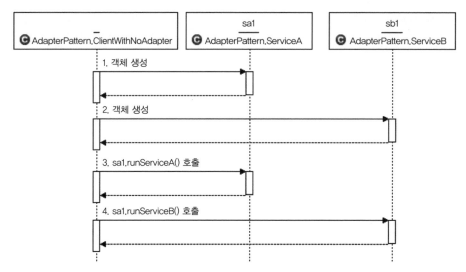

[그림 6-1] 어댑터 패턴을 적용하기 전의 시퀀스 다이어그램

이제 어댑터 패턴을 적용해 메서드명을 통일해 보자. ServiceA에 대한 변환기와 ServiceB에 대한 변환기를 예제 6-4와 예제 6-5처럼 추가한다.

[예제 6-4] ServiceA를 위한 변환기 AdapterServicA.java

```
1  package adapterPattern;
2
3  public class AdapterServicA {
4    ServiceA sa1 = new ServiceA();
5
6    void runService() {
```

```
7      sa1.runServiceA();
8    }
9  }
```

---

**[예제 6-5] ServiceB를 위한 변환기 AdapterServicB.java**

```
1  package adapterPattern;
2
3  public class AdapterServicB {
4    ServiceB sb1 = new ServiceB();
5
6    void runService() {
7      sb1.runServiceB();
8    }
9  }
```

---

예제 6-4와 예제 6-5는 기존의 ServiceA와 ServiceB의 메서드를 runService()라고 하는 같은 이름의 메서드로 호출해서 사용할 수 있게 해주는 변환기다. 이제 ClientWithAdapter라는 클래스를 추가하고 main() 메서드에서 이 변환기들을 사용해 보자.

**[예제 6-6] 어댑터 패턴을 사용하는 ClientWithAdapter.java**

```
1  package adapterPattern;
2
3  public class ClientWithAdapter {
4    public static void main(String[] args) {
5      AdapterServicA asa1 = new AdapterServicA();
6      AdapterServicB asb1 = new AdapterServicB();
7
8      asa1.runService();
9      asb1.runService();
10   }
11 }
```

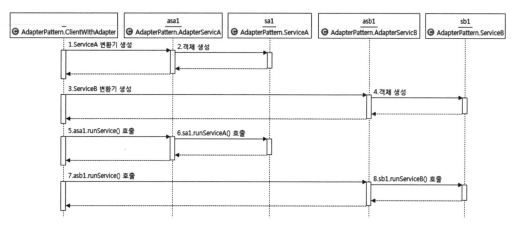

[그림 6-2] 어댑터 패턴을 적용한 후의 시퀀스 다이어그램

클라이언트(ClientWithAdapter)가 변환기를 통해 runService()라는 동일한 메서드명으로 두 객체의 메서드를 호출하는 것을 볼 수 있다. 변환기들이 인터페이스를 구현하게 해서 더 개선할 수도 있지만 일단 여기서 멈추겠다.

어댑터 패턴은 합성, 즉 객체를 속성으로 만들어서 참조하는 디자인 패턴으로, 한 문장으로 정리하면 다음과 같다.

> "호출당하는 쪽의 메서드를 호출하는 쪽의 코드에 대응하도록 중간에 변환기를 통해 호출하는 패턴"

## 프록시 패턴(Proxy Pattern)

프록시는 대리자, 대변인이라는 뜻을 가진 단어다. 대리자/대변인이라고 하면 다른 누군가를 대신해 그 역할을 수행하는 존재를 말한다. 뉴스에는 항상 청와대 대변인, 백악관 대변인 등등 다양한 대변인이 등장한다. 디자인 패턴에서도 이렇게 대리자/대변인이 등장한다. 그림과 코드로 알아보자. 먼저 대리자를 사용하지 않고 직접 호출하는 구조를 살펴보자.

[그림 6-3] 프록시 패턴을 적용하기 전 클래스 다이어그램

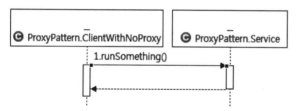

**[그림 6-4]** 프록시 패턴을 적용하기 전 시퀀스 다이어그램

그림 6-3과 그림 6-4에서는 ClientWithNoProxy가 Service 객체의 runSomething() 메서드를 직접 호출하는 것을 볼 수 있다. 예제 6-7과 예제 6-8도 살펴보자.

**[예제 6-7]** Service.java

```
1   package proxyPattern;
2
3   public class Service {
4     public String runSomething() {
5       return "서비스 짱!!!";
6     }
7   }
```

**[예제 6-8]** 프록시 패턴을 적용하지 않은 ClientWithNoProxy.java

```
1   package proxyPattern;
2
3   public class ClientWithNoProxy {
4     public static void main(String[] args) {
5       // 프록시를 이용하지 않은 호출
6       Service service = new Service();
7       System.out.println(service.runSomething());
8     }
9   }
```

이번에는 프록시 패턴이 적용된 경우를 살펴보자. 프록시 패턴의 경우 실제 서비스 객체가 가진 메서드와 같은 이름의 메서드를 사용하는데, 이를 위해 인터페이스를 사용한다. 인터페이스를 사용하면 서비스 객체가 들어갈 자리에 대리자 객체를 대신 투입해 클라이언트 쪽에서는 실제 서비스 객체를 통해 메서드를 호출하고 반환값을 받는지, 대리자 객체를 통해 메서드를 호출하고 반환값을 받는지 전혀 모르게 처리할 수도 있다.

프록시 패턴을 이용한 경우의 클래스 다이어그램과 시퀀스 다이어그램인 그림 6-5와 그림 6-6을 살펴보자.

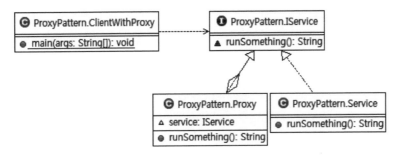

[그림 6-5] 프록시 패턴을 적용한 후 클래스 다이어그램

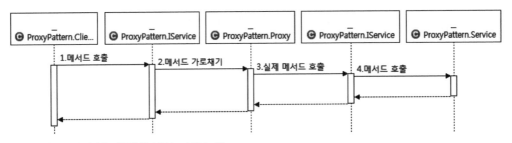

[그림 6-6] 프록시 패턴을 적용한 후 시퀀스 다이어그램

그림 6-5와 그림 6-6에서 IService는 인터페이스다. 코드를 통해 프록시 패턴의 구성을 살펴보자.

[예제 6-9] IService.java

```
1  package proxyPattern;
2
3  public interface IService {
4      String runSomething();
5  }
```

[예제 6-10] IService 인터페이스를 구현한 Service.java

```
1  package proxyPattern;
2
3  public class Service implements IService {
4    public String runSomething() {
5      return "서비스 짱!!!";
6    }
7  }
```

[예제 6-11] IService 인터페이스를 구현한 Proxy.java

```
1  package proxyPattern;
2
3  public class Proxy implements IService {
4    IService service1;
5
6    public String runSomething() {
7      System.out.println("호출에 대한 흐름 제어가 주목적, 반환 결과를 그대로 전달");
8
9      service1 = new Service();
10     return service1.runSomething();
11   }
12 }
```

[예제 6-12] 프록시를 사용하는 ClientWithProxy.java

```
1  package proxyPattern;
2
3  public class ClientWithProxy {
4    public static void main(String[] args) {
5      // 프록시를 이용한 호출
6      IService proxy = new Proxy();
7      System.out.println(proxy.runSomething());
8    }
9  }
```

간단한 코드이니 결과를 따로 표시하지는 않겠다. 이번에는 프록시 패턴의 중요 포인트를 짚어 보자.

- 대리자는 실제 서비스와 같은 이름의 메서드를 구현한다. 이때 인터페이스를 사용한다.

- 대리자는 실제 서비스에 대한 참조 변수를 갖는다(합성).

- 대리자는 실제 서비스의 같은 이름을 가진 메서드를 호출하고 그 값을 클라이언트에게 돌려준다.

- 대리자는 실제 서비스의 메서드 호출 전후에 별도의 로직을 수행할 수도 있다.

여기서 대리자/대변인이라는 이름에 주목해 보자. 청와대 대변인, 백악관 대변인은 해당 기관의 입장을 대변할 뿐 그 입장에 자신의 입장을 가감하지 않는다. 프록시 패턴이 실제 서비스 메서드의 반환값에 가감하지 않는다는 것이 이름에서 딱 느껴지지 않는가? 프록시 패턴은 실제 서비스 메서드의 반환값에 가감하는 것을 목적으로 하지 않고 제어의 흐름을 변경하거나 다른 로직을 수행하기 위해 사용한다. 프록시 패턴을 한 문장으로 정리해 보자.

"제어 흐름을 조정하기 위한 목적으로 중간에 대리자를 두는 패턴"

위의 예제에서 Service와 Proxy 그리고 IService 사이의 구조를 살펴보자. 개방 폐쇄 원칙(OCP)에서 예로 들었던 마티즈와 쏘나타 그리고 자동차가 생각날 것이다. 또한 인터페이스를 중간에 두고 스노우타이어와 일반타이어, 광폭타이어를 서로 교체해 주어도 영향받지 않았던 자동차를 예로 들었던 의존 역전 원칙(DIP)도 생각이 날 것이다. 예제에서 살펴본 프록시 패턴이 개방 폐쇄 원칙과 의존 역전 원칙이 적용된 설계 패턴이기 때문이다.

## 데코레이터 패턴(Decorator Pattern)

데코레이터는 도장/도배업자를 의미한다. 여기서는 장식자라는 뜻을 가지고 논리를 풀어 보자. 데코레이터 패턴이 원본에 장식을 더하는 패턴이라는 것이 이름에 잘 드러나 있다. 데코레이터 패턴은 프록시 패턴과 구현 방법이 같다. 다만 프록시 패턴은 클라이언트가 최종적으로 돌려 받는 반환값을 조작하지 않고 그대로 전달하는 반면 데코레이터 패턴은 클라이언트가 받는 반환값에 장식을 덧입힌다.

| 프록시 패턴 | 제어의 흐름을 변경하거나 별도의 로직 처리를 목적으로 한다. |
| | 클라이언트가 받는 반환값을 특별한 경우가 아니면 변경하지 않는다. |
| 데코레이터 패턴 | 클라이언트가 받는 반환값에 장식을 더한다. |

[표 6-2] 프록시 패턴과 데코레이터 패턴 비교

프록시 패턴과 데코레이터 패턴은 클래스 다이어그램과 시퀀스 다이어그램이 서로 같으니 프록시 패턴의 두 다이어그램을 참조하고 여기서는 코드만 살펴보자.

[예제 6-13] IService.java

```
1  package decoratorPattern;
2
3  public interface IService {
4    public abstract String runSomething();
5  }
```

[예제 6-14] IService 인터페이스를 구현한 Service.java

```
1  package decoratorPattern;
2
3  public class Service implements IService {
4    public String runSomething() {
5      return "서비스 짱!!!";
6    }
7  }
```

[예제 6-15] IService 인터페이스를 구현한 Decorator.java

```
1  package decoratorPattern;
2
3  public class Decoreator implements IService {
4    IService service;
5
6    public String runSomething() {
7      System.out.println("호출에 대한 장식 주목적, 클라이언트에게 반환 결과에 장식을 더하여
전달");
8
```

```
 9      service = new Service();
10      return "정말" + service.runSomething();
11    }
12  }
```

[예제 6-16] 데코레이터를 사용하는 ClientWithDecorator.java

```
1  package decoratorPattern;
2
3  public class ClientWithDecolator  {
4    public static void main(String[] args) {
5      IService decoreator = new Decoreator();
6        System.out.println(decoreator.runSomething());
7    }
8  }
```

데코레이터 패턴의 중요 포인트를 짚어 보자. 반환값에 장식을 더한다는 것을 빼면 프록시 패턴과 동일하다.

- 장식자는 실제 서비스와 같은 이름의 메서드를 구현한다. 이때 인터페이스를 사용한다.

- 장식자는 실제 서비스에 대한 참조 변수를 갖는다(합성).

- 장식자는 실제 서비스의 같은 이름을 가진 메서드를 호출하고, 그 반환값에 장식을 더해 클라이언트에게 돌려준다.

- 장식자는 실제 서비스의 메서드 호출 전후에 별도의 로직을 수행할 수도 있다.

장식자라는 이름에서 느껴지듯 실제 서비스의 반환 값을 예쁘게(?) 포장(장식)하는 패턴이 데코레이터 패턴임을 기억하자. 마지막으로 데코레이터 패턴을 한 문장으로 정리하면 다음과 같다.

"메서드 호출의 반환값에 변화를 주기 위해 중간에 장식자를 두는 패턴"

데코레이터 패턴이 프록시 패턴과 동일한 구조를 갖기에 데코레이터 패턴도 개방 폐쇄 원칙(OCP)과 의존 역전 원칙(DIP)이 적용된 설계 패턴임을 알 수 있다.

# 싱글턴 패턴(Singleton Pattern)

싱글턴 패턴이란 인스턴스를 하나만 만들어 사용하기 위한 패턴이다. 커넥션 풀, 스레드 풀, 디바이스 설정 객체 등과 같은 경우 인스턴스를 여러 개 만들게 되면 불필요한 자원을 사용하게 되고, 또 프로그램이 예상치 못한 결과를 낳을 수 있다. 싱글턴 패턴은 오직 인스턴스를 하나만 만들고 그것을 계속해서 재사용한다.

싱글턴 패턴을 적용할 경우 의미상 두 개의 객체가 존재할 수 없다. 이를 구현하려면 객체 생성을 위한 new에 제약을 걸어야 하고, 만들어진 단일 객체를 반환할 수 있는 메서드가 필요하다. 따라서 필요한 요소를 생각해 보면 다음 세 가지가 반드시 필요하다.

- new를 실행할 수 없도록 생성자에 private 접근 제어자를 지정한다.
- 유일한 단일 객체를 반환할 수 있는 정적 메서드가 필요하다.
- 유일한 단일 객체를 참조할 정적 참조 변수가 필요하다.

코드를 보면서 이해해 보자.

[예제 6-17] Singleton.java

```
 1  package singletonPattern;
 2
 3  public class Singleton {
 4    static Singleton singletonObject; // 정적 참조 변수
 5
 6    private Singleton() { }; // private 생성자
 7
 8    // 객체 반환 정적 메서드
 9    public static Singleton getInstance() {
10      if (singletonObject == null) {
11        singletonObject = new Singleton();
12      }
13
14      return singletonObject;
15    }
16  }
```

예제 6-17의 4번째 줄에 단일 객체를 저장하기 위한 정적 참조 변수가 보인다. 6번째 줄에는 new를 통해 객체를 생성할 수 없도록 생성자에 private을 지정했다. 8에서 15번째 줄까지는 단일 객체를 반환하기 위한 getInstance() 정적 메서드가 보인다.

getInstance() 정적 메서드를 보면 정적 참조 변수에 객체가 할당돼 있지 않은 경우에만 new를 통해 객체를 만들고 정적 참조 변수에 할당한다. 그리고 정적 참조 변수에 할당돼 있는 유일한 객체의 참조를 반환한다. 이를 사용하는 테스트 코드를 만들어 보자.

[예제 6-18] Client.java

```
1    package singletonPattern;
2
3    public class Client {
4      public static void main(String[] args) {
5        // private 생성자이므로 new를 통해 인스턴스를 생성할 수 없다.
6        // Singleton s = new Singleton();
7
8        Singleton s1 = Singleton.getInstance();
9        Singleton s2 = Singleton.getInstance();
10       Singleton s3 = Singleton.getInstance();
11
12       System.out.println(s1);
13       System.out.println(s2);
14       System.out.println(s3);
15
16       s1 = null;
17       s2 = null;
18       s3 = null;
19     }
20   }
```

6번째 줄의 주석을 풀면 바로 에러가 나는 것을 확인할 수 있다. private 생성자이기에 Singleton 외부에서 new를 이용해 객체를 생성할 수 없기 때문이다. 주석을 풀었을 때 표시되는 에러 메시지는 다음과 같다.

The constructor Singleton() is not visible

16번째 줄을 실행하기 직전의 T 메모리 스냅샷을 살펴보자.

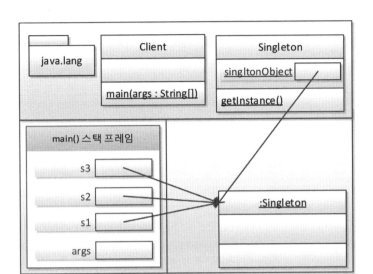

[그림 6-7] 16번째 줄을 실행하기 전 T 메모리

4개의 참조 변수(singltonObject, s1, s2, s3)가 하나의 단일 객체를 참조하는 것을 볼 수 있다. 이 것이 바로 싱글턴 패턴의 힘이다. 단일 객체인 경우 결국 공유 객체로 사용되기 때문에 속성을 갖지 않게 하는 것이 정석이다. 단일 객체가 속성을 갖게 되면 하나의 참조 변수가 변경한 단일 객체의 속성이 다른 참조 변수에 영향을 미치기 때문이다. 이는 전역/공유 변수를 가능한 한 사용하지 말라는 지침과 일맥상통한다. 다만 읽기 전용 속성을 갖는 것은 문제가 되지 않는다. 이와 더불어 단일 객체가 다른 단일 객체에 대한 참조를 속성으로 가진 것 또한 문제가 되지 않는다. 이는 나중에 학습하게 될 스프링의 싱글턴 빈이 가져야 할 제약조건이기도 하다.

위 코드를 실행해 보면 다음과 같은 결과를 얻을 수 있다.

```
SingletonPattern.Singleton@263c8db9
SingletonPattern.Singleton@263c8db9
SingletonPattern.Singleton@263c8db9
```

객체 참조 변수 자체를 System.out.println을 통해 출력하면 참조하고 있는 객체의 toString() 메서드가 호출된다. toString() 메서드를 별도로 오버라이딩하지 않았다면 객체의 고유 값인 hashcode

를 반환하게 되는데, 호출할 때마다 같은 값을 출력하는 것을 볼 수 있다. 이는 3개의 참조 변수인 s1, s2, s3가 동일한 객체를 참조한다는 것을 의미한다.

기억해 둘 싱글턴 패턴의 특징은 다음과 같다.

- private 생성자를 갖는다.

- 단일 객체 참조 변수를 정적 속성으로 갖는다.

- 단일 객체 참조 변수가 참조하는 단일 객체를 반환하는 getInstance() 정적 메서드를 갖는다.

- 단일 객체는 쓰기 가능한 속성을 갖지 않는 것이 정석이다.

싱글턴 패턴을 한 문장으로 정리해 보자.

*"클래스의 인스턴스, 즉 객체를 하나만 만들어 사용하는 패턴"*

## 템플릿 메서드 패턴(Template Method Pattern)

볼트라고 하는 이름의 강아지와 키티라는 이름의 고양이를 키운다고 상상해 보자. 볼트, 키티와 함께 재미있는 시간을 보내는 세계를 프로그램으로 표현한다면 다음과 같은 2개의 클래스가 필요할 것이다.

[예제 6-19] Dog.java

```
1  public class Dog {
2    public void playWithOwner() {
3      System.out.println("귀염둥이 이리온…");
4      System.out.println("멍! 멍!");
5      System.out.println("꼬리 살랑 살랑~");
6      System.out.println("잘했어");
7    }
8  }
```

```
1  public class Cat {
2    public void playWithOwner() {
3      System.out.println("귀염둥이 이리온...");
4      System.out.println("야옹~ 야옹~");
5      System.out.println("꼬리 살랑 살랑~");
6      System.out.println("잘했어");
7    }
8  }
```

예제 6-19와 예제 6-20 안에 있는 playWithOwner() 메서드를 보면 4번째 줄만 빼고는 모두 동일한 것을 볼 수 있다. 코드를 보고 있으면 객체 지향의 4대 특성 가운데 상속을 통해 동일한 부분(중복)은 상위 클래스로, 달라지는 부분만 하위 클래스로 분할하고 싶은 객체 지향 설계에 대한 욕구가 자극될 것이다. 이에 따라 코드를 개선해 보자.

```
1  package templateMethodPattern;
2
3  public abstract class Animal {
4    // 템플릿 메서드
5    public void playWithOwner() {
6      System.out.println("귀염둥이 이리온...");
7      play();
8      runSomething();
9      System.out.println("잘했어");
10   }
11
12   // 추상 메서드
13   abstract void play();
14
15   // Hook(갈고리) 메서드
16   void runSomething() {
17     System.out.println("꼬리 살랑 살랑~");
18   }
19  }
```

[예제 6-22] 하위 클래스를 포함하는 Dog.java

```java
1   package templateMethodPattern;
2
3   public class Dog extends Animal {
4     @Override
5     // 추상 메서드 오버라이딩
6     void play() {
7       System.out.println("멍! 멍!");
8     }
9
10    @Override
11    // Hook(갈고리) 메서드 오버라이딩
12    void runSomething() {
13      System.out.println("멍! 멍!~ 꼬리 살랑 살랑~");
14    }
15  }
```

[예제 6-23] 하위 클래스를 포함하는 Cat.java

```java
1   package templateMethodPattern;
2
3   public class Cat extends Animal {
4     @Override
5     // 추상 메서드 오버라이딩
6     void play() {
7       System.out.println("야옹~ 야옹~");
8     }
9
10    @Override
11    // Hook(갈고리) 메서드 오버라이딩
12    void runSomething() {
13      System.out.println("야옹~ 야옹~ 꼬리 살랑 살랑~");
14    }
15  }
```

[예제 6-24] Driver.java

```
1   package templateMethodPattern;
2
3   public class Driver {
4     public static void main(String[] args) {
5       Animal bolt = new Dog();
6       Animal kitty = new Cat();
7
8       bolt.playWithOwner();
9
10      System.out.println();
11      System.out.println();
12
13      kitty.playWithOwner();
14    }
15  }
```

상위 클래스인 Animal에는 템플릿(견본)을 제공하는 playWithOwner() 메서드와 하위 클래스에게 구현을 강제하는 play() 추상 메서드, 하위 클래스가 선택적으로 오버라이딩할 수 있는 runSomething() 메서드가 있다. 하위 클래스인 Dog과 Cat은 상위 클래스인 Animal에서 구현을 강제하고 있는 play() 추상 메서드를 반드시 구현해야 한다. runSomething() 메서드는 선택적으로 오버라이딩할 수 있다. 이처럼 상위 클래스에 공통 로직을 수행하는 템플릿 메서드와 하위 클래스에 오버라이딩을 강제하는 추상 메서드 또는 선택적으로 오버라이딩할 수 있는 훅(Hook) 메서드를 두는 패턴을 템플릿 메서드 패턴이라고 한다. 이를 클래스 다이어그램과 시퀀스 다이어그램으로 이해해 보자.

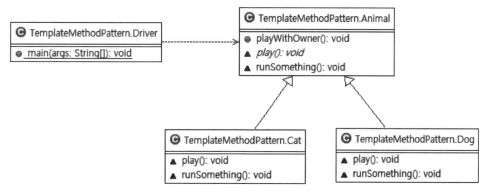

[그림 6-8] 템플릿 메서드 패턴의 클래스 다이어그램

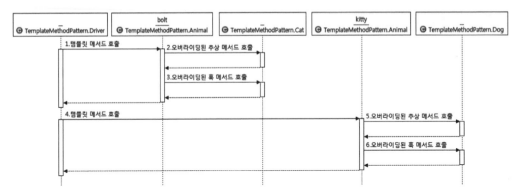

**[그림 6-9]** 템플릿 메서드 패턴의 시퀀스 다이어그램

다시 표 6-3으로 템플릿 메서드 패턴을 정리해 보자.

| 템플릿 메서드 패턴의 구성 요소 | 상위 클래스<br>Animal | 하위 클래스<br>Dog / Cat |
|---|---|---|
| 템플릿 메서드<br>공통 로직을 수행. 로직 중에 하위 클래스에서 오버라이딩한 추상 메서드/훅 메서드를 호출 | playWithOwner() | |
| 템플릿 메서드에서 호출하는 추상 메서드<br>하위 클래스가 반드시 오버라이딩해야 한다. | play() | 오버라이딩 필수 |
| 템플릿 메서드에서 호출하는 훅(Hook, 갈고리) 메서드<br>하위 클래스가 선택적으로 오버라이딩한다. | runSomething() | 오버라이딩 선택 |

**[표 6-3]** 템플릿 메서드 패턴의 구성

템플릿 메서드 패턴을 한 문장으로 정리해 보자.

> "상위 클래스의 견본 메서드에서 하위 클래스가 오버라이딩한 메서드를 호출하는 패턴"

클래스 다이어그램을 보면 템플릿 메서드 패턴이 의존 역전 원칙(DIP)을 활용하고 있음을 알 수 있다.

# 팩터리 메서드 패턴(Factory Method Pattern)

팩터리는 공장을 의미한다. 공장은 물건을 생산하는데 객체 지향에서 팩터리는 객체를 생성한다. 결국 팩터리 메서드는 객체를 생성 반환하는 메서드를 말한다. 여기에 패턴이 붙으면 하위 클래스에서 팩터리 메서드를 오버라이딩해서 객체를 반환하게 하는 것을 의미한다. 방금 전에 살펴본 템플릿 메서드 패턴에서 귀여운 애완 동물들과 노는 코드를 작성해봤는데 여기에 상상력을 더해 보자. 볼트와 키티가 각자 가지고 놀고 싶어하는 장난감을 가져오는 모습을 상상해 보자. 볼트는 강아지 장난감을 물고 올 것이고 키티는 고양이 장난감을 물고 올 것이다. 이를 코드로 구현해 보자.

**[예제 6-25] 추상 클래스를 나타내는 Animal.java**

```
1  package factoryMethodPattern;
2
3  public abstract class Animal {
4    // 추상 팩터리 메서드
5    abstract AnimalToy getToy();
6  }
```

**[예제 6-26] 추상 클래스를 나타내는 AnimalToy.java**

```
1  package factoryMethodPattern;
2
3  // 팩터리 메서드가 생성할 객체의 상위 클래스
4  public abstract class AnimalToy {
5    abstract void identify();
6  }
```

**[예제 6-27] Dog.java**

```
1  package factoryMethodPattern;
2
3  public class Dog extends Animal {
4    // 추상 팩터리 메서드 오버라이딩
5    @Override
6    AnimalToy getToy(){
7      return new DogToy();
8    }
9  }
```

[예제 6-28] DogToy.java

```java
1  package factoryMethodPattern;
2
3  // 팩터리 메서드가 생성할 객체
4  public class DogToy extends AnimalToy {
5    public void identify() {
6      System.out.println("나는 테니스공! 강아지의 친구!");
7    }
8  }
```

[예제 6-29] Cat.java

```java
1  package factoryMethodPattern;
2
3  public class Cat extends Animal {
4    // 추상 팩터리 메서드 오버라이딩
5    @Override
6    AnimalToy getToy() {
7      return new CatToy();
8    }
9  }
```

[예제 6-30] CatToy.java

```java
1  package factoryMethodPattern;
2
3  // 팩터리 메서드가 생성할 객체
4  public class CatToy extends AnimalToy {
5    @Override
6    public void identify() {
7      System.out.println("나는 캣타워! 고양이의 친구!");
8    }
9  }
```

[예제 6-31] Driver.java

```
1  package factoryMethodPattern;
2
3  public class Driver {
4    public static void main(String[] args) {
5      // 팩터리 메서드를 보유한 객체들 생성
6      Animal bolt = new Dog();
7      Animal kitty = new Cat();
8
9      // 팩터리 메서드가 반환하는 객체들
10     AnimalToy boltBall = bolt.getToy();
11     AnimalToy kittyTower = kitty.getToy();
12
13     // 팩터리 메서드가 반환한 객체들을 사용
14     boltBall.identify();
15     kittyTower.identify();
16   }
17 }
```

클래스 다이어그램과 시퀀스 다이어그램을 살펴보자.

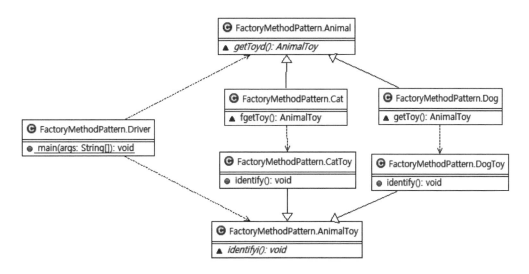

[그림 6-10] 팩터리 메서드 패턴의 클래스 다이어그램

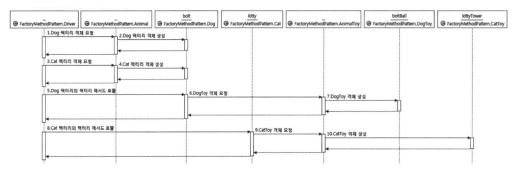

[그림 6-11] 팩터리 메서드 패턴의 시퀀스 다이어그램(별도로 제공된 이미지로 확인하길 바란다)

코드와 다이어그램은 나름 장황하지만 팩터리 메서드 패턴은 다음 문장만 기억하면 된다.

"오버라이드된 메서드가 객체를 반환하는 패턴"

클래스 다이어그램을 위와 아래 반반씩 유심히 살펴보면 팩터리 메서드 패턴이 의존 역전 원칙(DIP)
을 활용하고 있음을 알 수 있다.

## 전략 패턴(Strategy Pattern)

디자인 패턴의 꽃이라고 하는 전략 패턴을 알아보자. 전략 패턴을 구성하는 세 요소는 꼭 기억해 둬야
한다.

- 전략 메서드를 가진 전략 객체
- 전략 객체를 사용하는 컨텍스트(전략 객체의 사용자/소비자)
- 전략 객체를 생성해 컨텍스트에 주입하는 클라이언트(제3자, 전략 객체의 공급자)

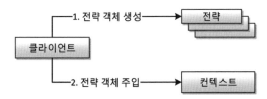

[그림 6-12] 전략 패턴의 개념도

클라이언트는 다양한 전략 중 하나를 선택해 생성한 후 컨텍스트에 주입한다.

군인이 있다고 상상해 보자. 그리고 그 군인이 사용할 무기가 있다고 하자. 보급 장교가 무기를 군인에게 지급해 주면 군인은 주어진 무기에 따라 전투를 수행하게 된다. 이 이야기를 전략 패턴에 따라 구분해 보면 무기는 전략이 되고, 군인은 컨텍스트, 보급 장교는 제3자, 즉 클라이언트가 된다. 이를 자바 코드로 구현해 보자. 먼저 다양한 전략을 공통된 방식으로 사용하기 위해 인터페이스를 정의한다.

**[예제 6-32] 전략 인터페이스를 나타내는 Strategy.java**

```java
1  package strategyPattern;
2
3  public interface Strategy  {
4    public abstract void runStrategy();
5  }
```

이제 다양한 전략, 즉 무기를 구현하자. 먼저 총이다.

**[예제 6-33] 전략 인터페이스를 구현하는 StrategyGun.java**

```java
1  package strategyPattern;
2
3  public class StrategyGun implements Strategy {
4    @Override
5    public void runStrategy() {
6      System.out.println("탕, 타당, 타다당");
7    }
8  }
```

이번에는 검이다.

**[예제 6-34] 전략 인터페이스를 구현하는 StrategySword.java**

```java
1  package strategyPattern;
2
3  public class StrategySword implements Strategy {
4    @Override
5    public void runStrategy() {
```

```
6        System.out.println("챙.. 채쟁챙 챙챙");
7    }
8  }
```

마지막으로 활까지 구현해 보자.

**[예제 6-35] 전략 인터페이스를 구현하는 StrategyBow.java**

```
1  package strategyPattern;
2
3  public class StrategyBow implements Strategy {
4    @Override
5    public void runStrategy() {
6      System.out.println("슝.. 쐐액.. 쉑, 최종 병기");
7    }
8  }
```

이번에는 무기(전략)를 사용할 군인(컨텍스트)을 구현하자.

**[예제 6-36] 전략을 사용하는 컨텍스트 Soldier.java**

```
1  package strategyPattern;
2
3  public class Soldier {
4    void runContext(Strategy strategy) {
5      System.out.println("전투 시작");
6      strategy.runStrategy();
7      System.out.println("전투 종료");
8    }
9  }
```

마지막으로 무기(전략)를 조달(생성)해서 군인(컨텍스트)에게 지급(주입)해 줄 보급 장교(클라이언트, 제3자)를 구현하자.

**[예제 6-37] 전략 패턴의 클라이언트 Client.java**

```
1  package strategyPattern;
2
```

```
 3  public class Client {
 4    public static void main(String[] args) {
 5      Strategy strategy = null;
 6      Soldier rambo = new Soldier();
 7
 8      // 총을 람보에게 전달해서 전투를 수행하게 한다.
 9      strategy = new StrategyGun();
10      rambo.runContext(strategy);
11
12      System.out.println();
13
14      // 검을 람보에게 전달해서 전투를 수행하게 한다.
15      strategy = new StrategySword();
16      rambo.runContext(strategy);
17
18      System.out.println();
19
20      // 활을 람보에게 전달해서 전투를 수행하게 한다.
21      strategy = new StrategyBow();
22      rambo.runContext(strategy);
23    }
24  }
```

실행 결과는 아래와 같다.

전투 시작
*탕, 타당, 타다당*
전투 종료

전투 시작
*챙.. 채쟁챙 챙챙*
전투 종료

전투 시작
*슝.. 쐐액.. 쎅, 최종 병기*
전투 종료

위 코드처럼 전략을 다양하게 변경하면서 컨텍스트를 실행할 수 있다. 전략 패턴은 이미 밝힌대로 디자인 패턴의 꽃이라고 할 정도로 다양한 곳에서 다양한 문제 상황의 해결책으로 사용된다. 그리고 혹시나 템플릿(견본) 메서드 패턴과 유사하다는 느낌이 든다면, 제대로 본 것이다. 같은 문제의 해결책으로 상속을 이용하는 템플릿 메서드 패턴과 객체 주입을 통한 전략 패턴 중에서 선택/적용할 수 있다.

단일 상속만이 가능한 자바 언어에서는 상속이라는 제한이 있는 템플릿 메서드 패턴보다는 전략 패턴이 더 많이 활용된다.

클래스 다이어그램과 시퀀스 다이어그램을 살펴보자.

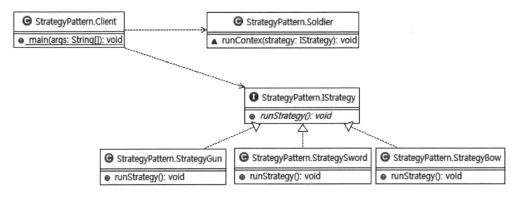

[그림 6-13] 전략 패턴의 클래스 다이어그램

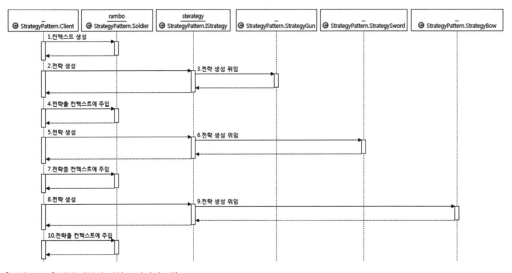

[그림 6-14] 전략 패턴의 시퀀스 다이어그램

전략 패턴을 한 문장으로 정리해 보자.

**"클라이언트가 전략을 생성해 전략을 실행할 컨텍스트에 주입하는 패턴"**

전략 패턴의 클래스 다이어그램을 보면 개방 폐쇄 원칙(OCP)과 의존 역전 원칙(DIP)이 적용된 것을 짐작할 수 있을 것이다.

## 템플릿 콜백 패턴(Template Callback Pattern – 견본/회신 패턴)

템플릿 콜백 패턴은 전략 패턴의 변형으로, 스프링의 3대 프로그래밍 모델 중 하나인 DI(의존성 주입)에서 사용하는 특별한 형태의 전략 패턴이다. DI는 바로 이어지는 7장을 통해 학습할 예정이다. 템플릿 콜백 패턴은 전략 패턴과 모든 것이 동일한데 전략을 익명 내부 클래스로 정의해서 사용한다는 특징이 있다. 앞에서 살펴본 전략 패턴 코드를 템플릿 콜백 패턴으로 바꿔보자. 익명 내부 클래스를 사용하기 때문에 StrategyGun.java, StrategySword.java, StrategyBow.java는 필요 없다.

[예제 6-38] 전략 인터페이스 Strategy.java

```
1  package templateCallbackPattern;
2
3  public interface Strategy {
4    public abstract void runStrategy();
5  }
```

[예제 6-39] 전략을 사용하는 컨텍스트 Soldier.java

```
1  package templateCallbackPattern;
2
3  public class Soldier {
4    void runContext(Strategy strategy) {
5      System.out.println("전투 시작");
6      strategy.runStrategy();
7      System.out.println("전투 종료");
8    }
9  }
```

```java
1   package templateCallbackPattern;
2
3   public class Client {
4     public static void main(String[] args) {
5       Soldier rambo = new Soldier();
6
7       rambo.runContext(new Strategy() {
8         @Override
9         public void runStrategy() {
10          System.out.println("총! 총초총총 총! 총!");
11        }
12      });
13
14      System.out.println();
15
16      rambo.runContext(new Strategy() {
17        @Override
18        public void runStrategy() {
19          System.out.println("칼! 카가갈 칼! 칼!");
20        }
21      });
22
23      System.out.println();
24
25      rambo.runContext(new Strategy() {
26        @Override
27        public void runStrategy() {
28          System.out.println("도끼! 독독..도도독 독끼!");
29        }
30      });
31    }
32  }
```

내부 클래스와 익명 내부 클래스에 대해서는 다른 자바 입문서를 통해 확실히 이해해 두자. 활 대신 도
끼를 쓴다는 것 외에 실행 결과는 기존 전략 패턴과 차이가 없다. 그런데 코드를 보면 많은 부분에서

중복된 코드가 보인다. 리팩터링에 대한 욕구가 활활 타오르지 않는가? 리팩터링된 코드를 보는 것으로 템플릿 콜백 패턴을 마무리해보자.

[예제 6-41] Strategy.java

```
1  package templateCallbackPatternRefactoring;
2
3  public interface Strategy {
4    public abstract void runStrategy();
5  }
```

인터페이스 코드는 동일하다.

[예제 6-42] Soldier.java

```
1  package templateCallbackPatternRefactoring;
2
3  public class Soldier {
4    void runContext(String weaponSound) {
5      System.out.println("전투 시작");
6      executeWeapon(weaponSound).runStrategy();
7      System.out.println("전투 종료");
8    }
9
10   private Strategy executeWeapon(final String weaponSound) {
11     return new Strategy() {
12       @Override
13       public void runStrategy() {
14         System.out.println(weaponSound);
15       }
16     };
17   }
18 }
```

전략을 생성하는 코드가 컨텍스트, 즉 군인 내부로 들어왔다.

```
 1  package templateCallbackPatternRefactoring;
 2
 3  public class Client {
 4    public static void main(String[] args) {
 5      Soldier rambo = new Soldier();
 6
 7      rambo.runContext("총! 총초종총 총! 총!");
 8
 9      System.out.println();
10
11      rambo.runContext("칼! 카가갈 칼! 칼!");
12
13      System.out.println();
14
15      rambo.runContext("도끼! 독독..도도독 독끼!");
16    }
17  }
```

클라이언트 코드가 상당히 깔끔해졌다. 중복되는 부분을 컨텍스트로 이관했기 때문이다. 스프링은 이런 형식으로 리팩터링된 템플릿 콜백 패턴을 DI에 적극 활용하고 있다. 따라서 스프링을 이해하고 활용하기 위해서는 전략 패턴과 템플릿 콜백 패턴, 리팩터링된 템플릿 콜백 패턴을 잘 기억해 두자. 마지막으로 템플릿 콜백 패턴을 한 문장으로 정리해 보자.

"전략을 익명 내부 클래스로 구현한 전략 패턴"

템플릿 콜백 패턴은 전략 패턴의 일종이므로 당연히 개방 폐쇄 원칙(OCP)과 의존 역전 원칙(DIP)이 적용된 설계 패턴이다.

## 스프링이 사랑한 다른 패턴들

지금까지 살펴본 8가지 패턴 말고도 스프링은 다양한 디자인 패턴을 활용하고 있다. 특히 스프링 MVC의 경우에는 프론트 컨트롤러 패턴(Front Controller Pattern; 최전선 제어자 패턴)과 MVC 패턴(Model – View – Controller)을 활용하고 있다. 이 두 가지 패턴은 부록 A "스프링 MVC를 이용한 게시판 만들기"를 통해 살펴볼 예정이다.

디자인 패턴은 이 책 한 권으로 이해하기에는 사실 부족함이 있다. 디자인 패턴만을 다룬 다양한 전문 서적이 나와 있으니 꼭 살펴보기 바란다.

**03** 자바와 객체 지향

**04** 자바가 확장한
객체 지향

**05** 객체 지향 설계
5원칙 – SOLID

**06** 스프링이 사랑한
디자인 패턴

**07** 스프링 삼각형과
설정 정보

01_ IoC/DI – 제어의 역전/의존성 주입
02_ AOP – Aspect? 관점? 핵심 관심사? 횡단 관심사
03_ PSA – 일관성 있는 서비스 추상화

**A** 스프링 MVC를
이용한 자유
게시판 구축

**B** 자바 8 람다와
인터페이스
스펙 변화

1장에서 스프링 삼각형과 설정 정보에 대해 잠시 언급한 적이 있다.

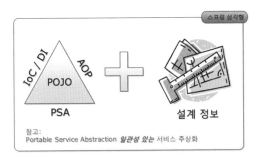

[그림 7-1] 스프링 삼각형과 설계 정보

스프링을 이해하는 데는 POJO(Plain Old Java Object)를 기반으로 스프링 삼각형이라는 애칭을 가진 IoC/DI, AOP, PSA라고 하는 스프링의 3대 프로그래밍 모델에 대한 이해가 필수다. 스프링 삼각형을 이해하지 않은 상태에서 스프링 프레임워크를 학습하는 것은 알파벳을 모르고 영어를 공부하는 것과 마찬가지다.

영어로 능숙하게 말하고 쓰고 읽기 위해서는 많은 시간과 노력을 투자해야 하지만 결국 영어로 말하고 쓰고 읽는 문장은 알파벳으로 구성된 것일 뿐이다. "I am a boy."를 멋지게 "아이 엠 어 보이."라고 읽을 수도 있지만 먼저는 "아이 에이 엠 에이 비 오 와이."라고 읽는 것에서 영어에 대한 기초가 시작된다. 이러한 알파벳은 일상뿐만 아니라 논문 등 특수 분야의 지식을 표현하는 데도 똑같이 사용된다.

스프링 프레임워크와 스프링 삼각형의 관계는 영어 문장과 알파벳의 관계와 같다고 할 수 있다. 스프링 프레임워크와 스프링 프레임워크를 활용한 다양한 부가 프레임워크는 무척이나 많고 거대해서 학습하기가 어려울 것 같지만, 먼저 스프링 삼각형을 이해하고 접근하면 또 그리 어려운 것만도 아니다. 스프링은 거대함 속에 단순함을 가지고 있는데 바로 그 단순함이 스프링 삼각형인 것이다. 결국 스프링 프레임워크는 스프링 삼각형의 조합으로 이해할 수 있는 것이다.

그럼 이제부터 수많은 사람들로부터 사랑과 지지를 아낌 없이 받고 있는 스프링 프레임워크를 학습하기 위한 기초 지식, 스프링 삼각형에 대해 알아보자.

# IoC/DI - 제어의 역전/의존성 주입

## 프로그래밍에서 의존성이란?

스프링의 IoC(Inversion of Control / 제어의 역전)라고도 하는 DI(Dependency Injection / 의존성 주입)를 알아보기 전에 프로그래밍에서 의존성이란 무엇인지 알아보자. 자바에서의 의존성은 또 무엇인지도 알아보자.

### 의사 코드

운전자가 자동차를 생산한다.
자동차는 내부적으로 타이어를 생산한다.

### 자바로 표현

```
new Car();
Car 객체 생성자에서 new Tire();
```

### 그리고 의존성을 단순하게 정의하면 다음과 같다.

의존성은 new다.
new를 실행하는 Car와 Tire 사이에서 **Car가 Tire에 의존한다.**

결론적으로 전체가 부분에 의존한다고 표현할 수 있다. 더 깊이 들어가면 의존하는 객체(전체)와 의존되는 객체(부분) 사이에 집합 관계(Aggregation)와 구성 관계(Composition)로 구분할 수도 있지만 지금은 그저 전체와 부분이라고 받아들이면 된다. 전체가 부분에 의존한다는 것과 "프로그래밍에서 의존 관계는 new로 표현된다!"를 기억하자.

**집합 관계: 부분이 전체와 다른 생명 주기를 가질 수 있다.**
예: 집 vs. 냉장고
**구성 관계: 부분은 전체와 같은 생명 주기를 갖는다.**
예: 사람 vs. 심장

먼저 스프링을 적용하지 않은 기존 방식으로 자바 코드를 작성해 보자. 그리고 점진적으로 스프링 Annotation 방식으로 변경해 보자. 프로그래머는 코드로 말한다고 했지만 먼저 UML을 통해 프로그램의 정적 구조인 클래스 다이어그램과 객체들이 실행 시 어떻게 통신하는지를 보여주는 동적 구조인 시퀀스 다이어그램을 먼저 살펴보자.

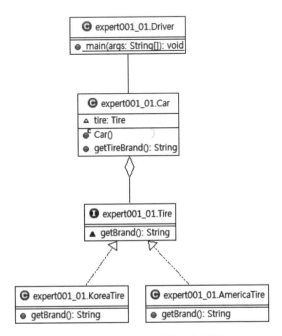

[그림 7-2] 클래스 다이어그램: 의존 관계를 직접 해결

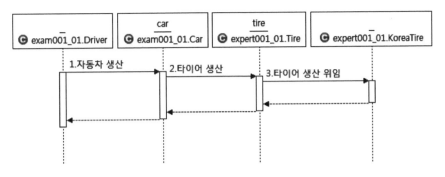

[그림 7-3] 시퀀스 다이어그램: 의존 관계를 직접 해결

그림 7-3의 시퀀스 다이어그램에서는 이해를 돕기 위해 메서드를 호출하는 부분은 의사 코드로 표현했다. 그림 7-3의 오른쪽 마지막의 KoreaTire는 AmericaTire로 교체 가능하다. 참고로 그림 7-3의 시퀀스 다이어그램에서 tire는 인터페이스로 표기해야 하는데 Amateras UML에서는 툴의 문제로 클래스처럼 보인다는 것에 주의하자.

이제 코드를 작성해 보자. STS의 File → New → Spring Project → Spring MVC Project를 선택하자. Project name에 ExpertSpring30을 입력하고 Next 버튼을 클릭하자.

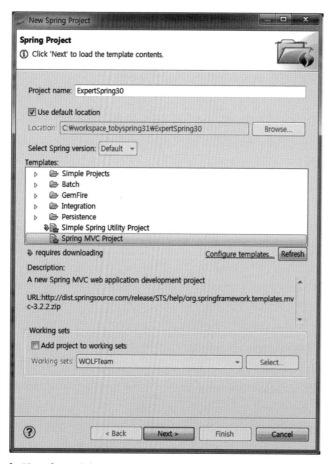

[그림 7-4] STS에서 Spring MVC Project 생성 1 단계

Please specify the top-level package e.g. com.mycompay.myapp*에 com.heaven.mvc를 입력한 후 Finish 버튼을 클릭해 스프링 MVC 프로젝트를 생성하자.

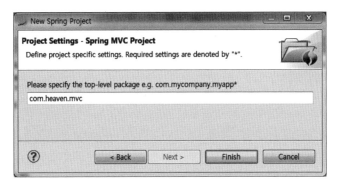

[그림 7-5] STS에서 Spring MVC Project 생성 2 단계

STS 좌측의 Package Explorer에서 src/main/java 밑에 expert001_01 패키지를 만들고 클래스로 Car.java, KoreaTire.java, AmericaTire.java, 인터페이스로 Tire.java, 그리고 이를 테스트해볼 수 있는 Driver.java를 작성하자.

먼저 인터페이스인 Tire.java를 작성하자.

[예제 7-1] Tire.java

```java
package expert001_01;


interface Tire {
  String getBrand();
}
```

이어서 Tire 인터페이스를 구현한 KoreaTire.java와 AmericaTire.java를 작성하자.

[예제 7-2] KoreaTire.java

```java
package expert001_01;

public class KoreaTire implements Tire {
  public String getBrand() {
    return "코리아 타이어";
  }
}
```

```
package expert001_01;

public class AmericaTire implements Tire {
  public String getBrand() {
    return "미국 타이어";
  }
}
```

Tire를 생산(new)하고 사용할 Car.java를 작성하자.

```
package expert001_01;

public class Car {
  Tire tire;

  public Car() {
    tire = new KoreaTire();
    // tire = new AmericaTire();
  }

  public String getTireBrand() {
    return "장착된 타이어: " + tire.getBrand();
  }
}
```

마지막으로 만들어진 코드를 테스트해 볼 Driver.java를 작성하자.

```
package expert001_01;

public class Driver {
  public static void main(String[] args) {
    Car car = new Car();
```

```
        System.out.println(car.getTireBrand());
    }
}
```

여기서 주의 깊게 볼 부분은 Car.java의 new KoreaTire() 부분이다. 바로 자동차가 타이어를 생산 (new)하는 부분, 즉 의존 관계가 일어나고 있는 부분이다.

new KoreaTire() – 타이어 생산

ExpertSpring30 프로젝트를 그대로 따라왔다면 STS 상의 Package Explorer에 보이는 구조는 그림 7-6과 같을 것이다.

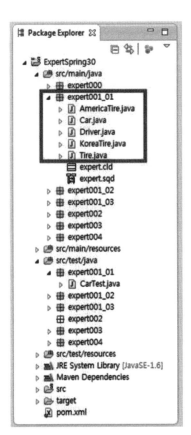

[그림 7-6] STS의 Package Explorer

src/test/java 폴더의 expert001_01 패키지에 JUnit Test 클래스가 보이는데 작성된 내용은 예제 7-6과 같다.

[예제 7-6] CarTest.java

```java
package expert001_01;

import static org.junit.Assert.*;

import org.junit.Test;

public class CarTest {
  @Test
  public void 자동차_장착_타이어브랜드_테스트() {
    Car car = new Car();

    assertEquals("장착된 타이어: 코리아 타이어", car.getTireBrand());
  }
}
```

테스트 메서드명이 한글이다. 실제 배포용 코드를 포함한 src/main/java 폴더의 소스에는 한글로 된 메서드명을 권장하지 않지만 배포하지 않는 테스트 코드를 포함한 src/test/java 폴더에서는 영어보다는 위와 같이 한글로 정확히 무슨 테스트를 하고 있는지 적어주는 것을 권장한다. 한글로 작성하는 경우 영어보다 더 직관적으로 어떤 테스트를 하고 있는지 알 수 있기 때문이다.

다음으로 src/main/java/expert001_01/Driver.java에 마우스 오른쪽 버튼을 클릭한 후 메뉴에서 Run As → Java Application을 선택한다.

[그림 7-7] Run As → Java Application을 실행한 결과

오타가 없다면 그림 7-7과 같은 결과 화면이 STS Console 창에 보일 것이다. JUnit Test 클래스도 작성했으니 한번 실행해 보자. src/test/java/expert001_01/CarTest.java에 마우스 오른쪽 버튼을 클릭한 후 메뉴에서 Run as → JUnit Test를 선택한다.

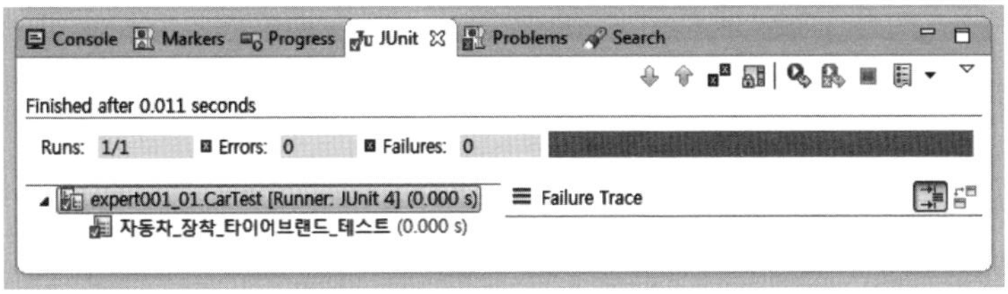

[**그림 7-8**] Run as → JUnit Test 실행 결과

그럼 STS JUnit 창에서 테스트 성공을 의미하는 예쁜 초록 막대를 볼 수 있다.

지금까지 설명하고 작업한 내용을 한번 정리해 보자.

> 자동차는 타이어에 의존한다.
>
> 운전자는 자동차를 사용한다.
>
> 운전자가 자동차에 의존한다고 봐도 된다.
>
> 자동차의 생성자 코드에서 tire 속성에 새로운 타이어를 생성해서 참조할 수 있게 해주었다.

지금까지 작성한 코드와 바로 위 박스의 내용을 천천히 비교해 보는 것은 독자의 몫으로 남기겠다. 여기서는 의존이 일어나고 있는 두 객체 사이에 직접 의존성을 해결하는 코드를 작성해 봤다. 다음 절에서는 의존성을 주입하는 코드를 작성해 보겠다.

참고로 STS 전체 화면은 그림 7-9와 같다.

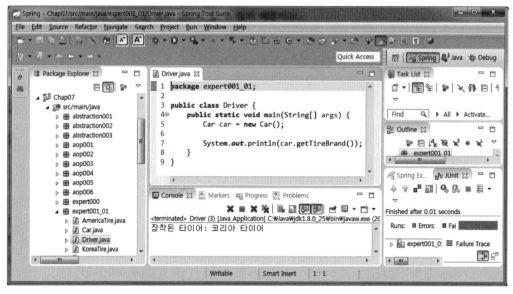

**[그림 7-9]** STS의 Spring 퍼스펙티브

## 스프링 없이 의존성 주입하기 1 – 생성자를 통한 의존성 주입

### 의사 코드

운전자가 타이어를 생산한다.

운전자가 자동차를 생산하면서 타이어를 장착한다.

### 자바로 표현 – 생성자 인자 이용

```
Tire tire = new KoreaTire();

Car car = new Car(tire);
```

### 주입이란?

주입이란 말은 외부에서라는 뜻을 내포하고 있는 단어다.

결국 자동차 내부에서 타이어를 생산하는 것이 아니라 외부에서 생산된 타이어를 자동차에 장착하는 작업이 주입이다.

앞 절에서 직접 의존성을 해결하는 경우의 시퀀스 다이어그램을 다시 한 번 살펴보자. Car 객체가 Tire를 직접 생산하는, 즉 Tire에 대한 의존성을 자체적으로 해결하는 방식이었다.

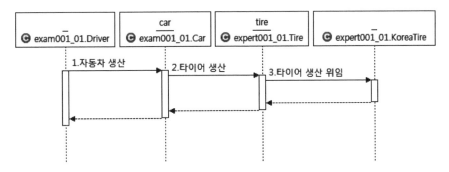

[그림 7-10] Tire에 대한 의존성을 Car에서 직접 해결

이번에는 외부에서 생산된 tire 객체를 Car 생성자의 인자로 주입(장착)하는 형태로 구현해 보자. 새로워진 시퀀스 다이어그램은 그림 7-11에서 확인할 수 있다.

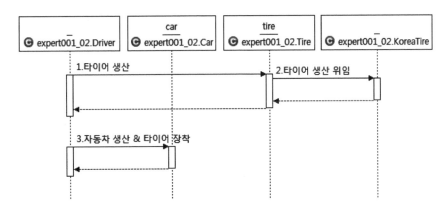

[그림 7-11] Tire에 대한 의존성을 Car 생성자의 인자 주입으로 해결

이에 맞춰 클래스 다이어그램도 바꿔야 할 것이다. 새로운 클래스 다이어그램은 그림 7-12다.

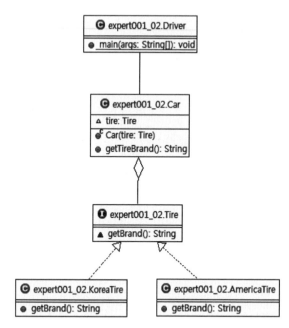

**[그림 7-12]** Tire에 대한 의존성을 Car 생성자의 인자 주입으로 해결

이전의 클래스 다이어그램과 비교해서 달라진 곳이 보이는가? Car의 생성자에 인자가 생겼다. 나머지는 달라진 부분이 없다. 클래스 다이어그램과 시퀀스 다이어그램을 함께 그리는 이유가 짐작될 것이다. 필자의 경험에 의하면 실무에서도 이 두 개의 다이어그램을 가장 많이 사용하게 된다. 여기에 더해 개별 메서드의 작동 방식은 액티비티(Activity 활동) 다이어그램으로 표기하게 되는데, 이는 기존의 순서도를 대체한다고 보면 된다. 필자는 액티비티 다이어그램보다는 순서도나 NS 차트를 애용한다. 코드가 스스로 말하게 하라는 격언이 있다. 필자는 의사소통이 필요하거나 그 논리가 복잡한 메서드 정도만 액티비티 다이어그램이나 순서도를 그린다.

이제 자바 코드를 볼 차례다. 기존 코드를 보존하기 위해 expert001_02 패키지를 추가하고 코드를 작성하자.

**[예제 7-7] Tire.java - 이전과 동일**

```java
package expert001_02;

public interface Tire {
  String getBrand();
}
```

[예제 7-8] KoreaTire.java - 이전과 동일

```
package expert001_02;

public class KoreaTire implements Tire {
  public String getBrand() {
    return "코리아 타이어";
  }
}
```

[예제 7-9] AmericaTire.java - 이전과 동일

```
package expert001_02;

public class AmericaTire implements Tire {
  public String getBrand() {
    return "미국 타이어";
  }
}
```

[예제 7-10] Car.java - 생성자 부분이 이전과 다름

```
package expert001_02;

public class Car {
  Tire tire;

  public Car(Tire tire) {
    this.tire = tire;
  }

  public String getTireBrand() {
    return "장착된 타이어: " + tire.getBrand();
  }
}
```

Car.java의 생성자 부분이 달라졌다. new가 사라지고 생성자에 인자가 추가된 것에 주목하자.

```java
package expert001_02;

public class Driver {
  public static void main(String[] args) {
    Tire tire = new KoreaTire();
    //Tire tire = new AmericaTire();
    Car car = new Car(tire);

    System.out.println(car.getTireBrand());
  }
}
```

new를 통해 타이어를 생산하는 부분이 Car.java에서 Driver.java로 이동했다. 그리고 생산된 tire 객체 참조 변수를 Car 생성자의 인자로 전달한다.

이러한 구현 방식에는 어떤 장점이 있을까? 기존 코드에서는 Car가 구체적으로 KoreaTire를 생산할 지 AmericaTire를 생산할지를 결정했었다. 그러한 코드는 유연성이 떨어진다고 한다.

변경된 코드를 현실세계에 비유하면 자동차가 생산될 때 어떤 타이어를 생산해서 장착할까를 자동차 가 스스로 고민하지 않고, 운전자가 차량을 생산할 때 운전자가 어떤 타이어를 장착할까를 고민하게 하는 것이다. 자동차는 어떤 타이어를 장착할까를 더는 고민하지 않아도 된다.

/src/main/java/expert001-02/Driver.java에서 마우스 오른쪽 버튼을 클릭한 후 Run as → Java Application을 실행해 보면 이전과 동일한 결과를 볼 수 있다.

/src/test/java/expert001_02/CarTest.java에 JUnit을 이용한 단위 테스트 코드도 작성해 보자.

```java
package expert001_02;

import static org.junit.Assert.*;

import org.junit.Test;
```

```
public class CarTest {
  @Test
  public void 자동차_코리아타이어_장착_타이어브랜드_테스트() {
    Tire tire1 = new KoreaTire();
    Car car1 = new Car(tire1);

    assertEquals("장착된 타이어: 코리아 타이어", car1.getTireBrand());
  }

  @Test
  public void 자동차_미국타이어_장착_타이어브랜드_테스트() {
    Tire tire2 = new AmericaTire();
    Car car2 = new Car(tire2);

    assertEquals("장착된 타이어: 미국 타이어", car2.getTireBrand());
  }
}
```

테스트를 실행하기 위해 CarTest.java에서 마우스 오른쪽 버튼을 클릭한 후 Run as → JUnit Test를 실행해 보자.

[그림 7-13] Run as → JUnit Test 실행 결과

그림 7-13에서 2개의 테스트가 성공했음을 볼 수 있다.

이번에는 ExpertSpring30에서 마우스 오른쪽 버튼을 클릭한 후 Run as → JUnit Test를 실행해 보자.

```
/src/test/java/expert001_01/CarTest.java
/src/test/java/expert001_02/CarTest.java
```

두 개의 테스트 클래스가 한 번에 실행되는 것을 볼 수 있을 것이다. 설명을 위해 계속 Driver.java를 만들고 있지만 사실 테스트는 이처럼 JUnit을 통해 진행하는 것이 여러모로 유리하다.

자, 그럼 여기서 결론이다. 과연 이런 방식의 코드 작성은 어떤 이점이 있을까? 기존 방식에서라면 Car는 KoreaTire, AmericaTire에 대해 정확히 알고 있어야만 그에 해당하는 객체를 생성할 수 있었다. 의존성 주입을 적용할 경우 Car는 그저 Tire 인터페이스를 구현한 어떤 객체가 들어오기만 하면 정상적으로 작동하게 된다. 의존성 주입을 하면 확장성도 좋아지는데, 나중에 ChinaTire, JapanTire, EnglandTire 등등 어떤 새로운 타이어 브랜드가 생겨도 각 타이어 브랜드들이 Tire 인터페이스를 구현한다면 Car.java 코드를 변경할 필요 없이 사용할 수 있기 때문이다(또한 다시 컴파일할 필요도 없다). 만약 이를 제품화한다면 Car.java, Tire.java를 하나의 모듈로, Driver.java와 KoreaTire.java, AmericaTire.java를 각각 하나의 모듈로 만들면 나중에 새로운 ChinaTire.java가 생겨도 Driver.java, ChinaTire.java만 컴파일해서 배포하면 된다. 다른 코드는 재컴파일 및 재배포할 필요가 없다. 지금은 단순히 Car.java, Tire.java로 두 개지만 실제 제품화하게 되면 더 많은 코드를 재배포할 필요가 없도록 구성해야만 코드 재컴파일과 재배포에 대한 부담을 덜 수 있다. 이것은 인터페이스를 구현(준수)했기에 얻는 이점이라고 볼 수 있다.

현실 세계에서는 인터페이스라는 말보다 표준화했다는 말이 더욱 와 닿을 것이다. 대표적인 표준화 사례는 페트병의 병마개다. 혹시 냉장고 안에 여러 회사의 음료수 페트병이 있다면 서로 뚜껑을 바꿔서 닫아 보자. 잘 맞을 것이다. 페트병과 그 마개를 표준화된 규격에 맞춰 생산했기 때문이다.

- 현실 세계의 표준 규격 준수 = 프로그래밍 세계의 인터페이스 구현

앞에서 생성자를 통해 의존성을 주입해 봤다. 이어서 속성을 통해 의존성을 주입해 보자.

---

짐작한 독자도 있겠지만 여기서는 디자인 패턴의 꽃이라고 하는 전략 패턴을 응용하고 있다. 전략 패턴의 3요소인 클라이언트, 전략, 컨텍스트에 해당하는 요소를 찾아 보자.

**힌트 – 전략 패턴의 3요소**
· 전략 메서드를 가진 전략 객체
· 전략 객체를 사용하는 컨텍스트
· 전략 객체를 생성해 컨텍스트에 주입하는 클라이언트(제3자)

**전략:** Tire를 구현한 KoreaTire, AmericaTire
**컨텍스트:** Car의 getTireBrand() 메서드
**클라이언트:** Driver의 main() 메서드

## 스프링 없이 의존성 주입하기 2 – 속성을 통한 의존성 주입

### 의사 코드

운전자가 타이어를 생산한다.

운전자가 자동차를 생산한다.

운전자가 자동차에 타이어를 장착한다.

### 자바로 표현 – 속성 접근자 메서드 사용

```
Tire tire = new KoreaTire();

Car car = new Car();

car.setTire(tire);
```

앞 절에서 생성자를 통해 의존성을 주입하는 코드를 작성해 봤다. 이번에는 속성을 통해 의존성을 주입해보자. 생성자를 통해 의존성을 주입하는 것을 다시 현실 세계의 예로 들어 생각해 보면 자동차를 생산(구입)할 때 한번 타이어를 장착하면 더 이상 타이어를 교체 장착할 방법이 없다는 문제가 생긴다. 더 현실적인 방법은 운전자가 원할 때 Car의 Tire를 교체하는 것이다. 자바에서 이를 구현하려면 생성자가 아닌 속성을 통한 의존성 주입이 필요하다.

프로그래밍 세계에서는 생성자를 통해 의존성을 주입하는 방법과 속성을 통해 의존성을 주입하는 방법 중 어느 쪽이 더 좋은가에 대한 의견이 분분했었는데, 최근에는 속성을 통한 의존성 주입보다는 생성자를 통한 의존성 주입을 선호하는 사람들이 많다. 실세계에서라면 십년 가까이 타게 되는 차를 사고 타이어를 교체하는 일이 빈번할 수 있지만 프로그램에서는 한번 주입된 의존성을 계속 사용하는 경우가 더 일반적이기 때문이다.

속성 접근자를 이용해 의존 객체를 주입하는 경우에 대한 시퀀스 다이어그램을 그려보자.

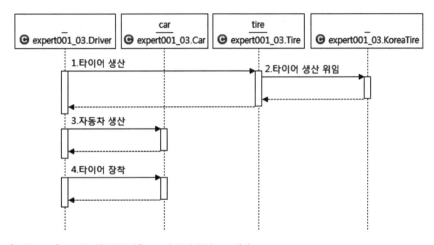

[**그림 7-14**] Tire에 대한 의존성을 Car의 속성 주입으로 해결

기존의 시퀀스 다이어그램보다 복잡한 과정을 거치는 것 같아 보인다. 하지만 현실 세계에 더 가까운 방식이 돼 가고 있기에 더 이해하기 쉬워졌다. 클래스 다이어그램은 그림 7-15와 같다.

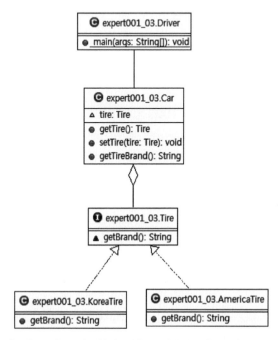

[그림 7-15] Tire에 대한 의존성을 Car의 속성 주입으로 해결

Car 클래스에서 생성자가 사라졌다. 자바 컴파일러가 기본 생성자를 제공해 줄 것이다. 그리고 tire 속성의 get/set 속성 메서드가 보이는 것이 기존 코드와 달라진 부분이다.

expert001_03 패키지를 생성하고 Tire.java, Car.java, Driver.java 파일을 만들어 보자.

이전과 동일한 Tire.java, KoreaTire.java, AmericaTire.java는 expert001_02 패키지에서 복사해 expert001_03 패키지에 붙여넣으면 패키지명이 자동으로 변경되어 복사된다.

[예제 7-13] Car.java

```java
package expert001_03;

public class Car {
    Tire tire;
```

```
    public Tire getTire() {
        return tire;
    }

    public void setTire(Tire tire) {
        this.tire = tire;
    }

    public String getTireBrand() {
        return "장착된 타이어: " + tire.getBrand();
    }
}
```

Car.java는 생성자가 없어졌고, tire 속성에 대한 접근자 및 설정자 메서드가 생겼다.

**[예제 7-14] Driver.java**

```
package expert001_03;

public class Driver {
    public static void main(String[] args) {
        Tire tire = new KoreaTire();
        Car car = new Car();
        car.setTire(tire);

        System.out.println(car.getTireBrand());
    }
}
```

Car.java가 변경됐기에 이를 사용하는 Driver.java도 바뀌었다. 기존 코드와 달라진 부분을 기울어진 볼드체로 표시했다. expert001_03 패키지의 Driver 클래스를 선택하고 Run As → Java Application을 실행하면 이전과 동일한 결과를 확인할 수 있다. JUnit 테스트도 만들어 보자.

```java
package expert001_03;

import static org.junit.Assert.*;

import org.junit.Test;

public class CarTest {
  @Test
  public void 자동차_코리아타이어_장착_타이어브랜드_테스트() {
    Tire tire1 = new KoreaTire();
    Car car1 = new Car();
    car1.setTire(tire1);

    assertEquals("장착된 타이어: 코리아 타이어", car1.getTireBrand());
  }

  @Test
  public void 자동차_미국타이어_장착_타이어브랜드_테스트() {
    Tire tire2 = new AmericaTire();
    Car car2 = new Car();
    car2.setTire(tire2);

    assertEquals("장착된 타이어: 미국 타이어", car2.getTireBrand());
  }
}
```

그림 7-16은 JUnit 실행 결과다.

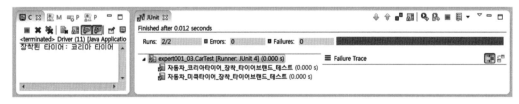

**[그림 7-16]** 속성을 통한 의존성 주입에 대한 JUnit 테스트 결과

지금까지는 스프링을 사용하지 않고 의존성을 주입했다. 이제 스프링을 이용해 의존성을 주입해 보자.

## 스프링을 통한 의존성 주입 – XML 파일 사용

### 의사 코드

운전자가 종합 쇼핑몰에서 타이어를 구매한다.

운전자가 종합 쇼핑몰에서 자동차를 구매한다.

운전자가 자동차에 타이어를 장착한다.

### 자바로 표현 – 속성 메서드 사용

```
ApplicationContext context = new ClassPathXmlApplicationContext("expert002.xml", Driver.class);

Tire tire = (Tire)context.getBean("tire");

Car car = (Car)context.getBean("car");
car.setTire(tire);
```

이제 드디어 스프링을 통한 의존성 주입을 구현해 볼 차례다. 스프링을 통한 의존성 주입은 생성자를 통한 의존성 주입과 속성을 통한 의존성 주입을 모두 지원하는데, 여기서는 속성을 통한 의존성 주입만 살펴보겠다.

눈치 빠른 독자라면 위의 의사 코드를 보면 생산에서 구매로 달라졌을 뿐 나머지는 바뀌지 않았다는 것을 간파했을 것이다. 스프링을 도입한다고 해서 기존 방식과 달라질 것은 없다. 또한 그동안 작성해 온 Tire 관련 클래스와 Car 클래스 역시 전혀 달라지는 부분이 없도록 코딩할 수 있다. 오직 Driver 클래스만 살짝 손봐주고 스프링 설정 파일 하나만 추가하면 작업이 끝난다.

기존의 클래스 다이어그램과 새로운 클래스 다이어그램을 비교해 보자. 스프링 도입 전후 전혀 변경되지 않은 것을 확인할 수 있다.

기존 클래스 다이어그램                          신규 클래스 다이어그램

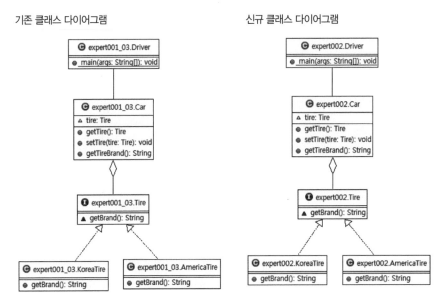

**[그림 7-17]** 스프링을 도입하기 전/후의 클래스 다이어그램 비교

시퀀스 다이어그램도 살펴보자.

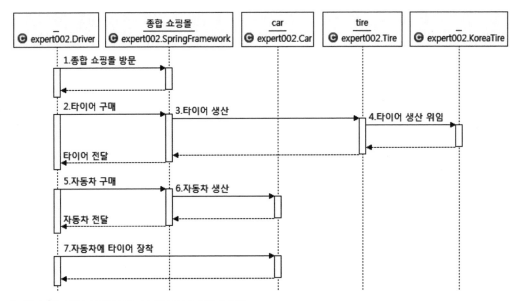

**[그림 7-18]** 시퀀스 다이어그램: 스프링 도입 후 의존성 해결

이상한 녀석이 하나 들어왔다. 바로 종합 쇼핑몰! 안 파는 것 없고, 없는 것 없는 초대형 종합 쇼핑몰이라고 생각해 두자. 종합 쇼핑몰의 역할을 하는 것은 바로 스프링 프레임워크다.

역시 기존의 시퀀스 다이어그램과 비교해 보자. 아래 그림 7-19는 기존 시퀀스 다이어그램이다.

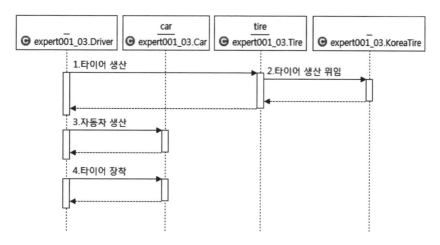

[그림 7-19] 시퀀스 다이어그램: 스프링 도입 전 의존성 해결

기존 다이어그램과 비교해서 달라진 곳이 있는지 잘 살펴보자. 종합 쇼핑몰이 하나 들어온 것 외에는 달라진 부분이 없다. 운전자가 타이어, 자동차를 직접 생산하던 시스템에서 종합 쇼핑몰을 통해 구매하는 형태로 바뀌었다. 즉, 현실 세계와 더욱 유사해졌다. 다시 한 번 강조하지만 객체 지향은 현실 세계 지향이다.

종합 쇼핑몰 스프링 프레임워크가 들어오면서 달라지는 코드를 살펴보자. 기존 코드를 보존하기 위해 expert002 패키지를 만들고 기존 코드를 복사해서 붙여넣은 후 필요한 부분만 수정했다.

- Tire.java – 전혀 변한 게 없다.

- KoreaTire.java – 역시 변한 게 없다.

- AmericaTire.java – 역시 변한 게 없다.

- Car.java – 역시 변한 게 없다.

- Driver.java – 조금 변했다. 기존 생산 과정이 구매 과정으로 바뀌었다. 상품을 구매할 종합 쇼핑몰에 대한 정보가 필요하기 때문이다.

```
package expert002;

import org.springframework.context.ApplicationContext;
import org.springframework.context.support.ClassPathXmlApplicationContext;

public class Driver {
  public static void main(String[] args) {
    ApplicationContext context = new ClassPathXmlApplicationContext("expert002/expert002.xml");

    Car car = context.getBean("car", Car.class);

    Tire tire = context.getBean("tire", Tire.class);

    car.setTire(tire);

    System.out.println(car.getTireBrand());
  }
}
```

우선 2개의 import 문이 추가된 것을 볼 수 있다.

```
import org.springframework.context.ApplicationContext;
import org.springframework.context.support.FileSystemXmlApplicationContext;
```

종합 쇼핑몰(스프링 프레임워크)에 대한 정보를 가지고 있는 패키지라고 기억해 두자. 그리고 종합 쇼핑몰에 대한 정보가 필요하다. 자바 코드는 아래와 같다.

```
ApplicationContext context = new ClassPathXmlApplicationContext("expert002/expert002.xml");
```

드디어 종합 쇼핑몰에서 상품에 해당하는 Car와 Tire를 구매하는 코드다.

```
Car car = context.getBean("car", Car.class);
Tire tire = context.getBean("tire", Tire.class);
```

그리고 한 가지 더 필요한 것이 있다. 아무리 종합 쇼핑몰이라고 하지만 상품이 입점돼 있어야만 판매할 수 있을 것이다. 입점된 상품에 대한 정보는 어디에 숨어 있을까? 바로 위 코드에서 XML 파일이 하나 보이는데 전체 경로는 아래와 같다.

```
/src/main/java/expert002/expert002.xml
```

expert002.xml을 살펴보자. 이 XML 파일 안에 쇼핑몰에서 구매 가능한 상품 목록이 등록돼 있어야 한다. 상품 목록이 담긴 XML 파일을 만들려면 expert002 패키지에서 마우스 오른쪽 버튼을 클릭한 후 New → Other → Spring → Spring Bean Configuration File을 차례로 선택하고 이름만 지정하면 된다.

**[예제 7-16] 종합 쇼핑몰 판매 목록을 등록하기 위한 XML 파일**

```
<?xml version="1.0" encoding="UTF-8"?>
<beans xmlns="http://www.springframework.org/schema/beans"
  xmlns:xsi="http://www.w3.org/2001/XMLSchema-instance"
  xsi:schemaLocation="http://www.springframework.org/schema/beans http://www.springframework.
org/schema/beans/spring-beans.xsd">

</beans>
```

이름을 expert002.xml로 지정하고 나면 예제 7-16과 같은 XML 파일이 만들어진다. 이렇게 생성된 XML 파일에 쇼핑몰에서 판매하는 상품 목록을 등록하면 된다. 이제 상품을 등록해 보자.

**[예제 7-17] 종합 쇼핑몰 판매 목록을 등록하기 위한 XML 파일**

```
<?xml version="1.0" encoding="UTF-8"?>
<beans xmlns="http://www.springframework.org/schema/beans"
  xmlns:xsi="http://www.w3.org/2001/XMLSchema-instance"
  xsi:schemaLocation="http://www.springframework.org/schema/beans
    http://www.springframework.org/schema/beans/spring-beans.xsd">

<bean id="tire" class="expert002.KoreaTire"></bean>

<bean id="americaTire" class="expert002.AmericaTire"></bean>
```

```
<bean id="car" class="expert002.Car"></bean>
```

```
</beans>
```

예제 7-17에서는 3개의 상품을 등록했다. 상품을 등록할 때는 bean 태그를 이용해 등록한다. 이때 각 상품을 구분하기 위한 id 속성과 그 상품을 어떤 클래스를 통해 생산(인스턴스화)해야 할지 나타내는 class 속성을 함께 지정하면 된다.

이번에는 선 긋기 놀이를 해보자. Driver.java와 expert002.xml 사이에 선 긋기를 먼저 해보자. 미리 필자가 선을 그어 놓기는 했는데 여러분이 먼저 한 번 해 보고 필자가 제시한 모범 답안과 비교하면 스프링을 이해하는 데 크게 도움될 것이다.

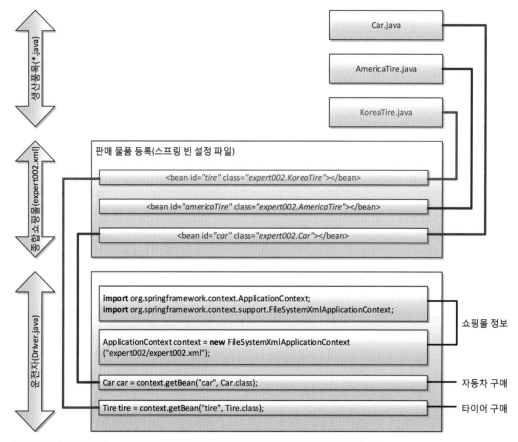

[그림 7-20] 생산품목(*.java)과 종합쇼핑몰 판매 목록(XML), 운전자(부록의 컬러 이미지 참고)

KoreaTire.java가 XML 파일에서 id=tire인 bean 태그와 연결돼 있고, 다시 Driver.java의 main() 메서드 안의 코드인 context.getBean("tire", Tire.class)와 연결돼 있는 것을 볼 수 있다. 이 과정을 현실 세계의 예로 풀어보자.

"KoreaTire라고 하는 상품이 tire라는 이름으로 진열돼 있고, 구매(getBean)할 수 있다."

그림 7-20의 선을 잘 살펴보면서 차근차근 이해하자.

이제 expert002 패키지 밑에 Driver.java에서 마우스 오른쪽 버튼을 클릭한 후 Run As → Java Application을 차례로 선택해 보자.

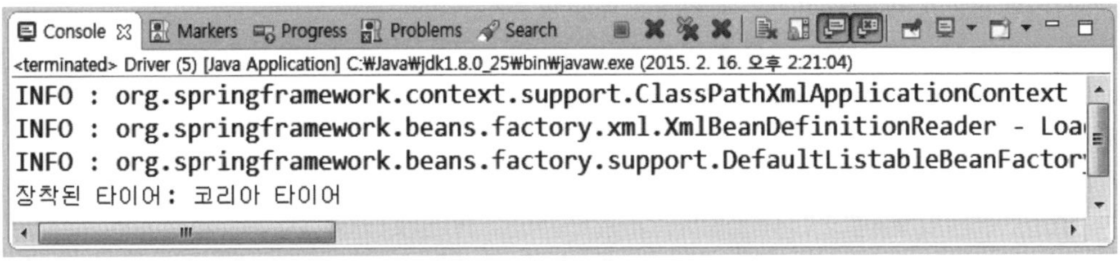

[그림 7-21] 스프링을 통한 의존성 주입 후 실행 결과

기존과 같은 결과이면서 다른 부분이 있다. INFO와 관련된 세 줄을 볼 수 있다. 내부적으로 쇼핑몰(스프링 프레임워크)을 구축하는 과정에서 보여지는 정보라고 생각하면 된다.

JUnit 테스트 케이스도 만들자. /src/test/java/expert002 패키지 밑에 CarTest.java를 만들고 예제 7-18의 내용을 입력하자. expert001_03 패키지 밑에 있던 내용을 그대로 복사해서 붙여넣으면 된다. 스프링을 도입했다고 해서 테스트 코드를 바꿀 필요는 없다. 물론 스프링을 활용한 테스트 코드를 만들 수도 있는데 그 내용은 다음 절에서 살펴보자.

[예제 7-18] CarTest.java

```java
package expert002;

import static org.junit.Assert.assertEquals;

import org.junit.Test;

public class CarTest {
```

```
@Test
public void 자동차_코리아타이어_장착_타이어브랜드_테스트() {
 Tire tire1 = new KoreaTire();
 Car car1 = new Car();
 car1.setTire(tire1);

 assertEquals("장착된 타이어: 코리아 타이어", car1.getTireBrand());
}

@Test
public void 자동차_미국타이어_장착_타이어브랜드_테스트() {
 Tire tire2 = new AmericaTire();
 Car car2 = new Car();
 car2.setTire(tire2);

 assertEquals("장착된 타이어: 미국 타이어", car2.getTireBrand());
 }
}
```

스프링을 도입해서 얻는 이득은 무엇일까? 가장 큰 이득을 꼽으라면 자동차의 타이어 브랜드를 변경할 때 그 무엇도 재컴파일/재배포하지 않아도 XML 파일만 수정하면 프로그램의 실행 결과를 바꿀 수 있다는 것이다.

Driver.java의 Tire tire = context.getBean("tire", Tire.class); 부분이 타이어를 구매하는 부분인데, 자바 코드 어디에서도 KoreaTire 클래스나 AmericaTire 클래스를 지칭하는 부분이 없다. 바로 expert002.xml에 이에 해당하는 내용이 있기 때문이다. 지금은 expert002.xml에서 id가 tire인 bean 태그의 class 어트리뷰트가 KoreaTire로 지정돼 있는데

```
<bean id="tire" class="expert002.KoreaTire"></bean>
<bean id="americaTire" class="expert002.AmericaTire"></bean>
```

AmericaTire로 타이어를 바꿔야 하더라도 자바 코드를 변경/재컴파일/재배포할 필요가 없다. XML 파일을 변경하고 프로그램을 실행하면 바로 변경사항이 적용된다.

```
<bean id="koreaTire" class="expert002.KoreaTire"></bean>
<bean id="tire" class="expert002.AmericaTire"></bean>
```

위와 같이 expert002.xml 파일을 고치고 Driver.java에 마우스 오른쪽 버튼을 클릭한 후 Run As → Java Application을 선택해 프로그램을 실행해 보자. 결과가 미국 타이어로 나오는 것을 확인할 수 있다.

지금이야 코드가 있고 이클립스 기반 STS 상에서 실행하기 때문에 별로 감흥이 없지만 실제로 클래스 파일만 배포한 환경이라면 어떨까? 조금만 생각해 봐도 엄청난 장점임을 알 수 있다.

## 스프링을 통한 의존성 주입 – 스프링 설정 파일(XML)에서 속성 주입

### 의사 코드 – 점점 더 현실 세계를 닮아가고 있다.

운전자가 종합 쇼핑몰에서 자동차를 구매 요청한다.

종합 쇼핑몰은 자동차를 생산한다.

종합 쇼핑몰은 타이어를 생산한다.

종합 쇼핑몰은 자동차에 타이어를 장착한다.

종합 쇼핑몰은 운전자에게 자동차를 전달한다.

### 자바로 표현

```
ApplicationContext context = new ClassPathXmlApplicationContext("expert003/expert003.xml");
Car car = context.getBean("car", Car.class);
```

### XML 로 표현

```
<bean id="koreaTire" class="expert003.KoreaTire"></bean>
<bean id="americaTire" class="expert003.AmericaTire"></bean>
<bean id="car" class="expert003.Car">
  <property name="tire" ref="koreaTire"></property>
</bean>
```

클래스 다이어그램은 이번에도 변화가 없어 생략했다. 기억이 나지 않는다면 앞 절의 내용을 참고하자. 하지만 시퀀스 다이어그램은 조금 달라졌다.

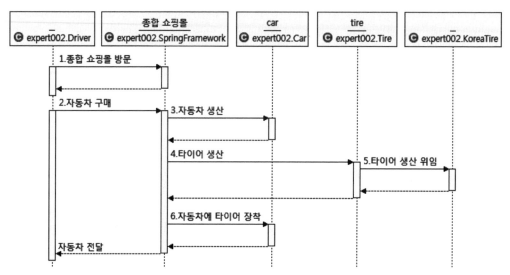

[그림 7-22] 시퀀스 다이어그램: 스프링 설정 파일을 통한 속성 주입

XML 파일에 새롭게 property라고 하는 부분이 보인다. 자바에서 접근자 및 설정자 메서드를 속성 메서드라고 하는데 영어로 속성은 Property다. 결국 Driver.java에서 car.setTire(tire)라고 하던 부분을 XML 파일의 property 태그를 이용해 대체하는 것이다.

Tire.java, KoreaTire.java, AmericaTire.java, Car.java는 바뀌는 부분이 없다. 변화가 있는 2개의 파일만 살펴보자.

[예제 7-19] Driver.java

```
package expert003;

import org.springframework.context.ApplicationContext;
import org.springframework.context.support.ClassPathXmlApplicationContext;

public class Driver {
  public static void main(String[] args) {
    ApplicationContext context = new ClassPathXmlApplicationContext("expert003/expert003.xml");

    Car car = context.getBean("car", Car.class);
```

```
      System.out.println(car.getTireBrand());
  }
}
```

Driver.java가 이전과 비교해서 어떻게 달라졌는지 유심히 살펴보자. 왜 기울어진 볼드체 부분이 안
보일까? 기존 코드와 비교해서 달라진 곳은 항상 기울어진 볼드체로 표시했었는데 말이다. 이는 달라
진 곳이 없기 때문이다. 다만 삭제된 두 줄이 있다.

```
Car car = context.getBean("car", Car.class);
Tire tire = context.getBean("tire", Tire.class);
car.setTire(tire);
```

기존 코드에서 2번째와 3번째 줄에 해당하는 두 줄이 사라졌다. 사라진 두 줄은 어떻게 된 것일까?
XML 파일을 살펴보면 사라진 이유를 알 수 있다.

**[예제 7-20] expert003.xml(중략)**

```
<xml …
<beans …>

<bean id="koreaTire" class="expert003.KoreaTire"></bean>

<bean id="americaTire" class="expert003.AmericaTire">
</bean>

<bean id="car" class="expert003.Car">
  <property name="tire" ref="koreaTire"></property>
</bean>

</beans>
```

이번에도 줄 긋기를 해보자.

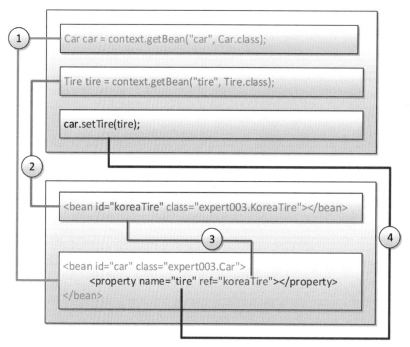

[그림 7-23] 스프링 설정 파일을 통한 의존성 주입(부록의 컬러 이미지 참고)

선이 조금 복잡하지만 잘 따라 오길 바란다. 부록에서 컬러 이미지를 제공하니 참고하자. 먼저 Car car와 id가 car인 bean 태그 사각형을 잇는 1번 선(주황색)은 코드에서 Car를 구매하는 부분으로, 자바 코드 파일에 그대로 남겨 둬야 한다. Tire tire와 id가 koreaTire인 bean 태그를 잇는 2번 선(초록색)은 타이어를 구매하는 부분이다. id="koreaTire"와 ref="koreaTire"를 잇는 내부의 3번 선(파란색)은 코리아 타이어를 자동차의 타이어 속성에 결합하는 부분이다. 2번 선에 연결된 초록색 글씨와 3번 선에 연결된 파란색 글씨 부분은 XML 설정만으로 완성되므로 자바 코드에서는 사라진다. car.setTire(tire) 메서드와 property 태그를 잇는 4번 선(빨간색)은 car의 tire 속성을 설정하는 부분이다. 이 부분 역시 XML 설정만으로 완성되므로 자바 코드에서 사라진다.

조금 복잡해진 듯하다. 하지만 의사 코드와 시퀀스 다이어그램, 그리고 현실 세계의 자동차 구매 과정을 생각하면 쉽게 이해될 것이다. 자바 코드와 XML 설정을 익혀야 하는 부담이 있긴 하지만 더욱 현실적인 내용을 반영하기에 이해하기 쉽고 유지보수하기 편한 방식으로 변했음을 알 수 있다.

property 태그의 ref 속성을 americaTire로 변경하면 어떻게 될까? 설정을 바꿔서 테스트해보는 것은 독자의 몫으로 남기겠다.

JUnit 테스트 케이스를 작성해 보자.

```java
package expert003;

import static org.junit.Assert.assertEquals;

import org.junit.Test;
import org.junit.runner.RunWith;
import org.springframework.beans.factory.annotation.Autowired;
import org.springframework.test.context.ContextConfiguration;
import org.springframework.test.context.junit4.SpringJUnit4ClassRunner;

@RunWith(SpringJUnit4ClassRunner.class)
@ContextConfiguration("expert003.xml")
public class CarTest {
  @Autowired
  Car car;

  @Test
  public void 자동차_코리아타이어_장착_타이어브랜드_테스트() {
    assertEquals("장착된 타이어: 코리아 타이어", car.getTireBrand());
  }
}
```

테스트 코드에도 스프링 테스트 컨텍스트 프레임워크를 접목해 봤다. 이 부분은 다음 절의 내용과 접목해서 설명하겠다. JUnit을 실행해보고 JUnit 테스트 결과 창의 초록색 막대뿐만 아니라 Console 창의 INFO 정보도 한 번 확인해 보자.

[그림 7-24] 스프링 테스트 컨텍스트 프레임워크를 적용한 JUnit 테스트

## 스프링을 통한 의존성 주입 – @Autowired를 통한 속성 주입

### 의사 코드

운전자가 종합 쇼핑몰에서 자동차를 구매 요청한다.

종합 쇼핑몰은 자동차를 생산한다.

종합 쇼핑몰은 타이어를 생산한다.

종합 쇼핑몰은 자동차에 타이어를 장착한다.

종합 쇼핑몰은 운전자에게 자동차를 전달한다.

의사 코드는 이전과 동일하다.

여기서 잠깐 프로그래머의 3대 스킬을 알아보자.

1. C&P: Copy & Paste / 복사 & 붙여넣기

2. D&C: Divide & Conquer / 분할 & 정복

3. C&I: Creative Idleness / 창조적 게으름

3번은 진정한 고수의 방법론이다. 일례로 더 게으르고 싶어진 구루(guru)들이 while 문으로 충분한 것을 for / for each / do ~ while 등등의 반복문을 더 만들어 더 빠르게 일을 마칠 수 있는 방법들을 만들었다. 가장 대표적인 창조적 게으름의 산물은 i++라고 필자는 생각한다.

그럼 스프링 프레임워크 개발팀은 어떤 창조적 게으름을 발휘했을까?

Car라고 하는 클래스에 tire라고 하는 속성을 만들고 설정자 메서드를 만든다고 해보자. 그럼 대부분 다음과 같은 코드를 작성한다.

```
Tire tire;

public void setTire(Tire tire) {
  this.tire = tire;
}
```

여기서 창조적 게으름을 발휘해 보자. 반드시 설정자 메서드를 통해 tire 값을 주입해야 하는 것일까? 스프링의 속성 주입 방법 가운데 @Autowired를 이용하는 방법을 살펴보자.

```
import org.springframework.beans.factory.annotation.Autowired;

@Autowired
Tire tire;
```

import 문 하나와 @Autowired 애노테이션을 이용하면 설정자 메서드를 이용하지 않고도 종합쇼핑
몰인 스프링 프레임워크가 설정 파일을 통해 설정자 메서드 대신 속성을 주입해 준다.

변경된 스프링 설정 파일(여기서는 expert004.xml)을 보자.

[예제 7-22] expert.xml

```
<?xml version="1.0" encoding="UTF-8"?>
<beans xmlns="http://www.springframework.org/schema/beans"
  xmlns:xsi="http://www.w3.org/2001/XMLSchema-instance" xmlns:context="http://www.
springframework.org/schema/context"
  xsi:schemaLocation="http://www.springframework.org/schema/beans http://www.springframework.
org/schema/beans/spring-beans.xsd
    http://www.springframework.org/schema/context http://www.springframework.org/schema/
context/spring-context-3.1.xsd">

  <context:annotation-config />

  <bean id="tire" class="expert004.KoreaTire"></bean>

  <bean id="americaTire" class="expert004.AmericaTire"></bean>

  <bean id="car" class="expert004.Car"></bean>
</beans>
```

기울어진 볼드체로 표시된 부분이 기존 스프링 설정 파일 대비 추가되는 부분이다. 저 많은 내용을
다 외워서 타이핑해야 하는 것은 절대 아니다. expert004.xml에서 마우스 오른쪽 버튼을 클릭한 후
Open With → Spring Config Editor를 차례로 선택하자. 편집기가 열리면 하단의 Namespaces
탭을 클릭한다. 그러면 여러 개의 체크 박스가 그림 7-25처럼 보일 것이다. 그 중에서 context를 체
크하면 위의 두 줄이 자동으로 삽입된다. 그 후에 Source 탭으로 돌아와 〈context:annotation-
config /〉을 추가하고 car에 해당하는 bean 태그를 수정한 후 저장하면 된다.

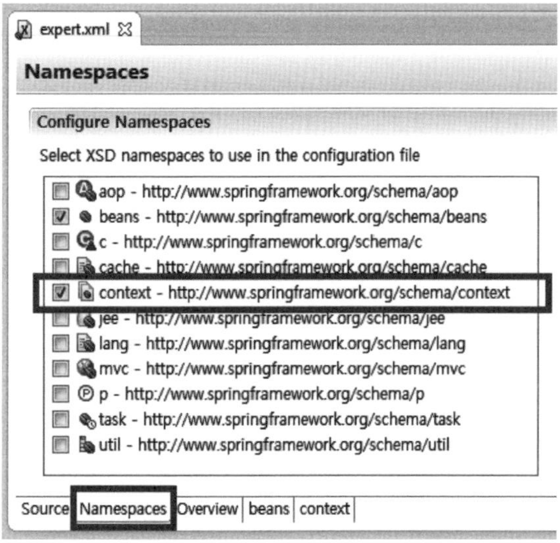

[그림 7-25] 스프링 설정 파일에 context 네임스페이스 추가

@Autowired의 의미를 이해해 보자. 이것은 스프링 설정 파일을 보고 자동으로 속성의 설정자 메서드에 해당하는 역할을 해주겠다는 의미다. 그리고 XML 파일에서 뭔가가 사라졌다. 기존의 XML 설정 파일과 비교해 보자.

### 기존 XML 설정 파일

```
<bean id="car" class="expert003.Car">
  <property name="tire" ref="koreaTire"></property>
</bean>
```

### 새로운 XML 설정 파일

```
<bean id="car" class="expert004.Car"></bean>
```

property 태그가 왜 사라졌을까? @Autowired를 통해 car의 property를 자동으로 엮어줄 수 있으므로(자동 의존성 주입) 생략이 가능해진 것이다.

그럼 이번에는 자바 코드에서 달라진 부분을 살펴보자. 기존 코드를 보존하기 위해 expert004 패키지를 만들고 기존 코드를 복사해서 붙여넣은 다음 필요한 부분만 수정했다.

- Tire.java – 전혀 변한 게 없다.

- KoreaTire.java – 역시 변한 것이 없다.

- AmericaTire.java – 역시 변한 것이 없다.

- Car.java – @Autowired를 사용하도록 바뀌었다.

[예제 7-23] Car.java

```java
package expert004;

import org.springframework.beans.factory.annotation.Autowired;

public class Car {
  @Autowired
  Tire tire;

  public String getTireBrand() {
    return "장착된 타이어: " + tire.getBrand();
  }
}
```

- Driver.java – 역시 변경된 부분이 없다. 물론 필요하다면 Car도 Driver 클래스의  속성으로 뽑아낸 후 @Autowired를 이용하도록 바꾸면 된다.
- expert004.xml – XML 설정 파일은 바로 앞에서 다뤘다. 기억이 나지 않는다면 이전 페이지로 돌아가서 살펴보자.

선이 좀 억지스럽긴 하지만 이번에도 선 긋기를 해보자.

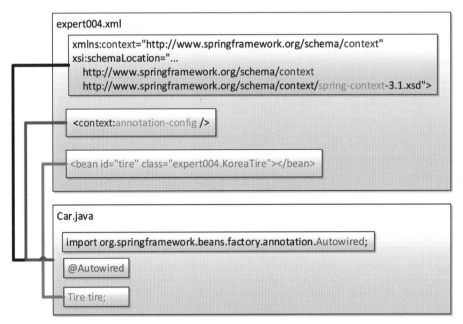

[그림 7-26] @Autowired를 통한 속성 주입(부록의 컬러 이미지 참고)

이제 Driver.java를 실행해 보자.

[그림 7-27] @Autowired를 통한 속성 주입 실행 결과

스프링이 내부적으로 준비하는 INFO 정보가 더 늘어났다. JUnit 테스트 코드는 이전과 동일하다.

여기서부터는 약간의 번외 경기를 진행해 보자.

### 번외 경기 1. AmericaTire로 변경된 Driver.java를 실행하려면 어디를 고쳐야 할까?

재컴파일할 필요 없이 expert.xml에서 bean의 id 속성만 변경하면 된다.

```
<bean id="tire02" class="expert004.KoreaTire"></bean>
<bean id="tire" class="expert004.AmericaTire"></bean>
```

그런 다음 Driver.java를 실행하면 결과를 확인할 수 있다.

### 번외 경기 2. 위 번외 경기 1에서 KoreaTire 부분을 완전히 삭제하고, AmericaTire의 id 속성을 삭제해 보자.

```
<?xml …>
<beans …>

  <context:annotation-config />
  <bean class="expert004.AmericaTire"></bean>
  <bean id="car" class="expert004.Car"></bean>


</beans>
```

그런 다음 Driver.java를 다시 실행해 보자. 정상적으로 구동되는 것을 확인할 수 있을 것이다. 왜 정상적으로 구동될까?

구동이 안 돼야 할 것 같은데 구동되는 것이 더 신기하다. 기존에는 Car.java에서 @Autowired가 지정된 tire 속성과 expert.xml 파일에서 bean의 id 속성이 일치하는 것을 찾아 매칭시킨 것 같았다. 그런데 여기서는 bean의 id 속성이 없는데 어떻게 매칭시킨 것일까?

기존 설정은 아래와 같았다.

| Car.java | `@Autowired Tire `*`tire`*`;` |
|---|---|
| expert.xml | `<bean `*`id="tire"`*` class="expert004.AmericaTire"></bean>` |

그런데 아래와 같이 작성해도 제대로 매칭이 됐다는 건데, 여기엔 어떤 마법이 숨어 있는 것일까?

| Car.java | `@Autowired Tire tire;` |
|---|---|
| expert.xml | `<bean class="expert004.AmericaTire"></bean>` |

스프링의 마법은 바로 아래 코드에 있다. 고민을 좀 해보고 답을 보기 바란다.

| Car.java | `@Autowired Tire tire;` |
|---|---|
| expert.xml | `<bean class="expert004.AmericaTire"></bean>` |
| AmericaTire.java | `public class AmericaTire implements Tire` |

바로 인터페이스의 구현 여부가 마법의 답이다. 스프링의 @Autowired 마법은 바로 type 기준 매칭에 있다. 만약 같은 타입을 구현한 클래스가 여러 개 있다면 그때 bean 태그의 id로 구분해서 매칭하게 되는 것이다. 그림 7-28을 꼭 기억해 두자.

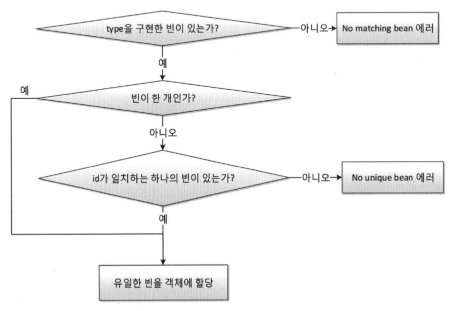

[그림 7-28] @Autowired를 통한 속성 매칭 규칙

그럼 여기서 실험을 하나 더 해보자. 아래 경우는 정상적으로 구동될까?

| Car.java | @Autowired Tire *tire*; |
|---|---|
| expert.xml | <bean *id="usaTire"* class="expert004.AmericaTire"></bean> |

이 경우에도 정상적으로 구동된다. 그럼 아래와 같은 경우라면 또 어떨까?

| Car.java | @Autowired Tire *tire*; |
|---|---|
| expert.xml | <bean class="expert004.KoreaTire"></bean><br><bean class="expert004.AmericaTire"></bean> |

너무 어려워하지 말고 상식적으로 생각해 보자. 스프링 설계팀은 외계인이 아니다. 인간의 상식으로 접근하면 된다. 둘 다 똑같은 인터페이스 타입(Tire.java)을 구현하고 있는데 id로도 구분할 수도 없다면 여러분이라면 어떻게 하겠는가? 먼저 선언된 KoreaTire를 매칭시켜줄 것인가? 아니면 나중에

선언된 AmericaTire를 매칭시켜줄 것인가? 스프링 설계자들도 의견이 분분했을 것이다. 위와 같이
설정했다면 아마도 개발자의 실수일 것이다. 그래서 이 경우에는 스프링의 @Autowired 마법이 통
하지 않는다. 실행 시 에러가 발생한다.

```
Caused by: org.springframework.beans.factory.NoSuchBeanDefinitionException: No unique bean
of type [expert004.Tire] is defined: expected single matching bean but found 2: [expert004.
KoreaTire#0, expert004.AmericaTire#0]
```

설정 정보를 토대로 유일한 빈을 선택할 수 없다면 스프링도 포기하는 것이다. 실무에서 위와 같이 설
정할 일은 없을 것이다. 항상 bean 태그의 id 속성을 작성하는 습관을 들이자.

그럼 다음과 경우에는 어떻게 될까?

| Car.java | @Autowired Tire *tire*; |
|---|---|
| expert.xml | `<bean id="tire" class="expert004.KoreaTire"></bean>`<br>`<bean class="expert004.AmericaTire"></bean>` |

KoreaTire로 잘 작동한다.

다음 경우에는 또 어떻게 될까?

| Car.java | @Autowired Tire *tire*; |
|---|---|
| expert.xml | `<bean id="wheel" class="expert004.KoreaTire"></bean>` |

스프링의 @Autowired는 id 매칭보다 type 매칭이 우선이기 때문에 역시 정상적으로 구동된다.

마지막으로 다음과 같은 경우에는 어떨까?

| Door.java | package *expert004*;<br><br>public class *Door* { } |
|---|---|
| Car.java | @Autowired *Tire tire*; |
| expert.xml | `<bean class="expert004.KoreaTire"></bean>`<br>`<bean id="tire" class="expert004.Door"></bean>` |

스프링 개발진이 생각한 상식은 어떤 것일까? 직접 구동해 결과를 확인해 보자. 그리고 조금만 신경 쓴다면 실무에서 위와 같이 설정할 일은 없을 것이다.

정상적으로 구동한다. KoreaTire가 잘 매칭된다. 따라서 id와 type 중 type 구현에 우선순위가 있음을 알 수 있다.

모든 힌트는 그림 7-28에 있었다. 그림 7-28을 꼭 기억해 두자.

## 스프링을 통한 의존성 주입 – @Resource를 통한 속성 주입

### 의사 코드

운전자가 종합 쇼핑몰에서 자동차를 구매 요청한다.

종합 쇼핑몰은 자동차를 생산한다.

종합 쇼핑몰은 타이어를 생산한다.

종합 쇼핑몰은 자동차에 타이어를 장착한다.

종합 쇼핑몰은 운전자에게 자동차를 전달한다.

의사 코드를 보면 이전과 동일하다. 바로 이전 절에서는 @Autowired를 통해 속성을 주입했었는데, 자동으로 묶어준다는 의미보다 더 직관적인 말은 없을까? 자동차에게 타이어는 재료 또는 자원, 부품이라고 할 수 있다. 그리하여 이제부터는 Autowired라는 표현 대신 Resource라는 표현을 쓰겠다. 따라서 변경되는 부분은 @Autowired 부분뿐이다.

[예제 7-24] Car.java

```java
package expert005;

import javax.annotation.Resource;

public class Car {
  @Resource
  Tire tire;

  public String getTireBrand() {
    return "장착된 타이어: " + tire.getBrand();
  }
}
```

나머지 코드는 패키지가 expert005로 변경됐을 뿐 동일하다. 그럼 여기서 "@Autowired 하면 될 것을 왜 굳이 @Resource로 변경했는가?"라는 의문이 생길지도 모른다. @Autowired는 스프링의 어노테이션이다. @Resource는 자바 표준 어노테이션이다. 스프링 프레임워크를 사용하지 않는다면 @Autowired는 사용할 수 없고 오직 @Resource만을 사용해야 한다. 그리고 이전 절에서 살펴봤듯이 @Autowired의 경우 type과 id 가운데 매칭 우선순위는 type이 높다. @Resource의 경우 type과 id 가운데 매칭 우선순위는 id가 높다. @Resource의 경우 id로 매칭할 빈을 찾지 못한 경우 type으로 매칭할 빈을 찾게 된다.

더 깊이 살펴보면 스프링 프레임워크에서 @Autowired와 @Qualifer를 조합해서 사용하기, @Resource에서 id가 필드 이름과 다른 빈을 이용해 속성 주입하기, 그리고 자바 어노테이션 표준인 JSR-250과 JSR-330을 만나게 된다. 이러한 내용은 이 책의 범위를 넘어서기 때문에 더 깊이 다루지는 않겠다. 별도의 자료나 스프링 공식 레퍼런스를 참고하기 바란다. 스프링 3 공식 레퍼런스 번역본은 아웃사이더 님이 번역해서 블로그(http://blog.outsider.ne.kr/729)를 통해 공유하고 있으니 관심 있는 독자들은 한 번씩 둘러보고 감사의 댓글도 달아 보자.

## 스프링을 통한 의존성 주입 - @Autowired vs. @Resource vs. 〈property〉 태그

@Autowired와 @Resource 어노테이션은 이전 절에서 살펴본대로 두 객체 사이에 의존성을 해결해 준다. 둘을 비교해보자.

| | @Autowired | @Resource |
|---|---|---|
| 출처 | 스프링 프레임워크 | 표준 자바 |
| 소속 패키지 | org.springframework.beans.factory.annotation.Autowired | javax.annotation.Resource |
| 빈 검색 방식 | byType 먼저, 못 찾으면 byName | byName 먼저, 못 찾으면 byType |
| 특이사항 | @Qualifier("") 협업 | name 어트리뷰트 |
| byName 강제하기 | @Autowired @Qualifier("tire1") | @Resource(name="tire1") |

[표 7-1] @Autowired 와 @Resource 비교

표 7-1만 가지고는 잘 구분되지 않을 것이다. 개발자답게 코드로 이해해 보자. 이제부터 나오는 코드는 기존 expert005 패키지의 Car.java와 expert005.xml을 이리저리 바꾸면서 진행하면 된다. 물

론 기존 코드를 보존하기 위해 expert006 패키지를 생성하고 expert005 패키지에 있는 모든 파일을 복사해서 붙여넣는 것을 추천한다.

### 사례 연구 1. XML 설정 – 한 개의 빈이 id 없이 tire 인터페이스를 구현한 경우

**[예제 7-25] expert006.xml**

```xml
<?xml version="1.0" encoding="UTF-8"?>
<beans … 생략 …>
  <context:annotation-config />

  <bean class="expert006.KoreaTire"></bean>

  <bean id="car" class="expert006.Car"></bean></beans>
```

위의 XML 설정에서 @Resource를 사용해 Car의 tire 속성을 주입하는 소스는 예제 7–26과 같다.

**[예제 7-26] Car.java - @Resource를 이용한 tire 속성 주입**

```java
package expert006;

import javax.annotation.Resource;

import org.springframework.beans.factory.annotation.Autowired;
import org.springframework.beans.factory.annotation.Qualifier;

public class Car {
  @Resource
  Tire tire;

  public String getTireBrand() {
    return "장착된 타이어: " + tire.getBrand();
  }
}
```

위의 XML 설정에서 @Autowired를 사용해 Car의 tire 속성을 주입하는 소스는 예제 7–27과 같다.

[예제 7-27] Car.java - @Autowired를 이용한 tire 속성 주입

```
package expert006;

import org.springframework.beans.factory.annotation.Autowired;

public class Car {
  @Autowired
  Tire tire;

  public String getTireBrand() {
    return "장착된 타이어: " + tire.getBrand();
  }
}
```

각각의 경우 Driver.java를 실행해 보면 두 경우 모두 아무 문제 없이 실행되는 것을 확인할 수 있다.

## 사례 연구 2. XML 설정 – 두 개의 빈이 id 없이 tire 인터페이스를 구현한 경우

[예제 7-28] expert006.xml

```
<?xml version="1.0" encoding="UTF-8"?>
<beans … 생략 …>
  <context:annotation-config />

  <bean class="expert006.KoreaTire"></bean>
  <bean class="expert006.AmericaTire"></bean>

  <bean id="car" class="expert006.Car"></bean>
</beans>
```

@Resource의 경우 Driver.java를 실행할 때 다음과 같은 오류 메시지가 나타난다.

```
No unique bean of type [expert006.Tire] is defined:
expected single matching bean but found 2:
[expert006.KoreaTire#0, expert006.AmericaTire#0]
```

@Autowired의 경우 Driver.java를 실행할 때 다음과 같은 오류 메시지가 나타난다.

```
No unique bean of type [expert006.Tire] is defined:
expected single matching bean but found 2:
[expert006.KoreaTire#0, expert006.AmericaTire#0]
```

### 사례 연구 3. XML 설정 – 두 개의 빈이 tire 인터페이스를 구현하고 하나가 일치하는 id를 가진 경우

[예제 7-29] expert.xml

```xml
<?xml version="1.0" encoding="UTF-8"?>
<beans … 생략 …>
  <context:annotation-config />

  <bean id="tire" class="expert006.KoreaTire"></bean>
  <bean id="tire2" class="expert006.AmericaTire"></bean>

  <bean id="car" class="expert006.Car"></bean>
</beans>
```

@Resource의 경우 Driver.java를 실행했을 때 정상적으로 작동한다.

```
장착된 타이어: 코리아 타이어
```

@Autowired의 경우에도 Driver.java를 실행했을 때 정상적으로 작동한다.

```
장착된 타이어: 코리아 타이어
```

### 사례 연구 4. XML 설정 – 두 개의 빈이 tire 인터페이스를 구현하고 일치하는 id가 없는 경우

[예제 7-30] expert.xml

```xml
<?xml version="1.0" encoding="UTF-8"?>
<beans … 생략 …>
  <context:annotation-config />
```

```
    <bean id="tire1" class="expert006.KoreaTire"></bean>
    <bean id="tire2" class="expert006.AmericaTire"></bean>

    <bean id="car" class="expert006.Car"></bean>
  </beans>
```

@Resource의 경우 Driver.java를 실행하면 다음과 같은 오류가 발생한다.

**No unique bean** of type [expert006.Tire] is defined:
**expected single matching bean but found 2:** [tire1, tire2]

@Autowired의 경우 Driver.java를 실행하면 다음과 같은 오류가 발생한다.

**No unique bean** of type [expert006.Tire] is defined:
**expected single matching bean but found 2:** [tire1, tire2]

## 사례 연구 5. XML 설정 – 일치하는 id가 하나 있지만 인터페이스를 구현하지 않은 경우

[예제 7-31] expert.xml

```
<?xml version="1.0" encoding="UTF-8"?>
<beans … 생략 …>
  <context:annotation-config />

  <bean id="tire" class="expert006.Door"></bean>

  <bean id="car" class="expert006.Car"></bean>
</beans>
```

[예제 7-32] Door.java

```
package expert006;

// tire 인터페이스를 구현하지 않음
public class Door {

}
```

@Resource의 경우 Driver.java를 실행하면 다음과 같은 오류가 발생한다.

```
Bean named 'tire' must be of type [expert006.Tire], but was actually of type [expert006.Door]
```

@Autowired의 경우 Driver.java를 실행하면 다음과 같은 오류가 발생한다.

```
No matching bean of type [expert006.Tire] found for dependency: expected at least 1 bean
which qualifies as autowire candidate for this dependency. Dependency annotations: {@org.
springframework.beans.factory.annotation.Autowired(required=true)}
```

여기서는 byName 우선인 @Resource와 byType 우선인 @Autowired의 에러 메시지가 서로 다르다는 것에 주목하자.

위의 사례 연구를 보면 @Autowired와 @Resource를 바꿔서 사용하는 데 크게 차이가 없다는 사실을 알 수 있다. 그럼 둘 중에 어느 것을 써야 할까?

필자의 경우 스프링이 제공하는 @Autowired와 자바가 제공하는 @Resource 중에서 손 들라고 하면 @Resource를 지지하겠다. 자동으로 주입된다는 의미에서는 @Autowired가 명확해 보이지만 실제 Car 입장에서 보면 @Resource라는 표현이 더 어울린다. 그리고 나중에 스프링이 아닌 다른 프레임워크로 교체되는 경우를 대비하면 자바 표준인 @Resource를 쓰는 것이 유리하다.

그럼 여기서 또 하나의 고민이 생긴다. @Resource는 사실 〈bean〉 태그의 자식 태그인 〈property〉 태그로 해결될 수 있다. 그럼 @Resource vs. 〈property〉 중에서는 누구의 손을 들어줘야 할까?

필자는 〈property〉의 손을 들어주겠다. XML 파일만 봐도 DI 관계를 손쉽게 확인할 수 있기 때문이다. 그렇지만 개발 생산성은 @Resource가 더 나을 것이다. 반면 〈property〉는 유지보수성이 좋다.

프로젝트의 규모가 커지면 XML 파일의 규모가 커지기 마련인데 XML 파일도 용도별로 분리할 수 있다. 그래서 더더욱 〈property〉에 한 표를 던진다.

지금까지 설명한 내용을 정리하면 다음과 같다.

- @Autowired와 @Resource 중에서는 @Resource 추천
- @Resource와 〈property〉 중에서는 〈property〉 추천

다만 프로젝트 규모와 팀의 성향에 따라 중용의 도를 발휘해야 한다. 다수의 클래스를 만들고 의존 관계를 지정하다 보면 유지보수에 무관한 관계도 있고, 유지보수와 밀접하거나 자주 변경되는 관계도 있다. 전자라면 @Resource를, 후자라면 〈property〉 태그를 사용하는 것이 유리하다.

아래의 사례 연구 6, 7, 8은 @Resource와 @Autowired에 대한 고급 내용이다. 이해하기 어렵다면 굳이 알려고 하지 말자. 이후 스프링 전문 서적을 통해 이해하면 된다.

### 사례 연구 6. XML 설정 – 두 개의 빈이 tire 인터페이스를 구현하고 속성과 일치하는 id가 없지만 @Resource 어노테이션의 name 속성이 id와 일치하는 경우

[예제 7-33] expert.xml

```xml
<?xml version="1.0" encoding="UTF-8"?>
<beans … 생략 …>
  <context:annotation-config />

  <bean id="tire1" class="expert006.KoreaTire" />
  <bean id="tire2" class="expert006.AmericaTire" />

  <bean id="car" class="expert006.Car" />
</beans>
```

[예제 7-34] Car.java

```java
package expert006;
import javax.annotation.Resource;

public class Car {
  @Resource(name="tire1")
  Tire tire;

  public String getTireBrand() {
    return "장착된 타이어: " + tire.getBrand();
  }
}
```

Driver.java를 실행하면 정상적인 결과를 확인할 수 있다.

### 사례 연구 7. 사례 연구 6과 같도록 @Autowired를 지정하려면 다음과 같이 설정한다.

[예제 7-35] Car.java

```java
package expert006;
import org.springframework.beans.factory.annotation.Autowired;
import org.springframework.beans.factory.annotation.Qualifier;

public class Car {
  @Autowired
  @Qualifier("tire1")
  Tire tire;

  public String getTireBrand() {
    return "장착된 타이어: " + tire.getBrand();
  }
}
```

Driver.java를 실행하면 정상적인 결과를 확인할 수 있다.

### 사례 연구 8. 실무라면 필자는 다음과 같이 설정하겠다.

[예제 7-36] expert.xml

```xml
<?xml version="1.0" encoding="UTF-8"?>
<beans … 생략 …>
  <context:annotation-config />

  <bean id="tire" class="expert006.KoreaTire" />
  <bean id="tireOther" class="expert006.AmericaTire" />

  <bean id="car" class="expert006.Car"/>
</beans>
```

```java
package expert006;

import javax.annotation.Resource;

public class Car {
  @Resource(name="tire")
  Tire tire;

  public String getTireBrand() {
    return "장착된 타이어: " + tire.getBrand();
  }
}
```

만약 미국 타이어를 쓰고 싶다면 빈의 id만 바꾸면 된다.

```
<bean id="tireOther" class="expert006.KoreaTire" />
<bean id="tire" class="expert006.AmericaTire" />
```

프로그램을 재구동하면 미국 타이어가 장착된다. 재컴파일과 재배포가 필요없다. 설정 파일을 쓰는 가장 중요한 이유가 재컴파일/재배포 없이 프로그램의 실행 결과를 변경할 수 있기 때문이다.

DI를 마무리하기 전에 마지막으로 언급할 사항이 하나 있다. 의존 관계가 new라고 단순화했던 부분이다. 사실 변수에 값을 할당하는 모든 곳에 의존 관계가 생긴다. 즉, 대입 연산자(=)에 의해 변수에 값이 할당되는 순간에 의존이 생긴다. 변수가 지역 변수이건 속성이건, 할당되는 값이 리터럴이건 객체이건 의존은 발생한다. 의존 대상이 내부에 있을 수도 있고, 외부에 있을 수도 있다. DI는 외부에 있는 의존 대상을 주입하는 것을 말한다. 의존 대상을 구현하고 배치할 때 SOLID와 응집도는 높이고 결합도는 낮추라는 기본 원칙에 충실해야 한다. 그래야 프로젝트의 구현과 유지보수가 수월해진다.

## AOP – Aspect? 관점? 핵심 관심사? 횡단 관심사?

스프링의 3대 프로그래밍 모델 중 두 번째는 AOP다. AOP는 Aspect-Oriented Programming의 약자이고, 이를 번역하면 관점 지향 프로그래밍이 된다. 그럼 관점이란 또 무엇이냐를 따지고 싶겠지만 그러지는 말자. 그냥 Aspect로 기억하자.

스프링 DI가 의존성(new)에 대한 주입이라면 스프링 AOP는 로직(code) 주입이라고 할 수 있다. 일단 AOP라는 글귀에서 OOP가 생각날 것이고 "그럼 OOP 다음이 AOP인가?"라고 오해할 수 있는데, 결코 그렇진 않다.

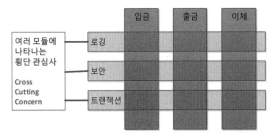

[그림 7-29] 횡단 관심사

그림 7-29를 보면 입금, 출금, 이체 모듈에서 로깅, 보안, 트랜잭션 기능이 반복적으로 나타나는 것을 볼 수 있다. 프로그램을 작성하다 보면 이처럼 다수의 모듈에 공통적으로 나타나는 부분이 존재하는데, 바로 이것을 횡단 관심사(cross-cutting concern)라고 한다. 데이터베이스 연동 프로그램을 작성한 적이 있다면 insert 연산이든, update, delete, select 연산이든 항상 반복해서 등장하는 다음과 같은 형태의 코드를 본 적이 있을 것이다.

```
DB 커넥션 준비
Statement 객체 준비

try {
  DB 커넥션 연결
  Statement 객체 세팅
  insert / update / delete / select 실행
} catch ... {
  예외 처리
} catch ... {
```

```
  예외 처리
} finaly {
  DB 자원 반납
}
```

위의 의사 코드를 보면 기울어진 볼드체로 표시된 부분은 어떤 데이터베이스 연산을 하든 공통적으로 나타나는 코드다. 이를 바로 횡단 관심사라고 한다. 그리고 밑줄이 그어진 부분을 핵심 관심사라고 한다.

코드 = 핵심 관심사 + 횡단 관심사

핵심 관심사는 모듈별로 다르지만 횡단 관심사는 모듈별로 반복되어 중복해서 나타나는 부분이다. 반복/중복이라는 단어를 들으면 프로그래머로는 반사적으로 "반복/중복은 분리해서 한 곳에서 관리하라"는 말이 떠올라야 한다. 그런데 AOP에서는 더욱 진보된 방법을 사용한다.

남자와 여자의 삶을 프로그래밍한다고 생각해 보자. 이들이 집에 들어가서 하는 일을 최대한 단순하게 의사 코드로 작성했다.

**남자용 의사 코드**

열쇠로 문을 열고 집에 들어간다.

컴퓨터로 게임을 한다.

소등하고 잔다.

자물쇠를 잠그고 집을 나선다.

_____

예외상황처리: 집에 불남 – 1190에 신고한다.

**여자용 의사 코드**

열쇠로 문을 열고 집에 들어간다.

요리를 한다.

소등하고 잔다.

자물쇠를 잠그고 집을 나선다.

_____

예외상황처리: 집에 불남 – 1190에 신고한다.

두 의사 코드를 보면서 중복해서 나타나는 횡단 관심사와 각 의사 코드에서만 나타나는 핵심 관심사를 분리해 보자. 자바 코드로 구현해 보기 위해 aop001 패키지를 작성하고 다음과 같은 3개의 클래스를 만들자.

[예제 7-38] Boy.java

```java
package aop001;

public class Boy {
  public void runSomething() {
    System.out.println("열쇠로 문을 열고 집에 들어간다.");

    try {
      System.out.println("컴퓨터로 게임을 한다.");
    } catch (Exception ex) {
      if (ex.getMessage().equals("집에 불남")) {
        System.out.println("119 에 신고한다.");
      }
    } finally {
      System.out.println("소등하고 잔다.");
    }

    System.out.println("자물쇠를 잠그고 집을 나선다.");
  }
}
```

[예제 7-39] Girl.java

```java
package aop001;

public class Girl {
  public void runSomething() {
    System.out.println("열쇠로 문을 열고 집에 들어간다.");

    try {
      System.out.println("요리를 한다.");
    } catch (Exception ex) {
```

```
      if (ex.getMessage().equals("집에 불남")) {
        System.out.println("119 에 신고한다.");
      }
    } finally {
      System.out.println("소등하고 잔다.");
    }

    System.out.println("자물쇠를 잠그고 집을 나선다.");
  }
}
```

[예제 7-40] Start.java

```
package aop001;

public class Start {
  public static void main(String[] args) {
    Boy romeo = new Boy();
    Girl juliet = new Girl();

    romeo.runSomething();
    juliet.runSomething();
  }
}
```

이번 절을 시작할 때 "스프링 DI가 의존성에 대한 주입이라면 스프링 AOP는 로직 주입이라고 볼 수 있다"라고 설명한 바 있다. 로직을 주입한다면 어디에 주입할 수 있을까?

객체 지향에서 로직(코드)이 있는 곳은 당연히 메서드의 안쪽이다. 그럼 메서드에서 코드를 주입할 수 있는 곳은 몇 군데일까?

그림 7-30에서 볼 수 있듯이 Around, Before, After, AfterReturning, AfterThrowing으로 총 5군데다. 그림에서는 메서드 시작 전, 메서드 종료 후라고 표현했는데 메서드 시작 직후, 메서드 종료 직전으로 생각해도 된다.

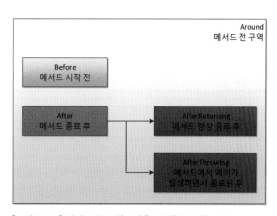

[그림 7-30] 메서드에 로직(코드)을 주입할 수 있는 곳들

다음 절에서는 스프링 AOP를 통해 어떻게 횡단 관심사를 분리해 낼 수 있는지, 분리된 횡단 관심사 (로직)를 어떻게 실행 시간에 메서드에 주입할 수 있는지를 살펴보겠다.

## 일단 덤벼 보자 – 실전편

앞 절에서 Boy.java, Girl.java를 만들어 횡단 관심사와 핵심 관심사가 무엇인지 살펴봤다. 여기서는 AOP 적용을 위해 일단 Boy.java만 바꿔보자. 스프링 AOP를 적용하기 위해 인터페이스 기반으로 Boy.java를 변경하자. 인터페이스 없이 CGLib 라이브러리를 이용하는 방법도 있긴 하지만 귀찮은 설정 작업을 많이 해야 한다. 인터페이스를 만드는 것이 오히려 편하다.

aop002 패키지를 만들고 Person이라는 인터페이스를 추가하자.

**[예제 7-41] Person.java**

```
package aop002;

public interface Person {
  void runSomething();
}
```

Person 인터페이스를 구현하도록 Boy.java를 변경하자. 그리고 핵심 관심사가 아닌 부분, 즉 횡단 관심사를 모두 지우자.

**[예제 7-42] Boy.java**

```
package aop002;

public class Boy implements Person {
  public void runSomething() {
    System.out.println("컴퓨터로 게임을 한다.");
  }
}
```

횡단 관심사를 지우고 나니 Boy.java가 무척 단순해졌다. 이제 Start.java가 스프링 프레임워크 기반에서 구동될 수 있게 변경하자.

```java
package aop002;

import org.springframework.context.ApplicationContext;
import org.springframework.context.support.ClassPathXmlApplicationContext;

public class Start {
  public static void main(String[] args) {
    ApplicationContext context = new ClassPathXmlApplicationContext("aop002/aop002.xml");

    Person romeo = context.getBean("boy", Person.class);

    romeo.runSomething();
  }
}
```

그리고 스프링 설정 파일인 aop002.xml을 만든다.

```xml
<?xml version="1.0" encoding="UTF-8"?>
<beans
   xmlns="http://www.springframework.org/schema/beans"
xmlns:xsi="http://www.w3.org/2001/XMLSchema-instance"
xmlns:aop="http://www.springframework.org/schema/aop"

   xsi:schemaLocation="
     http://www.springframework.org/schema/aop
     http://www.springframework.org/schema/aop/spring-aop-3.1.xsd
     http://www.springframework.org/schema/beans
     http://www.springframework.org/schema/beans/spring-beans.xsd">

  <aop:aspectj-autoproxy />

  <bean id="myAspect" class="aop002.MyAspect" />
  <bean id="boy" class="aop002.Boy" />
</beans>
```

처음 보는 부분도 있고, myAspect라고 하는 빈이 설정돼 있는 것도 보인다. 당황하지 말고 STS에서 aop002.xml을 열고 하단의 Namespace 탭을 클릭해 aop 부분을 체크하면 위에 기울어진 볼드체로 표시된 세 줄이 자동으로 추가된다. 다시 Source 탭으로 돌아와 아래 내용만 입력하면 된다.

```
<aop:aspectj-autoproxy />

<bean id="myAspect" class="aop002.MyAspect" />
<bean id="boy" class="aop002.Boy" />
```

그럼 이제 예제 7-45의 MyAspect.java를 살펴보자.

**[예제 7-45] MyAspect.java**

```java
package aop002;

import org.aspectj.lang.annotation.Aspect;
import org.aspectj.lang.annotation.Before;
import org.aspectj.lang.JoinPoint;

@Aspect
public class MyAspect {
  @Before("execution(public void aop002.Boy.runSomething ())")
  public void before(JoinPoint joinPoint){
    System.out.println("얼굴 인식 확인: 문을 개방하라");
    //System.out.println("열쇠로 문을 열고 집에 들어간다.");
  }
}
```

간단하게 처리하기 위해 어노테이션을 사용했다.

- @Aspect는 이 클래스를 이제 AOP에서 사용하겠다는 의미다.
- @Before는 대상 메서드 실행 전에 이 메서드를 실행하겠다는 의미다.

JoinPoint는 @Before에서 선언된 메서드인 aop002.Boy.runSomething()을 의미한다.

이제 열쇠로 문을 열고 집에 들어가는 것이 아니라 스프링 프레임워크가 사용자를 인식해 자동으로 문을 열어주게 된다. 모든 파일을 저장하고 Start.java에서 마우스 오른쪽 버튼을 클릭한 후 Run As → Java Application을 선택해 실행해 보자. 그럼 다음과 같은 결과가 나올 것이다.

.. 생략..

**얼굴 인식 확인: 문을 개방하라**
**컴퓨터로 게임을 한다.**

만약 결과가 위와 같지 않고 다음과 같은 에러가 발생한다면 프로젝트 루트에 있는 pom.xml 파일을 열자.

```
INFO :
.. 생략..
Exception in thread "main"
java.lang.No클래스DefFoundError: org/aspectj/weaver/BCException
  at java.lang.클래스.getDeclaredMethods0(Native Method)
  at java.lang.클래스.privateGetDeclaredMethods(Class.java:2427)

.. 생략..

at aop002.Start.main(Start.java:8)
Caused by: java.lang.클래스NotFoundException: org.aspectj.weaver.BCException

.. 생략..

... 13 more
```

pom.xml 파일에서 아래와 같은 부분을 찾아

```
<!-- AspectJ -->
  <dependency>
    <groupId>org.aspectj</groupId>
    <artifactId>aspectjrt</artifactId>
    <version>${org.aspectj-version}</version>
  </dependency>

  <!-- Logging -->
```

아래와 같이 내용을 추가하고 파일을 저장한 후 다시 실행하면 된다.

```xml
<!-- AspectJ -->
<dependency>
  <groupId>org.aspectj</groupId>
  <artifactId>aspectjrt</artifactId>
  <version>${org.aspectj-version}</version>
</dependency>

<dependency>
  <groupId>org.aspectj</groupId>
  <artifactId>aspectjweaver</artifactId>
  <version>1.6.11</version>
</dependency>

<!-- Logging -->
```

## 일단 덤벼 보자 – 설명편

지난 절에서 횡단 관심사를 완벽하게 분리하는 예제를 실습해 봤다. 이번 절에서는 이론적인 토대를 살펴보자.

AOP 적용 전후의 Boy.java와 관련 코드를 비교해 보자. 아래의 두 표는 분리해서 보는 것보다 하나로 보는 것이 좋다. 지면상 별도의 표로 분리할 수밖에 없었지만 별도로 제공되는 파일의 images/ETC 밑에 컬러 이미지로 제공하고 있으니 꼭 참고하길 바란다. 아래의 두 표를 비교한 그림은 images/ETC/701.png다.

**AOP 적용 전**

```java
package aop001;

public class Boy {
  public void runSomething() {
    System.out.println("열쇠로 문을 열고 집에 들어간다.");

    try {
      System.out.println("컴퓨터로 게임을 한다.");
```

```
      } catch (Exception ex) {
        if(ex.getMessage().equals("집에 불남")) {
          System.out.println("119 에 신고한다.");
        }
      } finally {
        System.out.println("소등하고 잔다.");
    }


      System.out.println("자물쇠를 잠그고 집을 나선다.");
    }
}
```

[표 7-2] AOP 적용 전의 Boy.java

## AOP 적용 후

```
package aop002;

public class Boy implements Person {
  public void runSomething() {
    System.out.println("컴퓨터로 게임을 한다.");
  }
}
```

```
package aop002;

public interface Person {
  void runSomething();
}
```

```
package aop002;

import org.aspectj.lang.JoinPoint;
import org.aspectj.lang.annotation.Aspect;
import org.aspectj.lang.annotation.Before;

@Aspect
public class MyAspect {
  @Before("execution(* runSomething())")
  public void before(JoinPoint joinPoint){
```

```java
        System.out.println("얼굴 인식 확인: 문을 개방하라");
        //System.out.println("열쇠로 문을 열고 집에 들어간다.");
    }
}
```

```xml
<?xml version="1.0" encoding="UTF-8"?>
<beans
    xmlns="http://www.springframework.org/schema/beans"
    xmlns:xsi="http://www.w3.org/2001/XMLSchema-instance"
    xmlns:aop="http://www.springframework.org/schema/aop"

    xsi:schemaLocation="
        http://www.springframework.org/schema/aop
        http://www.springframework.org/schema/aop/spring-aop-3.1.xsd
        http://www.springframework.org/schema/beans
        http://www.springframework.org/schema/beans/spring-beans.xsd">

    <aop:aspectj-autoproxy />

    <bean id="myAspect" class="aop002.MyAspect" />
    <bean id="boy" class="aop002.Boy" />
</beans>
```

[표 7-3] AOP 적용 후의 Boy.java

System.out.println("열쇠로 문을 열고 집에 들어간다.")만 AOP로 구현했음에도 코드의 양이 상당히 늘어났음을 알 수 있다. 그런데 주목할 것은 Boy.java의 코드가 어떻게 됐느냐다. 횡단 관심사는 모두 사라졌고 오직 핵심 관심사만 남았다. 개발할 때는 한 개의 Boy.java를 4개의 파일로 분할해서 개발하는 수고를 해야 하지만 추가 개발과 유지보수 관점에서 보면 무척이나 편한 코드가 된 것을 알 수 있다. AOP를 적용하면서 Boy.java에 단일 책임 원칙(SRP)을 자연스럽게 적용하게 된 것이다. 그리고 사실 프로젝트 팀에서 한 명의 개발자만 Aspect 관련 코딩을 말끔하게 해주면 다른 개발자들은 부지불식간에 그 혜택을 누리게 되는 것이다. 다른 개발자들은 횡단 관심사는 신경 쓰지 않고 핵심 관심사만 코딩하면 되는 것이다.

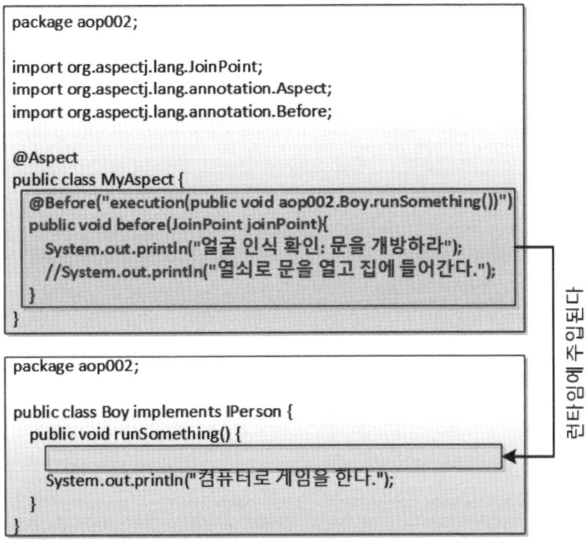

package aop002;
import org.aspectj.lang.JoinPoint;
import org.aspectj.lang.annotation.Aspect;
import org.aspectj.lang.annotation.Before;
@Aspect
public class MyAspect {
@Before("execution(public void aop002.Boy.runSomething())")
public void before(JoinPoint joinPoint){
System.out.println("얼굴 인식 확인: 문을 개방하라");
//System.out.println("열쇠로 문을 열고 집에 들어간다.");
}
}
런타임에 주입된다
package aop002;
public class Boy implements IPerson {
public void runSomething() {
System.out.println("컴퓨터로 게임을 한다.");
}
}

**[그림 7-31]** AOP를 통해 런타임에 로직 주입

실행 결과를 보면 @Before로 만들어진 before 메서드가 런타임에 그림 7-31과 같이 주입되는 것을 알 수 있다. 그림 7-31을 더욱 상세하게 그려서 줄 긋기를 해보면 그림 7-32처럼 표현할 수도 있다.

package aop002;
import org.aspectj.lang.JoinPoint;
import org.aspectj.lang.annotation.Aspect;
import org.aspectj.lang.annotation.Before;
@Aspect
public class MyAspect {
@Before("execution(public void aop002.Boy.runSomething())")
public void before(JoinPoint joinPoint){
System.out.println("얼굴 인식 확인: 문을 개방하라");
//System.out.println("열쇠로 문을 열고 집에 들어간다.");
}
}
package aop002;
public class Boy implements IPerson {
public void runSomething() {
System.out.println("컴퓨터로 게임을 한다.");
}
}

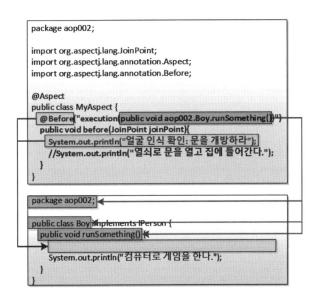

**[그림 7-32]** AOP를 통해 런타임에 로직 주입(상세) - 부록의 컬러 이미지 참고

@Before("execution(public void aop002.Boy.runSomething())") 부분을 아래와 같이 고쳐 보자.

```
@Before("execution(* runSomething())")
```

수정사항을 저장한 후 다시 실행해 보자. 잘 동작할 것이다. 이는 Girl.java의 runSomething() 메서드도 @Before를 통해 같은 로직을 주입해 줄 수 있다는 것을 의미한다.

좀 길기는 하지만 역시 AOP 전후의 Boy.java, Girl.java의 변화와 관련 코드를 살펴보자. 역시 두 개의 소스를 비교하는 컬러 이미지(image/ETC/702.png)를 압축파일로 제공하고 있으니 참고하기 바란다.

**AOP 적용 전**

```java
package aop001;

public class Boy {
  public void runSomething() {
    System.out.println("열쇠로 문을 열고 집에 들어간다.");

    try {
      System.out.println("컴퓨터로 게임을 한다.");
    } catch (Exception ex) {
      if (ex.getMessage().equals("집에 불남")) {
        System.out.println("119 에 신고한다.");
      }
    } finally {
      System.out.println("소등하고 잔다.");
    }

    System.out.println("자물쇠를 잠그고 집을 나선다.");
  }
}
```

```java
package aop001;

public class Girl {
  public void runSomething() {
    System.out.println("열쇠로 문을 열고 집에 들어간다.");
```

AOP 적용 전

```
    try {
      System.out.println("요리를 한다.");
    } catch (Exception ex) {
      if (ex.getMessage().equals("집에 불남")) {
        System.out.println("119 에 신고한다.");
      }
    } finally {
      System.out.println("소등하고 잔다.");
    }

    System.out.println("자물쇠를 잠그고 집을 나선다.");
  }
}
```

```
package aop001;

public class Start {
  public static void main(String[] args) {
    Boy romeo = new Boy();
    Girl juliet = new Girl();

    romeo.runSomething();
    juliet.runSomething();
  }
}
```

AOP 적용 후

```
package aop002;

public class Boy implements Person {
  public void runSomething() {
    System.out.println("컴퓨터로 게임을 한다.");
  }
}
```

## AOP 적용 후

```java
package aop002;

public class Girl implements Person {
  public void runSomething() {
    System.out.println("요리를 한다.");
  }
}
```

```java
package aop002;

import org.springframework.context.ApplicationContext;
import org.springframework.context.support.ClassPathXmlApplicationContext;

public class Start {
  public static void main(String[] args) {
    ApplicationContext context = new ClassPathXmlApplicationContext(
        "aop002.xml", Start.class);

    Person romeo = context.getBean("boy", Person.class);
    Person juliet = context.getBean("girl", Person.class);

    romeo.runSomething();
    juliet.runSomething();
  }
}
```

```java
package aop002;

public interface Person {
  void runSomething();
}
```

```java
package aop002;

import org.aspectj.lang.JoinPoint;
import org.aspectj.lang.annotation.Aspect;
import org.aspectj.lang.annotation.Before;

@Aspect
public class MyAspect {
```

**AOP 적용 후**

```java
@Before("execution(* runSomething())")
public void before(JoinPoint joinPoint) {
    System.out.println("얼굴 인식 확인: 문을 개방하라");
    // System.out.println("열쇠로 문을 열고 집에 들어간다.");
}
}
```

```xml
<?xml version="1.0" encoding="UTF-8"?>
<beans
  xmlns="http://www.springframework.org/schema/beans"
  xmlns:xsi="http://www.w3.org/2001/XMLSchema-instance"
  xmlns:aop="http://www.springframework.org/schema/aop"

  xsi:schemaLocation="
    http://www.springframework.org/schema/aop
    http://www.springframework.org/schema/aop/spring-aop-3.1.xsd
    http://www.springframework.org/schema/beans
    http://www.springframework.org/schema/beans/spring-beans.xsd">

  <aop:aspectj-autoproxy />

  <bean id="myAspect" class="aop002.MyAspect" />
  <bean id="boy" class="aop002.Boy" />
  <bean id="girl" class="aop002.Girl" />
</beans>
```

하나씩 살펴보자. 여기서는 필자의 블로그(https://expert0226.tistory.com/202?category=479268)에 있는 이미지 또는 별도로 제공된 702.png라는 이름의 컬러 이미지 파일을 기준으로 설명하겠다. Boy.java와 Girl.java에서 초록색 부분이 사라졌고 붉은색 부분이 추가됐다.

- Boy.java와 Girl.java에서 초록색 부분이 사라진 이유는?

- Boy.java와 Girl.java에서 붉은색 부분이 추가된 이유는?

- Start.java에서 파란색 부분이 변경된 이유는?

먼저 Boy.java와 Girl.java에서 초록색 부분이 사라진 이유는 횡단 관심사이기 때문이다.

다음으로 붉은색 부분이 추가된 이유는 스프링 AOP가 인터페이스 기반으로 작동하기 때문에 그 요건을 충족하기 위해서다. CGLiB 라이브러리를 사용하게 되면 인터페이스 없이도 AOP를 적용할 수 있지만 추천하는 방법은 아니다. CGLiB 라이브러리를 사용해야 할 경우는 코드를 변경할 수 없는 서드 파티 모듈 안에 final로 선언된 클래스에 AOP를 적용해야 하는 경우 정도다. 이 내용은 이 책의 범위를 넘어서므로 관심 있는 독자는 스프링 전문 서적을 참고하기 바란다.

이어서 Start.java에서 굵게 표시된 부분은 스프링 프레임워크를 적용하고 활용하는 부분이다.

그럼 Person.java가 새롭게 나온 이유는 뭘까? 바로 위에 설명돼 있다. 스프링 AOP가 인터페이스 기반이기 때문이다.

MyAspect.java가 들어온 이유는 뭘까? Boy.java와 Girl.java에서 공통적으로 나타나는 횡단 관심사를 모두 삭제했지만 결국 누군가는 횡단 관심사를 처리해야 한다. MyAspect.java가 횡단 관심사를 처리하게 된다.

aop002.xml은 조금 더 세밀하게 살펴보자. 보다시피 세 개의 빈이 설정돼 있다. 빈이 설정되는 이유는 객체의 생성과 의존성 주입을 스프링 프레임워크에 위임하기 위해서다. 그래서 세 개의 빈에 대한 정보를 등록했다. 물론 스프링 프레임워크는 객체 생성뿐 아니라 객체의 생명주기 전반에 걸쳐 빈의 생성에서 소멸까지 관리한다. boy 빈과 girl 빈은 AOP 적용 대상이기에 등록할 필요가 있고 myAspect 빈은 AOP의 Aspect이기에 등록할 필요가 있다.

〈aop:aspectj-autoproxy /〉는 뭘까? 내용을 보면 aspect도 알겠고 그 뒤의 j는 자바인 듯하고 auto는 자동이고 proxy는? 6.2절에서 설명했던 프록시 패턴을 이용해 횡단 관심사를 핵심 관심사에 주입하는 것이다.

프록시 없이 Start.java의 main() 메서드에서 romeo 객체의 runSomething() 메서드를 직접 호출하는 방식을 그림 7-33에서 확인할 수 있다.

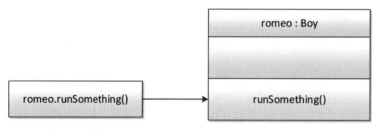

[**그림 7-33**] 프록시 없이 직접 호출

그림 7-34는 프록시를 이용해 runSomething() 메서드를 호출하는 모습을 보여준다.

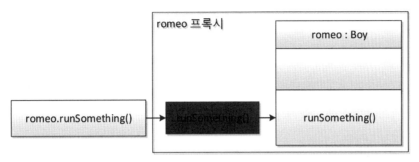

**[그림 7-34]** 프록시를 이용한 간접 호출

호출하는 쪽에서 romeo.runSomething() 메서드를 호출하면 프록시가 그 요청을 받아 진짜 romeo 객체에게 요청을 전달한다. 그런데 그림 하단 중앙의 runSomething() 메서드는 호출을 그냥 전달만 할까? 아니다. 결론적으로 중앙의 runSomething() 메서드는 주고받는 내용을 감시하거나 조작할 수 있다.

스프링 AOP는 프록시를 사용한다. 그런데 스프링 AOP에서 재미있는 것은 호출하는 쪽(romeo. runSomething() 메서드 호출)에서나 호출당하는 쪽(romeo객체), 그 누구도 프록시가 존재하는 지조차 모른다는 것이다. 오직 스프링 프레임워크만 프록시의 존재를 안다. 사실 컴퓨터 세상에는 다양한 프록시가 사용된다. 버퍼도 일종의 프록시라 볼 수 있고 네트워크 속도를 향상시키는 캐시 서버도 프록시의 한 예다. 존재 목적은 다르지만 하는 역할은 모두 중간에서 가로채는 것이라는 동일한 일을 한다.

결국, 〈aop:aspectj-autoproxy /〉는 스프링 프레임워크에게 AOP 프록시를 사용하라고 알려주는 지시자인 것이다. 게다가 auto가 붙었으니 자동으로 말이다.

이번 절은 스프링 AOP를 이해하는 데 매우 중요한 내용이므로 충분히 이해될 때까지 반복해서 읽고, 블로그나 책, 다양한 온/오프라인 문서 등을 통해 끝까지 이해하자.

스프링 AOP의 핵심은 아래 세 개의 문장으로 요약할 수 있다.

- 스프링 AOP는 인터페이스(interface) 기반이다.

- 스프링 AOP는 프록시(proxy) 기반이다.

- 스프링 AOP는 런타임(runtime) 기반이다.

이번 절에서는 @Before, 즉 메서드 호출 전에 프록시가 개입하게 했다. 이미 짐작하고 있겠지만 @After도 있다. 이미 앞에서 밝혔듯이 프록시가 개입할 수 있는 시점은 무려 5개나 된다.

## 일단 덤벼 보자 – 용어편

모든 조직과 문화에는 그들만의 용어가 있다. 그 용어를 이해하지 못하면서 어떤 조직이나 문화를 이해하려 하는 것은 오해를 낳을 뿐이다. 한국에 119가 있다면 미국에는 911이 있다. 미국에서 사고 접수를 위해 119에 아무리 전화를 해봐야 구조 요원은 오지 않을 것이다. AOP에도 그들만의 용어가 있다. 이들을 하나 하나 살펴보자.

| 용어 | 영한 사전 |
| --- | --- |
| Aspect | 관점, 측면, 양상 |
| Advisor | 조언자, 고문 |
| Advice | 조언, 충고 |
| JoinPoint | 결합점 |
| Pointcut | 자르는 점 |

위 5가지 용어와 스프링 AOP에 숨어있는 프록시를 이해하면 스프링 AOP를 활용하는 데 충분하다. 쉬운 순서대로 하나씩 살펴보자.

### Pointcut – 자르는 지점? Aspect 적용 위치 지정자!

[예제 7-46] MyAspect.java

```
package aop002;

import org.aspectj.lang.JoinPoint;
import org.aspectj.lang.annotation.Aspect;
import org.aspectj.lang.annotation.Before;

@Aspect
public class MyAspect {
  @Before("execution(* runSomething())")
  public void before(JoinPoint joinPoint) {
```

```
        System.out.println("얼굴 인식 확인: 문을 개방하라");
    }
}
```

예제 7-46에서 기울어진 볼드체 부분인 * runSomething()이 바로 Pointcut이다. 그럼 @Before("execution(* runSomething())")의 의미는 뭘까? 지금 선언하고 있는 메서드(public void before)를 기울어진 볼드체 부분의 메서드(* runSomething)가 실행되기 전(@Before)에 실행하라는 의미다. 여기서 public void before는 횡단 관심사를 실행하는 메서드가 된다.

결국 Pointcut이라고 하는 것은 횡단 관심사를 적용할 타깃 메서드를 선택하는 지시자(메서드 선택 필터)인 것이다. 이를 줄여서 표현하면 Pointcut이란 "타깃 클래스의 타깃 메서드 지정자"라고 할 수 있다. 그럼 소제목에서는 왜 Aspect 적용 위치 지정자라고 했을까?

스프링 AOP만 보자면 Aspect를 메서드에만 적용할 수 있으니 타깃 메서드 지정자라는 말이 틀리지 않다. 그렇지만 AspectJ처럼 스프링 AOP 이전부터 있었고 지금도 유용하게 사용되는 다른 AOP 프레임워크에서는 메서드뿐만 아니라 속성 등에도 Aspect를 적용할 수 있기에 그것들까지 고려한다면 Aspect 적용 위치 지정자(지시자)가 맞는 표현이다. Pointcut을 메서드 선정 알고리즘이라고도 한다.

타깃 메서드 지정자에는 익히 잘 알려진 정규식과 AspectJ 표현식 등을 사용할 수 있다. 간단하게 소개하면 다음과 같다.

[접근제한자패턴] *리턴타입패턴* [패키지&클래스패턴.]**메서드이름패턴(파라미터패턴)** [throws 예외패턴]

여기서 대괄호 []는 생략이 가능하다는 의미다. 필수 요소는 리턴 타입 패턴, 메서드 이름 패턴, 파라미터 패턴뿐이다.

지난 절에서 사용했던 Pointcut 2개를 살펴보자.

| public void aop002.Boy.runSomething() |
| --- |
| 접근제한자가 public이고 |
| 리턴타입은 void이며 |
| aop002 패키지 밑의 |
| Boy 클래스 안에 |

| public void aop002.Boy.runSomething() |
|---|
| 파라미터가 없으며 |
| 던져지는 에러가 있든 없든 |
| 이름이 runSomething인 메서드를(들을) |
| Pointcut으로 지정하라. |

[표 7-4]  Pointcut의 예

| * runSomething() |
|---|
| 접근제한자는 무엇이라도 좋으며(생략됨) |
| 리턴타입도 무엇이라도 좋으며(*) |
| 모든 패키지 밑의(생략됨) |
| 모든 클래스 안에(생략됨) |
| 파라미터가 없으며 |
| 던져지는 에러가 있든 없든 |
| 이름이 runSomething인 메서드를(들을) |
| Pointcut으로 지정하라. |

[표 7-5]  Pointcut의 예

더 자세한 Pointcut 표현식은 역시 다른 책이나 스프링 API 문서를 참고하자.

## JoinPoint – 연결점? 연결 가능한 지점!

Pointcut은 JoinPoint의 부분 집합이다. 앞에서 스프링 AOP는 인터페이스를 기반으로 한다고 설명했다. 그럼 인터페이스는 또 무엇일까? 인터페이스는 추상 메서드의 집합체다. 그럼 삼단 논법에 의해 스프링 AOP는 메서드에만 적용 가능하다는 결론에 도달하게 된다.

Pointcut의 후보가 되는 모든 메서드들이 JoinPoint, 즉 Aspect 적용이 가능한 지점이 된다. 그래서 다시 삼단 논법을 적용하면 JoinPoint란 "Aspect 적용이 가능한 모든 지점을 말한다"라고 결론 지을 수 있다. 따라서 Aspect를 적용할 수 있는 지점 중 일부가 Pointcut이 되므로 Pointcut은 JoinPoint의 부분집합인 셈이다.

스프링 AOP에서 JoinPoint란 스프링 프레임워크가 관리하는 빈의 모든 메서드에 해당한다. 이것이 광의의 JoinPoint다. 협의의 JoinPoint는 코드 상에서 확인할 수 있다.

[예제 7-47] MyAspect.java

```
package aop002;

import org.aspectj.lang.JoinPoint;
import org.aspectj.lang.annotation.Aspect;
import org.aspectj.lang.annotation.Before;

@Aspect
public class MyAspect {
  @Before("execution(* runSomething())")
  public void before(JoinPoint joinPoint) {
    System.out.println("얼굴 인식 확인: 문을 개방하라");
  }
}
```

코드에서 기울어진 볼드체로 표시된 JoinPoint의 실체는 무엇일까? 그건 그때그때 다르다. 이전 절의 Start.java의 내용을 참고할 필요가 있다.

romeo.runSomething() 메서드를 호출한 상태라면 JoinPoint는 romeo 객체의 runSomething() 메서드가 된다. juliet.runSomething() 메서드를 호출한 상태라면 JoinPoint는 juliet 객체의 runSomething() 메서드가 된다.

JoinPoint 파라미터를 이용하면 실행 시점에 실제 호출된 메서드가 무엇인지, 실제 호출된 메서드를 소유한 객체가 무엇인지, 또 호출된 메서드의 파라미터는 무엇인지 등의 정보를 확인할 수 있다. 지금까지 배운 내용을 정리해 보자.

- 광의의 JoinPoint란 Aspect 적용이 가능한 모든 지점이다.
- 협의의 JoinPoint란 호출된 객체의 메서드다.

## Advice – 조언? 언제, 무엇을!

Advice는 pointcut에 적용할 로직, 즉 메서드를 의미하는데, 여기에 더해 언제라는 개념까지 포함하고 있다. 결국 Advice란 Pointcut에 언제, 무엇을 적용할지 정의한 메서드다. Advice를 타깃 객체의 타깃 메서드에 적용될 부가 기능이라고 표현한 책도 있다.

```java
package aop002;

import org.aspectj.lang.JoinPoint;
import org.aspectj.lang.annotation.Aspect;
import org.aspectj.lang.annotation.Before;

@Aspect
public class MyAspect {
  @Before("execution(* runSomething())")
  public void before(JoinPoint joinPoint) {
    System.out.println("얼굴 인식 확인: 문을 개방하라");
  }
}
```

예제 7-48을 보면 지정된 Pointcut이 시작되기 전(@Before)에 before() 메서드를 실행하라고 돼 있음을 확인할 수 있다.

## Aspect – 관점? 측면? Advisor의 집합체!

AOP에서 Aspect는 여러 개의 Advice와 여러 개의 Pointcut의 결합체를 의미하는 용어다. 수식으로 표현하면 아래와 같다.

Aspect = Advice들 + Pointcut들

Advice는 [언제(When), 무엇을(What)]를 의미하는 것이었다. Pointcut은 [어디에(Where)]를 의미하는 것이었다. 결국 Aspect는 When + Where + What(언제, 어디에, 무엇을)이 된다. 예제 7-48을 기반으로 해석해 보면 Pointcut인 public void aop002.Boy.runSomething() 메서드가 시작되기 전(@Before)에 before() 메서드를 실행하라고 돼 있는 것을 볼 수 있다.

## Advisor – 조언자? 어디서, 언제, 무엇을!

Advisor는 다음과 같은 수식으로 표현할 수 있다.

Advisor = 한 개의 Advice + 한 개의 Pointcut

Advisor는 스프링 AOP에서만 사용하는 용어이며 다른 AOP 프레임워크에서는 사용하지 않는다. 또 스프링 버전이 올라가면서 이제는 쓰지 말라고 권고하는 기능이기도 하다. 스프링이 발전해 오면서 다수의 Advice와 다수의 Pointcut을 다양하게 조합해서 사용할 수 있는 방법, 즉 Aspect가 나왔기 때문에 하나의 Advice와 하나의 Pointcut만을 결합하는 Advisor를 사용할 필요가 없어졌기 때문이다. 다만 이전에 개발된 소스에서 Advisor를 만날 수 있기에 여기서 살짝 언급만 해 보았다.

지금까지의 AOP는 설명을 쉽게 하기 위해 AOP 어노테이션을 사용했다. 다음 절에서는 이전에 작성한 코드를 어노테이션 없이 POJO와 XML 설정 기반으로 변경하면서 앞에서 설명한 개념을 하나씩 살펴보자.

## 일단 덤벼 보자 – POJO와 XML 기반 AOP

기존의 어노테이션 기반으로 작성한 AOP 예제를 POJO와 XML 기반으로 전환하기 위해 변경할 곳은 Aspect가 정의돼 있는 MyAspect.java와 스프링 설정 정보 XML 파일이다. 먼저 MyAspect.java부터 살펴보자(images/ETC/703.png 참조).

[예제 7-49] 어노테이션 기반 MyAspect.java

```
기존
@ 어노테이션 기반 - MyAspect.java가 스프링 프레임워크에 종속
package aop002;

import org.aspectj.lang.JoinPoint;
import org.aspectj.lang.annotation.Aspect;
import org.aspectj.lang.annotation.Before;

@Aspect
public class MyAspect {
  @Before("execution(* runSomething())")
  public void before(JoinPoint joinPoint) {
    System.out.println("얼굴 인식 확인: 문을 개방하라");
  }
}
```

[예제 7-50] POJO와 XML 기반 MyAspect.java

*변경*
*POJO & XML 기반 - 스프링 프레임워크에 종속되지 않음*

```java
package aop003;

import org.aspectj.lang.JoinPoint;

public class MyAspect {
  public void before(JoinPoint joinPoint){
    System.out.println("얼굴 인식 확인: 문을 개방하라");
    //System.out.println("열쇠로 문을 열고 집에 들어간다.");
  }
}
```

기존 코드와 변경된 코드를 비교해 보면 @Aspect 어노테이션과 @Before 어노테이션이 사라졌다. 그리하여 aop003 패키지의 MyAspect.java는 스프링 프레임워크에 의존하지 않는 POJO가 된다.

스프링 설정 파일인 aop003.xml의 변화를 살펴보자(images/ETC/704.png 참조).

[예제 7-51] 어노테이션 기반 스프링 설정 파일

*기존 (생략)*

```xml
…생략…
<aop:aspectj-autoproxy />

<bean id="myAspect" class="aop002.MyAspect" />
<bean id="boy" class="aop002.Boy" />
<bean id="girl" class="aop002.Girl" />
…생략…
```

[예제 7-52] POJO & XML 기반 스프링 설정 파일

*변경(생략) - aop 관련 태그 추가*

```xml
<aop:aspectj-autoproxy />

<bean id="myAspect" class="aop003.MyAspect" />
<bean id="boy" class="aop003.Boy" />
```

```
<bean id="girl" class="aop003.Girl" />


<aop:config>
  <aop:aspect ref="myAspect">
    <aop:before method="before" pointcut="execution(* runSomething())" />
  </aop:aspect>
</aop:config>
```

기존의 MyAspect.java에서 사라진 어노테이션들이 변경 후의 aop003.xml에 태그로 나타났다. 그렇다면 기존 MyAspect.java와 변경 후의 aop003.xml을 비교하는 것이 좋을 것이다.

```
package aop002;

import org.aspectj.lang.JoinPoint;
import org.aspectj.lang.annotation.Aspect;
import org.aspectj.lang.annotation.Before;

@Aspect
public class MyAspect {
    @Before("execution(* runSomething())")
    public void before(JoinPoint joinPoint){
        System.out.println("얼굴 인식 확인: 문을 개방하라");
        //System.out.println("열쇠로 문을 열고 집에 들어간다.");
    }
}
```

```
<aop:aspectj-autoproxy />

<bean id="myAspect" class="aop003.MyAspect" />
<bean id="boy" class="aop003.Boy" />
<bean id="girl" class="aop003.Girl" />

<aop:config>
  <aop:aspect ref="myAspect">
    <aop:before method="before"
        pointcut="execution(* runSomething())" />
  </aop:aspect>
</aop:config>
```

[**그림 7-35**] 변경 전 MyAspect.java와 변경 후 스프링 설정 파일(부록의 컬러 이미지 참고)

그림 7-35를 잘 비교해서 살펴봤다면 첨부 파일의 압축을 풀고 aop003 패키지를 실행해 보자.

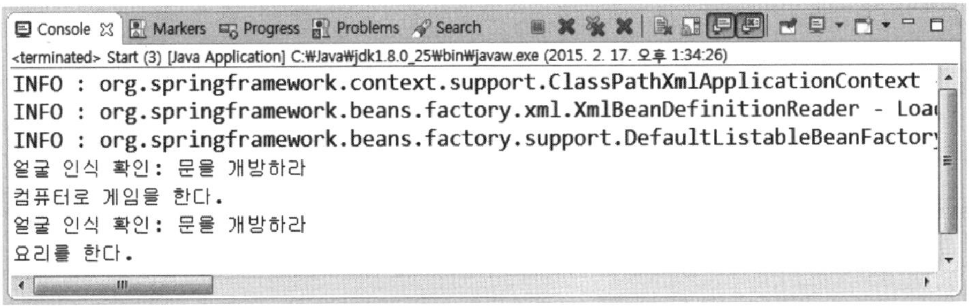

```
📄 Console ☒  📋 Markers  ▭ Progress  📋 Problems  🔍 Search      ■ ✖ ✖ ✖ | 📄 📄 📄 📄 | 🔲 🔲 ▾ 🔲 ▾  ▱ ▭
<terminated> Start (3) [Java Application] C:\Java\jdk1.8.0_25\bin\javaw.exe (2015. 2. 17. 오후 1:34:26)
INFO : org.springframework.context.support.ClassPathXmlApplicationContext
INFO : org.springframework.beans.factory.xml.XmlBeanDefinitionReader - Loa
INFO : org.springframework.beans.factory.support.DefaultListableBeanFactor
얼굴 인식 확인: 문을 개방하라
컴퓨터로 게임을 한다.
얼굴 인식 확인: 문을 개방하라
요리를 한다.
```

[**그림 7-36**] POJO 및 XML 기반 AOP의 실행 결과

## AOP 기초 완성

이번에는 After 어드바이스를 살펴보자. After 어드바이스는 해당 JoinPoint 메서드를 실행한 후에 실행된다. 코드를 보면서 이야기해 보자. 기존 aop003 패키지를 복사해서 aop004 패키지를 만들고 복사해서 붙여넣는다. 미리 변할 곳을 짐작해 보자. Advice를 만드는 클래스와 스프링 AOP 설정 두 곳이 변경된다.

[예제 7-53] 변경된 MyAspect.java

```java
package aop004;

import org.aspectj.lang.JoinPoint;

public class MyAspect {
  public void before(JoinPoint joinPoint) {
    System.out.println("얼굴 인식 확인: 문을 개방하라");
  }

  public void lockDoor(JoinPoint joinPoint) {
    System.out.println("주인님 나갔다: 어이 문 잠가!!!");
  }
}
```

[예제 7-54] 변경된 스프링 설정 파일 aop004.xml

```xml
…생략…
<aop:aspectj-autoproxy />

<bean id="myAspect" class="aop004.MyAspect" />
<bean id="boy" class="aop004.Boy" />
<bean id="girl" class="aop004.Girl" />

<aop:config>
  <aop:aspect ref="myAspect">
    <aop:before method="before" pointcut="execution(* runSomething())" />
    <aop:after method="lockDoor" pointcut="execution(* runSomething())" />
  </aop:aspect>
</aop:config>
</beans>
```

보고 이해하는 데 별반 어려움이 없을 것이다. 〈aop:after ..〉 이름 자체가 직관적이다. Start.java에서 XML 경로를 설정하고 실행하면 결과는 그림 7-37과 같다.

[그림 7-37] After Aspect를 적용한 결과

어노테이션 기반을 선호하는 독자를 위해 aop005 패키지도 만들어 보자.

[예제 7-55] @ 어노테이션 기반 MyAspect.java

```java
package aop005;

import org.aspectj.lang.JoinPoint;
import org.aspectj.lang.annotation.After;
import org.aspectj.lang.annotation.Aspect;
import org.aspectj.lang.annotation.Before;

@Aspect
public class MyAspect {
  @Before("execution(* runSomething())")
  public void before(JoinPoint joinPoint) {
    System.out.println("얼굴 인식 확인: 문을 개방하라");
  }

  @After("execution(* runSomething())")
  public void lockDoor(JoinPoint joinPoint) {
    System.out.println("주인님 나갔다: 어이 문 잠가!!!");
  }
}
```

[예제 7-56] 어노테이션 기반 aop005.xml

```xml
<?xml version="1.0" encoding="UTF-8"?>
<beans
…생략… >
  <aop:aspectj-autoproxy />

  <bean id="myAspect" class="aop005.MyAspect" />
  <bean id="boy" class="aop005.Boy" />
  <bean id="girl" class="aop005.Girl" />
</beans>
```

마찬가지로 Start.java에서 aop005.xml의 경로를 변경하고 저장한 후 실행하면 같은 결과를 확인할 수 있다.

lockDoor() 메서드의 인자는 JoinPoint 객체 하나인데, 원한다면 대상 메서드인 runSomething() 의 반환값도 인자로 받을 수 있고, 프록시를 통해 최종 반환값을 조작하는 것도 가능하다. 자세한 내용은 관련 서적을 참고하기 바란다.

그런데 XML 기반의 설정 파일을 보면 눈에 거슬리는 게 하나 있다. 마찬가지로 어노테이션 기반에서도 눈에 거슬리는 게 있다. 바로 중복되는 내용이 있다는 것이다. 일반적으로 프로그래밍 세계에서 중복은 죄악이자 리팩터링의 대상이다.

XML 설정 파일 기반이라면 aop004.xml만 변경하면 된다.

[예제 7-57] 리팩터링된 POJO 및 XML 기반 스프링 설정 파일

```xml
<?xml version="1.0" encoding="UTF-8"?>
<beans …생략… >
  <aop:aspectj-autoproxy />

  <bean id="myAspect" class="aop004.MyAspect" />
  <bean id="boy" class="aop004.Boy" />
  <bean id="girl" class="aop004.Girl" />

  <aop:config>
    <aop:pointcut expression="execution(* runSomething())" id="iampc"/>
```

```
    <aop:aspect ref="myAspect">
      <aop:before method="before" pointcut-ref="iampc" />
      <aop:after method="lockDoor" pointcut-ref="iampc" />
    </aop:aspect>
  </aop:config>
</beans>
```

어노테이션 기반이라면 MyAspect.java만 변경하면 된다.

**[예제 7-58] 리팩터링된 어노테이션 기반 MyAspect.java**

```
package aop006;

import org.aspectj.lang.JoinPoint;
import org.aspectj.lang.annotation.After;
import org.aspectj.lang.annotation.Aspect;
import org.aspectj.lang.annotation.Before;
import org.aspectj.lang.annotation.Pointcut;
import org.springframework.stereotype.Component;

@Component
@Aspect
public class MyAspect {
  @Pointcut("execution(* runSomething())")
  private void iampc() {
    // 여긴 무엇을 작성해도 의미가 없어요.
  }

  @Before("iampc()")
  public void before(JoinPoint joinPoint){
    System.out.println("얼굴 인식 확인: 문을 개방하라");
  }

  @After("iampc()")
  public void lockDoor(JoinPoint joinPoint){
    System.out.println("주인님 나갔다: 어이 문 잠가!!!");
  }
}
```

이번 절의 코드는 여기까지다.

설명하지 않은 것들이 몇 가지 있다. 스프링 AOP를 적용할 수 있는 시점은 Before, After 외에도 세 가지가 더 있다고 했는데 언제일까? 바로 AfterReturning, AfterThrowing, Around다. 이름만 봐도 어느 시점에 적용될지 알 수 있을 것이다. Around만 빼고는 대동 소이하다. 이와 관련된 내용 역시 전문 서적을 통해 살펴보기 바란다.

## PSA - 일관성 있는 서비스 추상화

스프링 프레임워크의 DI와 AOP에 대해 살펴봤다. 이제 마지막으로 살펴볼 스프링 삼각형의 요소는 PSA(Portable Service Abstraction), 즉 일관성 있는 서비스 추상화다. 추상화가 무엇인지 기억이 나지 않는다면 "3.4 추상화: 모델링"과 그림 3-24를 참고하자.

서비스 추상화의 예로 JDBC를 들 수 있다. JDBC라고 하는 표준 스펙이 있기에 오라클을 사용하든, MySQL을 사용하든, MS-SQL을 사용하든 Connection, Statement, ResultSet을 이용해 공통된 방식으로 코드를 작성할 수 있다. 데이터베이스 종류에 관계없이 같은 방식으로 제어할 수 있는 이유는 디자인 패턴에서 설명했던 어댑터(변환기) 패턴을 활용했기 때문이다. 이처럼 어댑터 패턴을 적용해 같은 일을 하는 다수의 기술을 공통의 인터페이스로 제어할 수 있게 한 것을 서비스 추상화라고 한다.

스프링 프레임워크에서는 서비스 추상화를 위해 다양한 어댑터를 제공한다. 예를 들어, OXM(Object XML Mapping: 객체와 XML 매핑) 기술만 하더라도 Castor, JAXB, XMLBeans, JiBX, XStream 등 다양한 기술이 있는데, 이 다양한 기술들이 제공하는 API는 제각각이다. 스프링은 제각각인 API를 위한 어댑터를 제공함으로써 실제로 어떤 OXM 기술을 쓰든 일관된 방식으로 코드를 작성할 수 있게 지원한다. 또한 하나의 OXM 기술에서 다른 OXM 기술로 변경할 때 큰 변화 없이 세부 기술을 교체해서 사용할 수 있게 해준다. 이처럼 서비스 추상화를 해주면서 그것도 일관성 있는 방식을 제공한다고 해서 이를 PSA(일관성 있는 서비스 추상화)라고 한다. 스프링은 OXM뿐만 아니라 ORM, 캐시, 트랜잭션 등 다양한 기술에 대한 PSA를 제공한다.

자바가 확장한
객체 지향 **04**

객체 지향 설계
5원칙 – SOLID **05**

스프링이 사랑한
디자인 패턴 **06**

스프링 삼각형과
설정 정보 **07**

**A.1_** URL과 @RequestMapping 연결하기
**A.2_** 인메모리 DB HSQL 사용하기
**A.3_** VO와 MyBatis를 이용한 DAO 구현
**A.4_** 서비스(Service) 구현
**A.5_** 목록 구현
**A.6_** 읽기 구현
**A.7_** 새 글 구현
**A.8_** 수정 구현
**A.9_** 삭제 구현
**A.10_** 리팩터링

스프링 MVC를
이용한
게시판 구축 **A**

자바 8 람다와
인터페이스
스펙 변화 **B**

부록 A에서는 스프링의 다양한 기술 중에서도 실무에서 가장 활용도가 높은 스프링 MVC를 이용한 게시판을 따라하기 식으로 구현해 보겠다. 스프링 MVC의 특징을 중심으로 간단하게 만드는 게시판 이기에 페이징 기능과 검색 기능은 과감히 생략했다.

## A.1 URL과 @RequestMapping 연결하기

웹 상에서 클라이언트의 요청은 모두 URL 기반으로 이뤄진다. 웹 서버는 클라이언트가 요청한 URL 정보를 이용해 서버의 특정 구성 요소에서 서비스를 처리한 후 그 결과를 클라이언트에게 응답으로 보내준다. 스프링 MVC에서는 @Controller 어노테이션이 붙은 클래스 안에 @RequestMapping 어노테이션이 붙은 메서드에서 클라이언트 요청을 처리하게 된다.

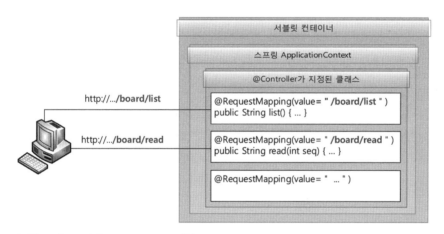

[그림 A-1] URL과 @RequestMapping 메서드

그림 A-1은 사용자가 요청한 URL과 @RequestMapping이 붙은 메서드가 어떻게 연결되는지 보여준다. 백문이 불여일타라고 했으니 STS를 구동하고 스프링 MVC 프로젝트를 만들어 보자. 필자가 사용한 STS의 버전은 3.6.3.SR1이다. 다른 버전의 STS도 크게 다르지 않다.

STS를 구동하고 File → New → Spring Project를 선택한다. New Spring Project 창의 Project name에 적당한 이름을 입력하고 Templates에서 Spring MVC Project를 선택한 후 Next 버튼을 클릭하자. 참고로 필자는 Project Name에 heaven을 입력했다.

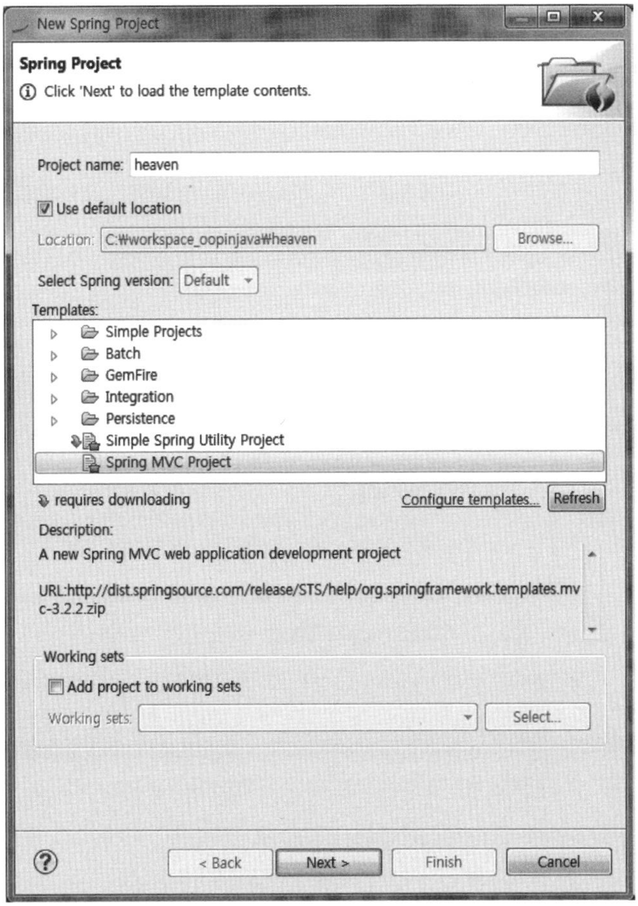

[그림 A-2] 스프링 MVC 프로젝트 생성 1단계

다음으로 그림 A-3과 같이 Project Setting – Spring MVC Project 화면이 나타나면 3단계 이상의 패키지 계층 구조를 입력해주자. 참고로 필자는 com.heaven.mvc를 입력했다.

이제 Finish 버튼을 클릭해 프로젝트 생성을 완료한다. 생성된 프로젝트 옆에 잠시 붉은색 X 표시가 보이는데, 메이븐이 중앙 저장소로

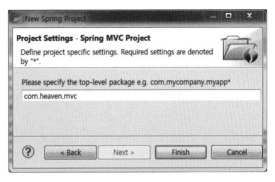

[그림 A-3] 스프링 MVC 프로젝트 생성 2단계

부터 필요한 라이브러리 파일을 자동으로 다운로드하고 나면 사라진다. 만들어진 프로젝트에서 src/main/java를 클릭해 들어가면 com.heaven.mvc 패키지 밑에서 HomeController를 찾을 수 있

다. 이 파일을 더블클릭해 편집기 화면에서 열어보자. 클래스명 위에 @Controller 어노테이션이 붙어 있는 것을 확인할 수 있다. 그리고 home 메서드에 지정된 @RequestMapping 어노테이션도 확인할 수 있다.

[예제 A-1] HomeController.java의 home 메서드

```
@RequestMapping(value = "/", method = RequestMethod.GET)
public String home(Locale locale, Model model)
```

이제 Package Explorer의 heaven 프로젝트에서 마우스 오른쪽 버튼을 클릭한 후 Run AS → Run on Server를 선택한다. 그러면 웹 브라우저에서 Hello world!라는 환영 메시지를 확인할 수 있을 것이다.

[그림 A-4] 스프링 MVC 프로젝트를 실행한 결과

한글이 깨져 보이는 아픔이 있긴 하지만 나중에 처리하기로 하고 일단 그림 A-1을 다시 살펴보면서 무슨 일이 일어난 것인지 생각해 보자. 클라이언트가 http://localhost:8080/mvc/라고 URL을 입력하고 웹 서버에 서비스를 요청하면 서블릿 컨테이너가 mvc라고 하는 웹 컨텍스트를 찾고 해당 웹 컨텍스트는 스프링 ApplicationContext에게 URL 중에 /를 처리할 수 있는, 즉 @RequestMapping(value="/")를 가진 메서드에게 처리를 위임한다.

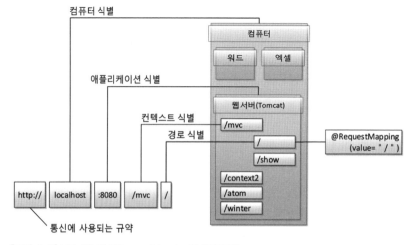

[그림 A-5] URL 정보와 @RequestMapping의 세부 구조

그림 A-5를 표 A-1의 메타포를 이용해 이해해 보자.

| 웹 경로 | 의미 | 메타포(전화 통화) |
|---|---|---|
| http:// | 프로토콜: 규약, 의정서 | 한국어로 대화하자 |
| localhost | URL(IP): 네트워크 상의 컴퓨터 식별자 | 상대방 집 전화번호 |
| :8080 | 포트: 컴퓨터에서 구동되고 있는 프로그램 식별자 | 상대방 집 구성원 중 한 사람 |
| /spring | 컨텍스트: 프로그램 메뉴 그룹 식별자 | 대화 주제 |
| / | 경로: 메뉴 그룹 중에 메뉴 하나를 식별 | 한마디 대화 |

[표 A-1] URL 정보 세부 분해

어느 정도 URL과 @RequestMapping 사이의 관계가 이해될 것이다. 새로운 @RequestMapping 을 만들어 보자.

http://localhost:8080/mvc/show라고 하는 URL을 처리하는 메서드를 HomeController 안에 추가해 보자.

[예제 A-2] HomeController.java에 show 메서드 추가

```java
package com.heaven.mvc;

... 생략 ...

import org.springframework.web.bind.annotation.ResponseBody;

@Controller
public class HomeController {
    ... 생략 ...

  @RequestMapping(value = "/show")
  @ResponseBody
  public String show() {
    return "<h1>show</h1>";
  }
}
```

@RequestMapping(value = "/show") 부분은 충분히 이해할 수 있을 것이다. @ResponseBody 는 아래 메서드에서 반환하는 문자열을 그대로 클라이언트, 즉 브라우저에게 전달하라는 뜻이다. @ResponseBody 어노테이션을 사용하기 위해 추가된 import 문도 빼먹지 말고 작성하자. 변경된 HomeController.java를 저장한 후 Run on Server를 실행해 서블릿 컨테이너를 재구동한다. 그런 다음 브라우저에서 http://localhost:8080/mvc/show로 이동해 결과를 확인해 보자.

[그림 A-6] @RequestMapping(value = "/show") 메서드를 실행한 결과

## A.2 인메모리 DB HSQL 사용하기

게시판을 작성하려면 데이터베이스가 필요하다. 오라클이나 MySQL과 같은 DBMS를 사용할 수 도 있겠지만 여기서는 간단하게 사용해 볼 수 있는 인메모리(in-memory) DBMS 중 HSQL(구 HyperSQL)을 활용해 보자. 간단히 jar 파일 하나만 라이브러리에 추가하면 된다. 현재 스프링 MVC 프로젝트를 사용하고 있는데, 이 프로젝트는 생성될 때 메이븐 기반으로 생성되기 때문에 라이브러리 관리는 간단하게 메이븐 설정 파일인 pom.xml에 HSQL에 대한 의존성만 추가하면 된다. 웹 브라우 저를 이용해 메이븐 라이브러리 검색 사이트인 http://mvnrepository.com/에 접속하자. 이곳에서 HyperSQL을 검색 필드에 입력하고 Search 버튼을 클릭하자.

[그림 A-7] 메이븐 라이브러리 검색 사이트

검색 결과 중에 처음으로 보이는 HyperSQL Database를 클릭한다.

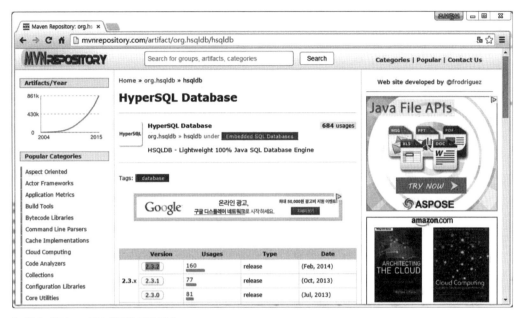

[그림 A-8] HyperSQL 버전별 검색 결과

최신 버전 링크를 클릭하자. 여기서는 2.3.2을 선택했다. 링크를 클릭하면 메이븐 pom.xml에 추가할 텍스트를 확인할 수 있다. 해당 텍스트를 복사해 두자.

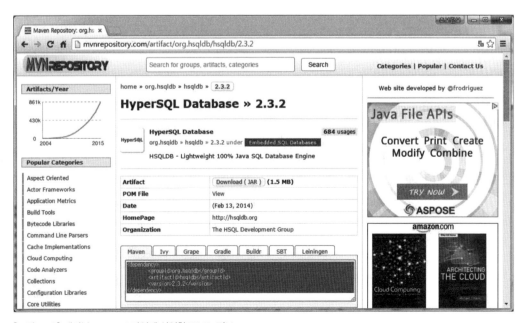

[그림 A-9] 메이븐 pom.xml 파일에 삽입할 HSQL 정보

**[예제 A-3] HSQL에 대한 POM 파일의 의존성 정보**

```
<dependency>
  <groupId>org.hsqldb</groupId>
  <artifactId>hsqldb</artifactId>
  <version>2.3.2</version>
</dependency>
```

이제 STS heaven 프로젝트의 최상위 경로에 있는 pom.xml 파일을 열고 〈dependencies〉 태그를 찾아 그 아래에 복사해 둔 내용을 붙여넣는다. 스프링 프레임워크의 데이터베이스 지원 라이브러리도 함께 추가한다.

**[예제 A-4] 스프링 JDBC에 대한 POM 파일의 의존성 정보**

```
<dependency>
  <groupId>org.springframework</groupId>
  <artifactId>spring-jdbc</artifactId>
  <version>${org.springframework-version}</version>
</dependency>
```

EL 형식으로 표시된 ${org.springframework-version} 변수명은 바로 위에 선언된 〈properties〉 태그 안의 스프링 버전 변수명과 일치하지 않는 경우 일치시킨다.

**[예제 A-5] HSQL과 Spring-JDBC 라이브러리 정보를 추가한 pom.xml**

```
<?xml version="1.0" encoding="UTF-8"?>
<project … >

… 생략 …
  <properties>
    <java-version>1.6</java-version>
    <org.springframework-version>3.1.1.RELEASE</org.springframework-version>
    <org.aspectj-version>1.6.10</org.aspectj-version>
    <org.slf4j-version>1.6.6</org.slf4j-version>
  </properties>

  <dependencies>
    <dependency>
      <groupId>org.hsqldb</groupId>
```

```
        <artifactId>hsqldb</artifactId>
        <version>2.3.2</version>
      </dependency>

      <dependency>
        <groupId>org.springframework</groupId>
        <artifactId>spring-jdbc</artifactId>
        <version>${org.springframework-version}</version>
      </dependency>

    …생략…
    </dependencies>

  … 생략…
  </project>
```

변경된 pom.xml 파일을 저장하면 라이브러리 관리 파일인 pom.xml 파일에 변동이 생겼으므로 메이븐을 통해 해당 라이브러리를 다운로드해야 한다. heaven 프로젝트에서 마우스 오른쪽 버튼을 클릭한 후 Maven → Update Project…를 차례로 선택하고 팝업 창에서 heaven 프로젝트의 체크 박스가 선택된 것을 확인하고 OK 버튼을 클릭하자.

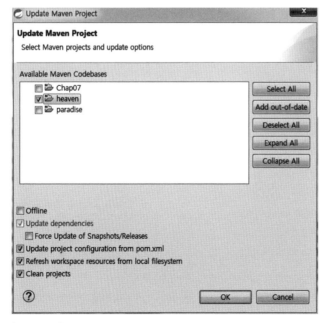

[그림 A-10] heaven → Context Menu → Maven → Update Project…

이제 HSQL을 스프링 ApplicationContext가 사용할 수 있도록 빈으로 등록해 보자. /heaven/src/ main/webapp/WEB-INF/spring/root-context.xml 파일을 열고 Namespaces 탭을 클릭한 후 jdbc 체크 상자를 클릭하자. 이렇게 하면 인메모리 데이터베이스를 빈으로 쉽게 등록하기 위한 JDBC 네임스페이스가 추가된다.

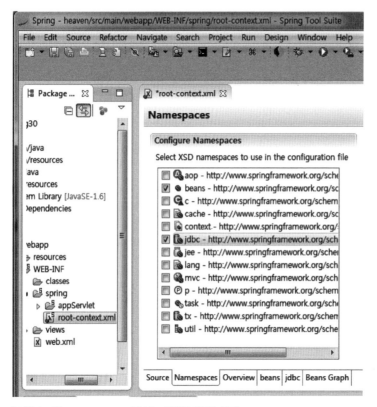

[그림 A-11] root-context.xml에 jdbc 네임스페이스 추가

다시 Source 탭으로 되돌아와 HSQL을 빈으로 등록하기 위해 다음 태그를 추가해 주자.

**[예제 A-6] HSQL을 빈으로 등록**

```
<jdbc:embedded-database id="dataSource" type="HSQL">
</jdbc:embedded-database>
```

그런데 데이터베이스만 있고 그 안에 테이블과 데이터가 하나도 없다면 무용지물이다. 그래서 이번에는 테이블 스키마를 정의하는 SQL 스크립트와 초기 데이터를 입력하는 SQL 스크립트를 각각 만들어서 추가해 보자. 앞에서 추가한 〈jdbc:embedded-database〉 태그의 속성으로 두 개의 SQL 파일
정보를 추가한다. 최종적인 root-context.xml의 모습은 예제 A-7과 같다.

**[예제 A-7] root-context.xml**

```
<?xml version="1.0" encoding="UTF-8"?>
<beans  …생략…>

  <jdbc:embedded-database id=" dataSource " type="HSQL">
    <jdbc:script location="classpath:BoardSchema.sql" />
    <jdbc:script location="classpath:BoardData.sql" />
  </jdbc:embedded-database>

</beans>
```

이제 /src/main/resources/ 폴더에 다음과 같은 파일 두 개를 생성한다.

**[예제 A-8] BoardSchema.sql**

```
CREATE  TABLE BOARD (
    seq       INT GENERATED ALWAYS AS IDENTITY PRIMARY KEY,
    title     VARCHAR(255) NOT NULL ,
    content   VARCHAR(1000) NOT NULL ,
    writer    VARCHAR(10) NOT NULL ,
    password  INT NOT NULL ,
    regDate   TIMESTAMP NOT NULL ,
    cnt       INT NOT NULL
);
```

**[예제 A-9] BoardData.sql**

```
INSERT INTO BOARD (title, content, writer, password, regDate, cnt)
VALUES ('t1', 'c1', 'w1', 1234, '2014-09-09 14:21:12', 0);


INSERT INTO BOARD (title, content, writer, password, regDate, cnt)
VALUES ('t2', 'c2', 'w1', 1234, '2014-09-09 14:21:12', 1);


INSERT INTO BOARD (title, content, writer, password, regDate, cnt)
```

```
VALUES ('t3', 'c3', 'w1', 1234, '2014-09-09 14:21:12', 2);

INSERT INTO BOARD (title, content, writer, password, regDate, cnt)
VALUES ('t4', 'c4', 'w1', 1234, '2014-09-09 14:21:12', 3);

INSERT INTO BOARD (title, content, writer, password, regDate, cnt)
VALUES ('t5', 'c5', 'w1', 1234, '2014-09-09 14:21:12', 4);

INSERT INTO BOARD (title, content, writer, password, regDate, cnt)
VALUES ('t6', 'c5', 'w1', 1234, '2014-09-09 14:21:12', 5);

INSERT INTO BOARD (title, content, writer, password, regDate, cnt)
VALUES ('t7', 'c5', 'w1', 1234, '2014-09-09 14:21:12', 6);
```

이로써 HSQL을 데이터베이스로 활용하기 위한 준비가 모두 끝났다.

## A.3 VO와 MyBatis를 이용한 DAO 구현

전 세계적으로는 데이터베이스를 다루는 데 ORM, 특히 하이버네이트(Hibernate) 또는 JPA를 사용하는 것이 대세지만 국내 실무 환경에서는 아직 SQL 매퍼인 iBatis 또는 MyBatis 사용률이 절대적이기에 여기서는 MyBatis를 이용해 DAO를 구현해 보자. 국내외의 트렌드를 확인하고 싶은 독자는 http://www.google.com/trends에서 ibatis, mybatis, hibernate, JPA를 콤마로 구분해서 검색해 보자. 검색 결과에서 지역을 대한민국으로 변경하면 국내 트렌드도 볼 수 있다.

중대형 프로젝트에서 스프링 프레임워크를 적용하는 경우 그림 A-12와 같이 모듈을 구성한다. 왼쪽 절반 부분은 스프링 MVC를 적용하는 부분이다. 이 책을 읽는 독자라면 아직은 낯선 부분이겠지만 모른다고 좌절하거나 실망하지 말고 이 책과 전문 서적들을 통해 학습해 나가자. 오른쪽 절반에 해당하는 Service-DAO-VO(DTO) 부분이 낯설다면 『도메인 주도 설계: 소프트웨어의 복잡성을 다루는 지혜』(위키북스, 2011)를 읽어보길 권한다. 다만 에릭 에반스의 책은 명저임에도 보기가 그리 수월하지 않으니, 먼저 에릭 에반스 책의 핵심을 요약한 『도메인 주도 설계란 무엇인가?: 쉽고 간략하게 이해하는 DDD』(인사이트, 2011)를 먼저 읽어보는 것이 좋다.

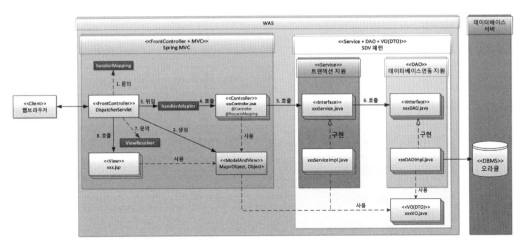

**[그림 A-12]** 스프링 MVC + SDV 구조

그림 A-12가 잘 안 보이는 독자를 위해 별도로 이미지를 제공하니 참고하자. 그림 A-13은 그림 A-12의 오른쪽을 부분 확대한 것이다.

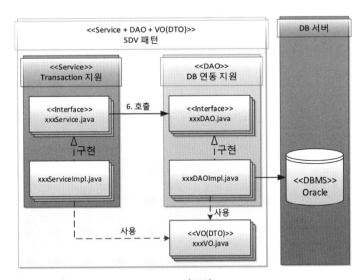

**[그림 A-13]** SDV 구조: Service, DAO, VO(DTO)

먼저 VO(Value Object 또는 DTO[Data Transfer Object])를 만들어 보자. VO는 일반적으로 데이터베이스의 테이블 구조를 그대로 반영한다. com.heaven.mvc.board.domain이라고 하는 패키지 아래에 BoardVO라는 이름으로 클래스를 생성하자.

```java
package com.heaven.mvc.board.domain;

import java.sql.Timestamp;

@Alias("boardVO")
public class BoardVO {
  private int seq;
  private String title;
  private String content;
  private String writer;
  private int password;
  private Timestamp regDate;
  private int cnt;

  public BoardVO() { }

  public BoardVO(String title, String content, String writer, int password) {
    super();
    this.title = title;
    this.content = content;
    this.writer = writer;
    this.password = password;
    this.cnt = 0;
  }

  //get/set 메서드 생략
}
```

이제 MyBatis를 사용하기 위해 MyBatis의 SqlMapClient에 PSA를 적용한 어댑터를 빈으로 등록해 보자. 빈 등록에 앞서 필요한 라이브러리를 다운로드해야 한다. pom.xml에 다음 3개의 라이브러리 정보를 추가하고 Maven → Update Project...를 실행한다.

[예제 A-11] pom.xml에 ibatis와 spring_orm 라이브러리 추가

```xml
<dependency>
  <groupId>org.mybatis</groupId>
  <artifactId>mybatis-spring</artifactId>
```

```
  <version>1.2.2</version>
</dependency>

<dependency>
  <groupId>org.mybatis</groupId>
  <artifactId>mybatis</artifactId>
  <version>3.2.8</version>
</dependency>

<dependency>
  <groupId>org.springframework</groupId>
  <artifactId>spring-orm</artifactId>
  <version>${org.springframework-version}</version>
</dependency>
```

이어서 root-context.xml에 sqlSessionFactory와 sqlSessionTemplate을 스프링 빈으로 등록
한다.

**[예제 A-12] root-context.xml에 MyBatis 관련 스프링 빈들 등록**

```
<bean id="sqlSessionFactory" class="org.mybatis.spring.SqlSessionFactoryBean">
  <property name="dataSource" ref="dataSource" />
  <property name="configLocation" value="classpath:sqlmap/config/mybatis-config.xml" />
  <property name="mapperLocations">
    <list>
      <value>classpath:sqlmap/sqlmap-board.xml</value>
    </list>
  </property>
</bean>

<bean id="sqlSessionTemplate" class="org.mybatis.spring.SqlSessionTemplate" destroy-
method="clearCache">
  <constructor-arg ref="sqlSessionFactory" />
</bean>
```

이제 src/main/resources/sqlmap/config 폴더를 생성하고 MyBatis 설정 파일인 mybatis-
config.xml을 작성한다.

[예제 A-13] mybatis-config.xml

```xml
<?xml version="1.0" encoding="UTF-8"?>
<!DOCTYPE configuration PUBLIC "-//mybatis.org//DTD Config 3.0//EN" "http://mybatis.org/dtd/
mybatis-3-config.dtd">

<configuration>
  <!-- 마이바티스의 작동 규칙 정의 -->
  <settings>
    <setting name="cacheEnabled" value="false"/>
    <setting name="useGeneratedKeys" value="false"/>
    <setting name="mapUnderscoreToCamelCase" value="true"/>
  </settings>

  <typeAliases>
    <typeAlias alias="boardVO" type="com.heaven.mvc.board.domain.BoardVO" />
  </typeAliases>
</configuration>
```

이어서 src/main/resources/sqlmap에 SQL 스크립트가 담긴 sqlmap-board.xml 파일을 생성
한다.

[예제 A-14] sqlmap-board.xml

```xml
<?xml version="1.0" encoding="UTF-8"?>
<!DOCTYPE mapper PUBLIC "-//mybatis.org//DTD Mapper 3.0//EN"
"http://mybatis.org/dtd/mybatis-3-mapper.dtd">
<mapper namespace="boardDAO">
  <select id="list" resultType="boardVO">
    SELECT * FROM BOARD
    ORDER BY seq
  </select>

  <select id="select" parameterType="int" resultType="boardVO">
    SELECT * FROM
    BOARD WHERE seq = #{seq}
  </select>
```

```xml
<insert id="insert" parameterType="boardVO">
  INSERT INTO BOARD
  (title, content, writer, password, regDate, cnt)
  VALUES
  (#{title}, #{content}, #{writer}, #{password}, SYSDATE, 0);
  <selectKey keyProperty="seq" resultType="Integer">
    SELECT NVL(MAX(seq),
    0) FROM BOARD
  </selectKey>
</insert>

<update id="update" parameterType="boardVO">
  UPDATE BOARD SET
  title = #{title}
  , content = #{content}
  , writer = #{writer}
  WHERE seq = #{seq}
  AND password = #{password}
</update>

<update id="updateCount" parameterType="int">
  UPDATE BOARD SET
  cnt = cnt + 1
  WHERE seq = #{seq}
</update>

<delete id="delete" parameterType="boardVO">
  DELETE FROM BOARD
  WHERE seq = #{seq}
  AND password = #{password}
</delete>

<delete id="deleteAll">
  DELETE FROM BOARD
</delete>
</mapper>
```

이제 DAO를 만들어볼 차례다. 확장성을 고려해 BoardDao 인터페이스와 이를 구현하는 BoardDaoMyBatis 클래스를 만들어 보자.

[예제 A-15] BoardDao.java

```
package com.heaven.mvc.board.dao;

import java.util.List;
import com.heaven.mvc.board.domain.BoardVO;

public interface BoardDao {
  public abstract List<BoardVO> list();

  public abstract int delete(BoardVO boardVO);

  public abstract int deleteAll();

  public abstract int update(BoardVO boardVO);

  public abstract void insert(BoardVO boardVO);

  public abstract BoardVO select(int seq);

  public abstract int updateReadCount(int seq);
}
```

[예제 A-16] BoardDaoMyBatis.java

```
package com.heaven.mvc.board.dao;

import java.util.List;

import org.mybatis.spring.SqlSessionTemplate;
import org.springframework.beans.factory.annotation.Autowired;
import org.springframework.stereotype.Repository;

import com.heaven.mvc.board.domain.BoardVO;
```

```java
@Repository
public class BoardDaoMyBatis implements BoardDao {
  private SqlSessionTemplate sqlSessionTemplate;

  @Autowired
  public void setSqlMapClient(SqlSessionTemplate sqlSessionTemplate) {
    this.sqlSessionTemplate = sqlSessionTemplate;
  }

  @Override
  public List<BoardVO> list() {
    return sqlSessionTemplate.selectList("list");
  }

  @Override
  public int delete(BoardVO boardVO) {
    return sqlSessionTemplate.delete("delete", boardVO);
  }

  @Override
  public int deleteAll() {
    return sqlSessionTemplate.delete("deleteAll");
  }

  @Override
  public int update(BoardVO boardVO) {
    return sqlSessionTemplate.update("update", boardVO);
  }

  @Override
  public void insert(BoardVO boardVO) {
    sqlSessionTemplate.insert("insert", boardVO);
  }

  @Override
  public BoardVO select(int seq) {
    BoardVO vo = (BoardVO) sqlSessionTemplate.selectOne("select", seq);
    return vo;
```

```
  }

  @Override
  public int updateReadCount(int seq) {
    return sqlSessionTemplate.update("updateCount", seq);
  }
}
```

여기까지 진행했다면 사실 무척 많은 작업을 진행한 것이다. 실제 프로젝트를 구현할 때는 단위 테스트를 만들면서 진행하거나, 더 꼼꼼히 하자면 TDD를 적용해야 할 것이다. 지면상 단위 테스트 코드를 싣지는 않았지만 별도로 제공된 heaven 프로젝트를 보면 src/test/java 폴더와 src/test/resources 폴더에서 단위 테스트에 사용된 코드를 확인할 수 있다.


## A.4 서비스 구현

일반적으로 DAO는 데이터베이스 테이블당 하나를 만들게 된다. 하지만 사용자에게 제공되는 서비스는 여러 테이블의 정보를 조합해서 제공하는 경우가 많다. 따라서 하나의 서비스에서 다수의 DAO를 사용하기도 하고 때로는 다수의 서비스가 하나의 DAO를 사용하기도 한다. 물론 대부분의 경우 하나의 서비스가 하나의 DAO와 관계를 맺게 된다. 게시판을 작성하다 보면 서비스가 단순히 DAO에게 위임하는 형태로 구성되는 경우가 많다. 이런 경우 서비스의 필요성에 대해 의구심을 갖는 개발자들이 있는데, 확장성과 유연성을 고려하면 서비스를 작성하는 것이 실보다 득이 더 많다. 또한 서비스는 DAO와의 연동뿐만 아니라 서버 기술(웹, 클라이언트/서버)이나 각 벤더별 데이터베이스에 종속되지 않는 로직을 구현하는 곳이기도 하기에 반드시 서비스를 작성하는 습관을 들이자.

Service와 DAO가 위임 관계를 맺는 경우 DAO를 만들고 단위 테스트까지 마쳤다면 Service를 구현하는 것은 매우 쉽다. 인터페이스인 BoardService와 인터페이스를 구현한 BoardServiceImpl을 com.heaven.mvc.board.service 패키지 밑에 작성한다.

**[예제 A-17] BoardService.java**

```
package com.heaven.mvc.board.service;

import java.util.List;
```

```java
import com.heaven.mvc.board.domain.BoardVO;

public interface BoardService {
  public abstract List<BoardVO> list();

  public abstract int delete(BoardVO boardVO);

  public abstract int edit(BoardVO boardVO);

  public abstract void write(BoardVO boardVO);

  public abstract BoardVO read(int seq);
}
```

**[예제 A-18] BoardServiceImpl.java**

```java
package com.heaven.mvc.board.service;

import java.util.List;

import javax.annotation.Resource;

import org.springframework.stereotype.Service;

import com.heaven.mvc.board.dao.BoardDao;
import com.heaven.mvc.board.domain.BoardVO;

@Service
public class BoardServiceImpl implements BoardService {
  @Resource
  private BoardDao boardDao;

  public BoardDao getBoardDao() {
    return boardDao;
  }

  public void setBoardDao(BoardDao boardDao) {
    this.boardDao = boardDao;
  }
```

```
  @Override
  public List<BoardVO> list() {
    return boardDao.list();
  }

  @Override
  public int delete(BoardVO boardVO) {
    return boardDao.delete(boardVO);
  }

  @Override
  public int edit(BoardVO boardVO) {
    return boardDao.update(boardVO);
  }

  @Override
  public void write(BoardVO boardVO) {
    boardDao.insert(boardVO);
  }

  @Override
  public BoardVO read(int seq) {
    boardDao.updateReadCount(seq);
    return boardDao.select(seq);
  }
}
```

## A.5 목록 구현

긴 여정 끝에 드디어 사용자가 브라우저 주소창에 /board/list라고 하는 URL을 요청했을 때 이를 처리하는 메서드를 구현할 시점이 됐다. com.heaven.mvc.board.controller 패키지를 생성하고 스프링 MVC에서 C, 즉 컨트롤러(controller)의 역할을 수행할 클래스를 추가하자. 클래스명에는 @Controller 어노테이션을 지정하고 /board/list 요청을 처리할 메서드에는 @RequestMapping 어노테이션을 지정한다.

[예제 A-19] BoardController.java 와 list 메서드

```java
package com.heaven.mvc.board.controller;

import org.springframework.beans.factory.annotation.Autowired;
import org.springframework.stereotype.Controller;
import org.springframework.web.bind.annotation.RequestMapping;
import org.springframework.web.bind.annotation.ResponseBody;

import com.heaven.mvc.board.service.BoardService;

@Controller
public class BoardController {
  @Autowired
  private BoardService boardService;

  @RequestMapping(value="/board/list")
  @ResponseBody
  public String list() {
    return boardService.list().toString();
  }
}
```

일단 @ResponseBody를 이용해 정상적으로 URL 처리가 되는지 확인하는 코드를 작성했다. @ResponseBody 어노테이션이 적용된 메서드는 반환하는 문자열을 그대로 웹 브라우저에게 응답한다. 프로젝트에 마우스 오른쪽 버튼을 클릭한 후 Run As → Run on Server를 차례로 클릭하면 내장 브라우저가 구동되는 것을 볼 수 있다. 내장 브라우저가 불편한 사용자는 인터넷 익스플로러, 파이어폭스, 크롬 등의 브라우저를 실행하고 내장 브라우저의 주소창에 표시된 URL을 복사해 붙여넣어 결과를 확인하자. 그림 A-14는 크롬에서 확인한 결과다.

[그림 A-14] /board/list를 실행한 결과

이제 MVC에서 모델(Model)에 해당하는 부분을 구현해 보자. 모델은 컨트롤러에서 뷰로 전달해주는 정보다. 스프링 MVC에서 모델을 생성하는 것은 DispatcherServlet의 역할이다. DispatcherServlet이 생성한 모델에 대한 참조 변수는 @RequestMapping 어노테이션이 붙은 메서드에서 인자를 선언하기만 하면 자동으로 받을 수 있다. 모델을 사용할 수 있도록 list() 메서드에 Model 타입 인자를 만들어 주고 MVC 모델의 마지막 요소인 뷰를 사용하도록 코드를 변경해 보자.

**[예제 A-20] BoardController.java의 list 메서드에 Model 타입 인자 추가**

```
@RequestMapping(value="/board/list")
public String list(Model model) {
    model.addAttribute("boardList", boardService.list());
    return "/board/list";
}
```

변경된 예제 A-20에서는 @ResponseBody 어노테이션이 제거됐고, list() 메서드의 인자로 MVC의 모델에 대한 참조 변수 model을 받고 있다. 코드에서는 model에 addAttribute() 메서드를 이용해 boardService.list() 메서드의 반환값을 model에 추가하고 있다. 그리고 마지막으로 /board/list라는 문자열 값을 반환하고 있는데 이것이 바로 MVC 모델의 마지막 요소인 뷰에 대한 힌트다. 이 힌트를 이용해 스프링 MVC의 DispatcherServlet은 사용자에게 보여줄 뷰를 선정한다.

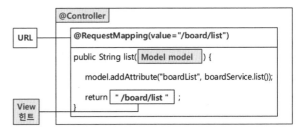

**[그림 A-15]** 스프링 MVC에서 가장 기본적인 M, V, C 유형

그림 A-15를 보면 왜 MVC라고 부르는지 감이 올 것이다. 그리고 @Controller, @RequestMapping 등의 어노테이션을 사용하는 방식이 도입되고 가장 많이 사용되는 MVC 방식으로 자리매김하면서 @을 붙여서 스프링 @MVC라고 부르기도 한다. 그리고 위의 코드에서는 의도적으로 URL과 뷰 힌트를 동일하게 작성했는데, 원한다면 얼마든지 URL과 전혀 다른 뷰 힌트를 사용할 수도 있다. 뷰 힌트가 있으니 이제 그 힌트대로 사용자에게 보여질 뷰를 작성해 보자.

뷰 힌트가 /board/list였는데, 그 힌트를 해석하면 src/main/webapp/WEB-INF/views/board/list.jsp라고 해석된다. 이렇게 해석할 수 있는 근거는 바로 스프링 MVC 설정 파일 중 하나인 src/

main/webapp/WEB-INF/spring/appServlet/servlet-context.xml 파일 안에 있다. 이 파일
을 열어 보면 예제 A-21과 같은 부분을 확인할 수 있다.

**[예제 A-21] servlet-context.xml에 설정된 뷰 힌트**

```
<beans:bean class="org.springframework.web.servlet.view.InternalResourceViewResolver">
  <beans:property name="prefix" value="/WEB-INF/views/" />
  <beans:property name="suffix" value=".jsp" />
</beans:bean>
```

prefiex는 우리말로 접두사이고, suffix는 접미사다. 이 설정은 @RequestMapping 어노테이션에
서 반환하는 뷰 힌트 앞에 /WEB-INF/views/를 붙이고, 뒤에는 .jsp를 붙인 이름에 해당하는 파일
이 뷰가 된다는 내용이다. list() 메서드에서 뷰 힌트로 /board/list를 반환했으므로 최종적으로 만들
어지는 뷰의 경로와 이름은 아래와 같다.

```
WEB-INF/views/board/list.jsp
```

그리고 WEB-INF 폴더는 src/main/webapp 폴더 아래에 있으므로 우리가 생성해야 할 파일의 전
체 경로는 아래와 같다.

```
src/main/webapp/WEB-INF/views/board/list.jsp
```

자, 그럼 해당 위치로 가서 list.jsp 파일을 생성하자.

**[예제 A-22] list.jsp**

```jsp
<%@ page language="java" contentType="text/html; charset=UTF-8" pageEncoding="UTF-8"%>
<%@ taglib prefix="c" uri="http://java.sun.com/jstl/core_rt"%>
<!DOCTYPE html>
<html>
<head>
<meta http-equiv="Content-Type" content="text/html; charset=UTF-8">
<title>Insert title here</title>
</head>
<body>
  <table border="1">
    <tr>
```

```
      <th>NO</th>
      <th>제목</th>
      <th>작성자</th>
      <th>작성일</th>
      <th>조회수</th>
    </tr>
    <c:forEach var="board" items="${boardList}"
      varStatus="loop">
      <tr>
        <td>${board.seq}</td>
        <td><a href=
          "<c:url value="/board/read/${board.seq}" />">
          ${board.title}</a></td>
        <td>${board.writer}</td>
        <td>${board.regDate}</td>
        <td>${board.cnt}</td>
      </tr>
    </c:forEach>
  </table>
  <a href="<c:url value="/board/write" />">새글</a>
</body>
</html>
```

JSP 파일에서는 jstl과 el을 이용해 결과를 표시한다. 컨트롤러에서 모델에 담아서 보내준 정보인 boardList는 EL 표기법을 이용해 쉽게 접근해서 사용할 수 있다.

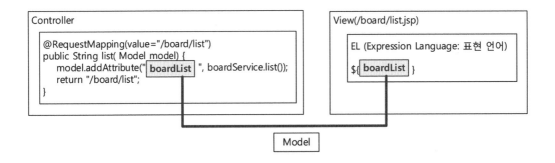

[그림 A-16] 모델을 이용해 컨트롤러가 뷰에 정보를 전달

모든 작업 내용을 저장하고 Run As → Run on Server를 실행한 후 브라우저를 새로고침하면 완성된 /board/list 화면을 확인할 수 있다.

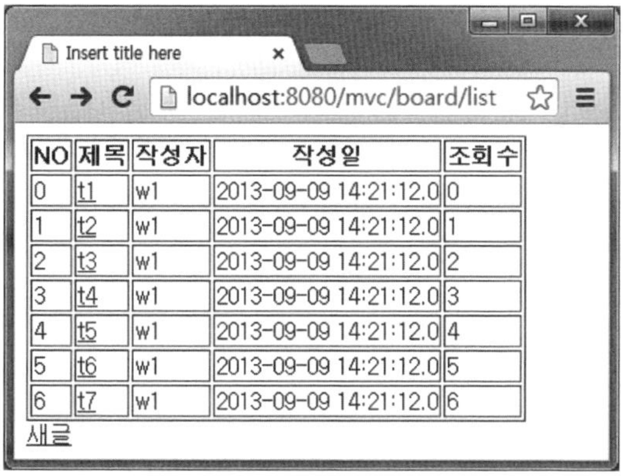

[그림 A-17] 목록 화면: /board/list

## A.6 읽기 구현

완성된 list 화면에서 코드 보기를 하면 각 글의 읽기 페이지 링크가 /board/read/글번호 형식으로 돼 있음을 확인할 수 있다. 스프링 MVC에서는 이처럼 SEO(Search Engine Optimization, 검색 엔진 최적화)에 최적화된 URL을 처리할 수 있는 메커니즘을 제공하는데, 이때 @PathVarible 어노테이션을 사용한다. BoardController에 예제 A-23처럼 read() 메서드를 추가한다.

[예제 A-23] BoardController.java에 read 메서드 추가

```
@RequestMapping(value="/board/read/{seq}")
public String read(Model model, @PathVariable int seq) {
  model.addAttribute("boardVO", boardService.read(seq));
  return "/board/read";
}
```

@PathVariable을 사용하기 위해 다음과 같은 import 구문도 추가한다. 일일이 입력하기보다는 Ctrl + Shift + O(Organize Imports)를 사용하는 편이 편리할 것이다.

코드를 보면 @RequestMapping의 value 속성에서 {seq}를 볼 수 있는데 이를 경로 변수 (PathVariable)라고 한다. 이러한 경로 변수를 메서드의 인자로 사용하려면 @PathVariable 어노 테이션을 인자에 지정하기만 하면 된다. 따라서 read() 메서드의 seq 변수에는 경로 변수의 값이 자 동으로 바인딩된다. 기존 방식에서 request.getParameter("seq")를 다시 int 형으로 변환하는 단 순하고 지루한 작업을 스프링 MVC가 완벽하게 대신 처리해 주는 것이다. 나머지 코드는 list() 메서 드와 대동소이하므로 이해하는 데 문제가 없을 것이다. 그럼 뷰 힌트에 따라 /board/read URL에 대 한 JSP 파일까지 작성해 보자.

[예제 A-24] read.jsp

```jsp
<%@ page language="java" contentType="text/html; charset=UTF-8" pageEncoding="UTF-8"%>
<%@ taglib prefix="c" uri="http://java.sun.com/jstl/core_rt"%>
<!DOCTYPE html>
<html>
<head>
<meta http-equiv="Content-Type" content="text/html; charset=UTF-8">
<title>Insert title here</title>
</head>
<body>
  <table border="1">
    <tr>
      <th>제목</th>
      <td>${boardVO.title}</td>
    </tr>
    <tr>
      <th>내용</th>
      <td>${boardVO.content}</td>
    </tr>
    <tr>
      <th>작성자</th>
      <td>${boardVO.writer}</td>
    </tr>
    <tr>
      <th>작성일</th>
      <td>${boardVO.regDate}</td>
    </tr>
    <tr>
      <th>조회수</th>
```

```
      <td>${boardVO.cnt}</td>
    </tr>
  </table>
  <div>
    <a href="<c:url
       value="/board/edit/${boardVO.seq}" />">수정</a>
    <a href="<c:url value="/board/list" />">목록</a>
  </div>
</body>
</html>
```

모든 파일을 저장한 후 Run As → Run on Server를 실행해 브라우저 화면의 목록 중에서 읽기 링크
가 걸린 제목을 하나 클릭하면 읽기 화면을 확인할 수 있다.

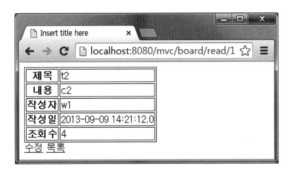

[그림 A-18] 읽기 화면: /board/read/글번호

## A.7 새 글 구현

이번에는 글쓰기 요청을 처리하는 메서드를 구현해 보자. 역시 URL 요청을 처리할 @Request
Mapping 어노테이션이 지정된 메서드를 BoardController.java 파일에 추가한다.

[예제 A-25] BoardController.java에 write 메서드 추가

```
@RequestMapping(value="/board/write")
public String write() {
  return "/board/write";
}
```

단순하게 뷰로 요청을 보내버리면 된다. 뷰 역할을 할 JSP 파일도 최대한 단순하게 구현해 보자.

**[예제 A-26] write.jsp**

```jsp
<%@ page language="java" contentType="text/html; charset=UTF-8" pageEncoding="UTF-8"%>
<%@ taglib prefix="c" uri="http://java.sun.com/jstl/core_rt"%>
<!DOCTYPE html>
<html>
<head>
<meta http-equiv="Content-Type" content="text/html; charset=UTF-8">
<title>Insert title here</title>
</head>
<body>
  <form action="<c:url value="/board/write" />" method="POST">
    <table border="1">
      <tr>
        <th>제목</th>
        <td><input name="title"></td>
      </tr>
      <tr>
        <th>내용</th>
        <td><input name="content"></td>
      </tr>
      <tr>
        <th>작성자</th>
        <td><input name="writer"></td>
      </tr>
      <tr>
        <th>비밀번호</th>
        <td><input name="password"
          type="password"></td>
      </tr>
    </table>
    <div>
      <input type="submit" value="등록">
      <a href="<c:url value="/board/list" />">목록</a>
    </div>
  </form>
</body>
</html>
```

목록 화면에서 새 글 링크를 클릭해 보자.

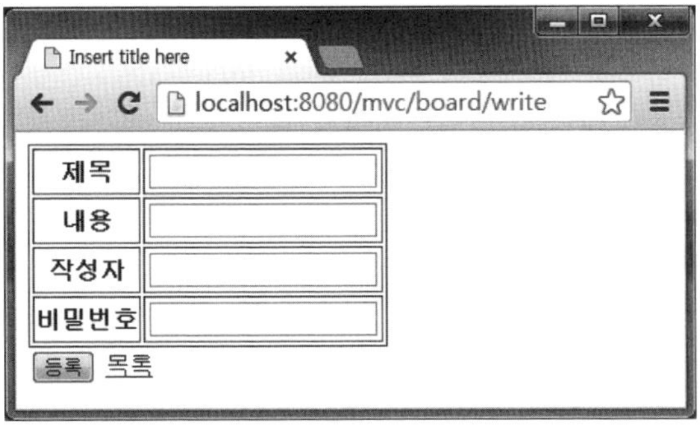

[그림 A-19] 새 글 화면: /board/write

예제 A-26에서 form의 action 태그를 보면 /board/write로 지정돼 있는 것을 볼 수 있다. 그렇다면 BoardController의 write() 메서드가 다시 호출될 것이고 다시 사용자 화면을 보여줄 뿐 글을 등록할 수 없는 URL이다. 물론 새 글을 등록하기 위한 화면을 보여줄 URL과 새 글을 데이터베이스에 저장하는 URL을 다르게 지정해서 처리할 수도 있지만 스프링 MVC는 더 나은 해결책을 제시한다. @RequestMapping에서 호출 방식이 GET 방식이냐 POST 방식이냐를 구분해서 같은 URL로 요청이 들어와도 별개의 메서드가 처리할 수 있게 지원하는 것이다. 이를 확인하기 위해 기존의 메서드를 변경하고, 새로운 메서드도 추가해 보자.

[예제 A-27] 변경된 BoardController.java

```
package com.heaven.mvc.board.controller;
// 생략
import org.springframework.web.bind.annotation.RequestMethod;
import

@Controller
public class BoardController {
  // 생략
  @RequestMapping(value="/board/write", method=RequestMethod.GET)
  public String write() {
    return "/board/write";
  }
```

```
@RequestMapping(value="/board/write", method=RequestMethod.POST)
public String write(BoardVO boardVO) {
  boardService.write(boardVO);
  return "redirect:/board/list";
}
}
```

두 개의 write( ) 메서드를 오버로딩(중복 정의)했다. @RequestMapping의 value 값은 같지만 method 속성에 GET 방식과 POST 방식을 구분했다. a 태그의 링크를 클릭해서 들어오거나 브라우저 주소창에 직접 주소를 입력해 들어온 경우 method 속성 값이 RequestMethod.GET으로 지정된 write( ) 메서드가 호출되고, 새 글 입력 화면에서 form 태그의 method 속성을 POST로 지정해 서버로 전송된 경우에는 method 속성의 값이 RequestMethod.POST로 지정된 write( ) 메서드가 호출된다.

여기서 주목할 부분이 있다. POST 요청을 처리하는 write( ) 메서드는 인자로 BoardVO의 인스턴스를 받고 있다는 것이다. 스프링 MVC는 form 태그에서 전송된 input 태그의 name 속성과 BoardVO 인스턴스의 속성 이름을 비교해 자동으로 그 값을 바인딩해 준다. 스프링 MVC를 사용하지 않았다면 사용자가 입력 태그를 통해 입력한 내용을 HttpServletRequest의 인스턴스(request)에서 getParameter( ) 메서드를 이용해 가져온 후 BoardVO 인스턴스의 속성에 넣어주기 위해 형 변환까지 해야 했을 것이다. 이처럼 스프링 MVC는 지루하고 반복적인 작업을 대신 알아서 해준다.

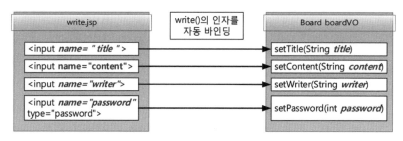

[그림 A-20] 스프링 MVC의 메서드 인자 자동 바인딩

그런데 현재 코드는 너무 낙관적이다. 사용자가 제목, 내용, 작성자, 비밀번호를 입력하지 않았거나, 숫자만 입력받을 수 있는 속성에 숫자로 변환할 수 없는 값을 입력했을 때 바인딩 에러 처리를 위한 코드가 없다. 실무에선 용납할 수 없는 코드다. 그래서 기존에는 일일이 if 문 등을 이용해 문제가 있는 경우 사용자가 다시 작성하도록 처리하는 방어적인 코드를 작성해야 했다. 스프링 MVC는 이런 작업

도 아주 적은 코드로 작성할 수 있게 지원한다. 다음과 같이 두 개의 write() 메서드를 조금씩만 변경하면 된다.

[예제 A-28] 변경된 BoardController.java

```java
@RequestMapping(value="/board/write", method=RequestMethod.GET)
public String write(Model model) {
  model.addAttribute("boardVO", new BoardVO());
  return "/board/write";
}


@RequestMapping(value="/board/write", method=RequestMethod.POST)
public String write(BoardVO boardVO, BindingResult bindingResult) {
  if(bindingResult.hasErrors()) {
    return "/board/write";
  } else {
    boardService.write(boardVO);
    return "redirect:/board/list";
  }
}
```

GET 요청을 처리하는 write() 메서드에서는 BoardVO의 인스턴스를 생성해 MVC 요소 중 모델에 추가하고, POST 요청을 처리하는 write() 메서드에서는 BindingResult의 인스턴스를 인자로 받고 있다. BindingResult는 자신의 바로 앞에 있는 인자, 즉 boardVO에 사용자로부터 입력된 값을 바인딩할 때 오류가 발생하는 경우 오류 내용을 자동으로 저장해서 갖고 있게 된다. BindingResult 객체의 메서드 중 hasErrors() 메서드를 호출하면 바인딩할 때 오류가 있는 경우 true를 반환한다. 이 때 BoardController에 org.springframework.validation.BindingResult를 임포트해야 한다. 이제 새 글 입력 화면에서 비밀번호 입력란에 숫자가 아닌 문자열을 입력하고 등록 버튼을 눌러보자. 목록화면으로 가지 못하고 계속 화면이 초기화되는 것을 볼 수 있다. 사용자에게 에러 메시지를 표시해야 할 것 같다. 이번에도 스프링 MVC가 제공하는 기능을 활용해 보자.

[예제 A-29] 변경된 /board/write.jsp

```jsp
<%@ page language="java" contentType="text/html; charset=UTF-8" pageEncoding="UTF-8"%>
<%@ taglib prefix="c" uri="http://java.sun.com/jstl/core_rt"%>
<%@ taglib prefix="form" uri="http://www.springframework.org/tags/form" %>
```

```html
<!DOCTYPE html>
<html>
<head>
<meta http-equiv="Content-Type" content="text/html; charset=UTF-8">
<title>Insert title here</title>
</head>
<body>
    <form:form commandName="boardVO" method="post">
        <table border="1">
            <tr>
                <th><form:label path="title">제목</form:label></th>
                <td><form:input path="title" />
                    <form:errors path="title" /></td>
            </tr>
            <tr>
                <th><form:label path="content">내용</form:label>
                    </th>
                <td><form:input path="content" />
                    <form:errors path="content" /></td>
            </tr>
            <tr>
                <th><form:label path="writer">작성자</form:label>
                    </th>
                <td><form:input path="writer" />
                    <form:errors path="writer" /></td>
            </tr>
            <tr>
                <th><form:label path="password">비밀번호
                        </form:label></th>
                <td><form:input path="password" />
                    <form:errors path="password" /></td>
            </tr>
        </table>
        <div>
            <input type="submit" value="등록">
            <a href="<c:url value="/board/list" />">목록</a>
        </div>
    </form:form>
```

```
</body>
</html>
```

예제 A-29를 살펴보면 스프링 MVC가 지원하는 기능을 사용하기 위해 태그 라이브러리(taglib)를
하나 더 추가한 것과 form 관련 태그가 바뀐 것을 확인할 수 있다. form 태그에는 action 정보가 없
는데 브라우저 주소창을 참고해 스프링이 자동으로 action 정보를 설정해 준다. 이제 비밀번호에 숫
자가 아닌 문자열을 입력하면 아래와 같이 문자열을 숫자로 변환할 수 없다는 오류 메시지를 확인할
수 있다.

```
Failed to convert property value of type java.lang.String to required type int for property
password; nested exception is java.lang.NumberFormatException
```

사용자 입력의 오류를 체크하는 김에 제목, 내용, 작성자, 비밀번호에 값이 들어오지 않은 경우도 처리
해 보자. 이번에 사용할 기능은 자바에서 지원하는 유효성 검증(Validation) 기능이다. JSR-303이
라고 하는 자바 규약인데, 이 규약을 구현한 하이버네이트 밸리데이터(Validator)를 사용해 보자. 먼
저 pom.xml에 하이버네이트 밸리데이터에 대한 의존성을 추가해야 한다.

**[예제 A-30] pom.xml에 hibernate-validator 라이브러리 추가**

```
<dependency>
  <groupId>org.hibernate</groupId>
  <artifactId>hibernate-validator</artifactId>
  <version>5.1.3.Final</version>
</dependency>
```

BoardController에서 POST 요청을 처리하는 write() 메서드에도 아주 작은 변화가 필요하다.
POST 요청을 처리하는 write() 메서드의 boardVO 인자 앞에 @Valid 어노테이션을 지정하면 된
다. 임포트해야 할 클래스는 Ctrl + Shift + O를 이용해 자동으로 임포트하자.

**[예제 A-31] BoardController.java의 POST 응답용 write 메서드에 Validation 기능을 추가**

```
@RequestMapping(value="/board/write", method=RequestMethod.POST)
public String write(@Valid BoardVO boardVO, BindingResult bindingResult) {
  if(bindingResult.hasErrors()) {
    return "/board/write";
```

```
    } else {
      boardService.write(boardVO);
      return "redirect:/board/list";
    }
  }
```

그리고 실제 유효성을 검증할 내용은 BoardVO에 넣어주면 된다. 하이버네이트 밸리데이터는 이메일 주소 형식, 신용카드 형식, 안전한 HTML인지 등등 다양한 검증 기능을 제공한다. 자세한 내용은 관련 자료를 참고하고, 여기서는 Length와 NotEmpty 검증 기능만 적용해 보자.

**[예제 A-32] 변경된 BoardVO.java**

```java
package com.heaven.mvc.board.domain;

import java.sql.Timestamp;
import org.hibernate.validator.constraints.Length;
import org.hibernate.validator.constraints.NotEmpty;

public class BoardVO {
  private int seq;
  @Length(min=2, max=5, message="제목은 2자 이상, 5자 미만 입력하세요.")
  private String title;

  @NotEmpty(message = "내용을 입력하세요.")
  private String content;

  @NotEmpty(message = "작성자를 입력하세요.")
  private String writer;

  private int password;
  private Timestamp regDate;
  private int cnt;

  // 생성자 생략
  // get/set 생략
}
```

모든 변경 사항을 저장하고 Run As → Run on Server를 실행한 후 목록을 통해 새 글 작성 화면으로 이동해 올바르지 않은 정보를 입력한 후 등록 버튼을 누르면 그림 A-21과 같은 화면이 나타날 것이다.

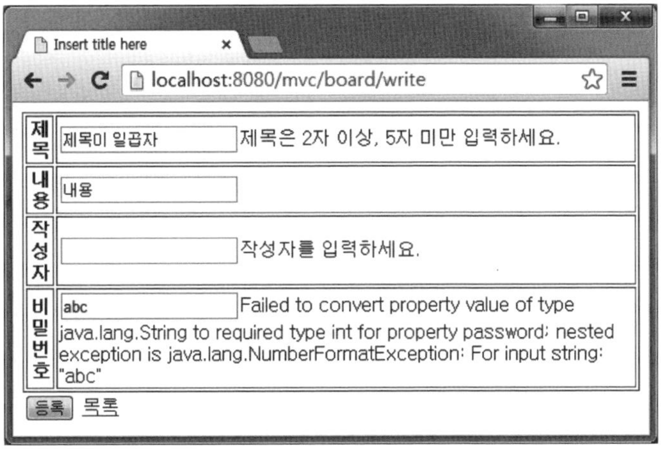

[그림 A-21] 새 글 등록 오류 표시

모든 값을 정상적인 값으로 입력하고 저장하면 목록 화면에서 등록된 글을 볼 수 있을 것이다.

여기서 잠깐 짚고 넘어갈 부분이 있다. POST 요청을 처리하는 write() 메서드에서 사용자 입력에 오류가 있는 경우 반환되는 값은 "/board/write"이고, 이는 뷰에 대한 힌트다. 그런데 정상적으로 처리한 경우 반환되는 값이 "/board/list"가 아닌 "redirect:/board/list"인 것을 볼 수 있다.

[예제 A-33] 새 글 저장용 write 메서드에 PRG 패턴 적용

```
if(bindingResult.hasErrors()) {
    return "/board/write";
} else {
    boardService.write(boardVO);
    return "redirect:/board/list";
}
```

만약 "redirect:/board/list"를 반환하지 않고 "/board/list"를 반환하면 어떻게 될까? 실험해 보는 것은 독자의 몫으로 남기겠다. 실험할 때 한 가지 주의 깊게 볼 부분은 브라우저의 주소창이다. POST

요청을 리디렉션(Redirect)해서 GET 요청으로 보내는 것을 PRG(POST-Redirect-GET) 패턴
이라고 한다.

 **PRG 패턴을 사용하는 이유**

예제 A-33을 살펴보자. 새 글을 성공적으로 저장한 후의 뷰 힌트는 "redirect:/board/list"다. 만약 뷰 힌트가 "/
board/list"라면 어떤 문제가 생길 수 있을까? 뷰 힌트가 "/board/list"인 경우 브라우저의 주소는 계속해서 http://
localhost:8080/mvc/board/write로 남아있게 된다. 이때 사용자가 화면 새로 고침 버튼을 누르면 다시 POST 요청
이 서버로 전송되고 같은 글이 다시 데이터베이스에 저장된다. 화면을 새로 고침할 때마다 같은 글이 데이터베이스
에 저장되는 것이다.

http://localhost:8080/mvc/board/write에 POST 요청이 전해지고 성공적으로 작업을 마치고 뷰 힌트로 "redirect:/
board/list"를 주면 브라우저 주소는 http://localhost:8080/mvc/board/list로 변경되어 새로 고침 버튼을 눌러도 서
버에 부작용을 일으키지 않게 된다.

만약 PRG 패턴이 적용되지 않은 결제나 이체라면 브라우저를 새로 고침할 때마다 같은 금액이 연달아 빠져나가는
현상이 발생한다. 바로 이러한 일을 방지하고자 POST 요청이 정상적으로 완료되면 바로 리다이렉트를 이용해서
브라우저의 주소를 바꿔주는 것이 PRG 패턴이다.

마지막으로 안타까운 점이 하나 있다. 그림 A-21에서 한글을 입력했을 때 조건을 만족하더라도 목록
화면에서 한글이 제대로 보이지 않는다는 것이다. 이는 POST 요청으로 들어온 내용을 서블릿 컨테이
너가 UTF-8 인코딩으로 인식하지 않기 때문인데, 스프링에서는 이를 처리하기 위해 서블릿 컨테이
너용 필터를 제공한다. 아래 내용을 web.xml에 추가한 후 웹 서버를 재실행해서 글쓰기 화면에서 한
글을 입력하면 정상적으로 입력되어 목록 화면에서도 한글이 정상적으로 표시되는 것을 확인할 수 있
을 것이다. web.xml은 src/main/webapp/WEB-INF에서 찾을 수 있다.

**[예제 A-34] web.xml에 POST로 전달되는 내용에 대한 UTF-8 처리 필터 추가**

```
<?xml version="1.0" encoding="UTF-8"?>
<WEB-app …생략…>

…생략…

  <!-- Start: POST 입력 한글 문제 처리 -->
  <filter>
    <filter-name>characterEncodingFilter</filter-name>
```

```xml
      <filter-class>org.springframework.web.filter.CharacterEncodingFilter</filter-class>
      <init-param>
        <param-name>encoding</param-name>
        <param-value>utf-8</param-value>
      </init-param>
      <init-param>
        <param-name>forceEncoding</param-name>
        <param-value>true</param-value>
      </init-param>
    </filter>
    <filter-mapping>
      <filter-name>characterEncodingFilter</filter-name>
      <url-pattern>/*</url-pattern>
    </filter-mapping>
    <!-- Finish: POST 입력 한글 문제 처리 -->
  </WEB-app>
```

org.springframework.web.filter.CharacterEncodingFilter 필터를 추가하고 나면 사이트 첫 화면에서 깨져 보이던 내용까지 한글로 잘 표현되는 것을 확인할 수 있다.

[**그림 A-22**] UTF-8 필터를 등록한 후의 프로젝트 초기 화면

이렇게 해서 글쓰기 기능을 전반적으로 살펴봤다. VO에 대한 자동 바인딩, BindingResult, @Valid, POST-Redirect-GET 패턴, 한글 처리 필터 등 많은 내용을 공부했는데, 다시 한번 복습해 보길 바란다. 여기서 배운 내용은 수정 기능을 만들 때 다시 등장하는 내용이기에 지금 이해해두면 이어지는 내용을 더 쉽게 이해할 수 있을 것이다.

## A.8 수정 구현

글 수정 기능을 만들기 위해 변경된 BoardController.java와 추가된 /board/edit.jsp 코드를 살펴보자.

[예제 A-35] 수정 기능이 추가된 BoardController.java

```java
@RequestMapping(value = "/board/edit/{seq}", method = RequestMethod.GET)
public String edit(@PathVariable int seq, Model model) {
  BoardVO boardVO = boardService.read(seq);
  model.addAttribute("boardVO", boardVO);
  return "/board/edit";
}


@RequestMapping(value = "/board/edit/{seq}", method = RequestMethod.POST)
public String edit(@Valid BoardVO boardVO, BindingResult result, int pwd, Model model) {
  if (result.hasErrors()) {
    return "/board/edit";
  } else {
    if (boardVO.getPassword() == pwd) {
      boardService.edit(boardVO);
      return "redirect:/board/list";
    }

    model.addAttribute("msg", "비밀번호가 일치하지 않습니다.");
    return "/board/edit";
  }
}
```

[예제 A-36] edit.jsp

```jsp
<%@ page ···>

    // 생략 /board/write.jsp와 동일함

    <tr>
     <th><label for="password">비밀번호</label></th>
     <td>
```

```
      <input type="password" id="pwd" name="pwd" />
      ${msg}
    </td>
  </tr>
</table>
<div>
  <input type="submit" value="수정">
  <a href="<c:url value="/board/list" />">목록</a>
</div>
</form:form>
</body>
</html>
```

/board/write URL과 비교해서 달라지는 부분은 비밀번호에 관한 부분이다. 먼저 예제 A-36에서 비밀번호에 대해 스프링 form 태그인 〈form:input path="password"/〉를 사용하지 않고, 일반 HTML 태그를 사용한 이유를 생각해 보자. 스프링 form 태그를 사용하면 글을 등록할 때 입력했던 비밀번호가 채워진 채로 화면에 표시되기 때문이다. 수정 화면에서 입력받는 비밀번호는 글을 작성할 때 입력했던 비밀번호와 비교하기 위한 것이지 기존에 데이터베이스에 저장한 비밀번호를 표시하기 위한 것이 아니다. 그래서 예제 A-36을 보면 edit( ) 메서드의 인자인 pwd를 볼 수 있는데, 스프링은 수정 화면에서 보내온 input 태그 가운데 pwd라는 이름을 가진 input 태그의 값을 자동으로 바인딩해준다. 이렇게 자동으로 바인딩된 pwd 값과 boardVO가 가진 password 속성의 값을 비교해서 같으면 수정한 내용을 데이터베이스에 반영하고, 다르면 오류 메시지를 보여주기 위해 수정 화면으로 돌아간다.

이제 웹 서버를 재구동하고 목록 화면에서 읽기 화면으로, 다시 수정 화면으로 들어가 정보를 수정하고 정확한 비밀번호를 입력해 보자. 그런데 정확한 비밀번호를 입력했음에도 비밀번호가 틀렸다는 메시지가 보이는 수정 화면으로 자꾸 돌아간다. 그리고 이렇게 돌아가고 나면 사용자가 수정했던 내용은 사라지고 초기화되어 버린다. 왜 그럴까? 자동 바인딩 과정을 다시 한번 살펴보면 이 문제의 답이 보인다.

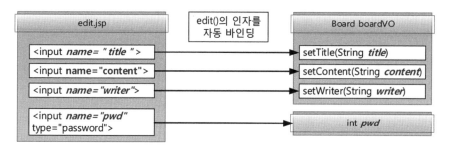

**[그림 A-23]** edit() 메서드의 인자 자동 바인딩

그림 A-23을 보자. boardVO에서 자동 바인딩되지 못한 seq와 password는 integr 타입의 속성이 가지는 기본값인 0으로 초기화된다. 따라서 수정 화면에서 비밀번호(pwd)에 0을 넣어야만 데이터베이스에 update하는 로직이 실행된다. 하지만 update 문의 where에서 seq와 password를 비교하면 조건에 맞는 로우를 찾을 수 없어 update가 되지 않는다. 이를 해결하는 고전적인 방법은 두 가지다. 첫 번째는 HTML hidden 태그를 사용하는 방법인데, 이는 넘겨야 할 값이 많은 경우 복잡해진다는 문제도 있지만 보안상 절대로 용납할 수 없는 방법이다. 두 번째 방법은 POST 요청을 처리하는 edit() 메서드에서 데이터베이스를 재조회하는 방법이다. 이 방법은 실제 프로젝트에서 많이 사용되는 방법이나 데이터베이스를 사용하는 것은 다른 로직에 비해 부하가 많은 작업이다. 그래서 스프링 MVC에서는 더 우아한 방법을 제시하는데, 바로 세션(session)을 이용하는 것이다. 세션을 이용한다고 해서 많은 코드를 작성해야 하는 것도 아니다. 세션을 이용해 처리하는 코드는 두 가지 간단한 요구사항만 만족하면 된다.

• MVC 컨트롤러에 @SessionAttributes("Session에 저장할 객체명") 어노테이션을 지정한다.

• 세션에서 저장한 객체를 활용하는 edit() 메서드의 인자에 @ModelAttribute 어노테이션을 지정한다.

그리고 필수 사항은 아니지만 세션은 서버의 메모리 자원이기에 세션에서 더 이상 사용하지 않게 됐을 때는 스프링 MVC가 제공하는 SessionStatus 객체의 setComplete() 메서드를 이용해 더는 필요치 않은 객체를 세션에서 제거하면 된다. 그럼 BoardController를 변경해 보자.

**[예제 A-37] 세션을 사용하도록 변경된 BoardController.java**

```
package com.heaven.mvc.board.controller;

// 생략
```

```java
// 추가로 임포트할 클래스는 아래 코드를 입력한 후
// Ctrl+Shift+O로 자동 임포트

@Controller
@SessionAttributes("boardVO")
public class BoardController {
  // 생략

  @RequestMapping(value = "/board/edit/{seq}", method = RequestMethod.GET)
  public String edit(@PathVariable int seq, Model model) {
    BoardVO boardVO = boardService.read(seq);
    model.addAttribute("boardVO", boardVO);
    return "/board/edit";
  }


  @RequestMapping(value = "/board/edit/{seq}", method = RequestMethod.POST)
  public String edit(@Valid @ModelAttribute BoardVO boardVO,
      BindingResult result, int pwd, SessionStatus sessionStatus, Model model) {
    if (result.hasErrors()) {
      return "/board/edit";
    } else {
      if (boardVO.getPassword() == pwd) {
        boardService.edit(boardVO);
        sessionStatus.setComplete();
        return "redirect:/board/list";
      }

      model.addAttribute("msg", "비밀번호가 일치하지 않습니다.");
      return "/board/edit";
    }
  }
}
```

변경된 BoardController.java를 저장하고 서버를 재구동한 후 수정 화면을 통해 내용을 수정하면 올바르게 수정되는 것을 확인할 수 있다. 예제 A-37에서 강조 표시된 부분을 하나씩 살펴보자.

* @SessionAttributes("boardVO")

boardVO라는 이름으로 객체가 MVC의 모델에 추가될 때 세션에도 boardVO를 저장하라고 지정한다.

   * *model.addAttribute("boardVO", boardVO);*

MVC의 모델에 boardVO라는 이름으로 객체를 추가하면 @SessionAttributes에 의해 자동으로 세션에도 추가된다.

   * *@ModelAttribute BoardVO boardVO*

POST 요청을 처리하는 edit() 메서드의 인자인데, HttpServletRequest를 이용해 자동으로 바인딩될 것이다. @SessionAttributes에서 boardVO가 지정된 경우 세션에 의한 바인딩이 먼저 실행되고, 그 후에 HttpServletRequest에 있는 정보로 갱신된다. 이때 HttpServletRequest에 존재하지 않는 속성은 세션에 있는 값을 유지하게 된다.

   * *SessionStatus sessionStatus*

POST 요청을 처리하는 edit() 메서드의 인자인데, 세션에 대한 작업을 처리할 수 있는 객체다.

   * *sessionStatus.setComplete();*

@SessionAttributes에 의해 세션에 저장된 객체를 제거하는 코드다.

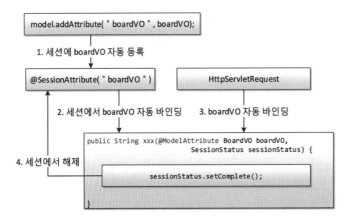

[그림 A-24] @SessionAttributes와 @ModelAttribute

그림 A-24는 @SessionAttributes에 의해 관리되는 객체가 자동으로 추가되고 코드에 의해 삭제되기까지의 과정을 표시한 것이다.

## A.9 삭제 구현

글을 삭제하기 위해서는 비밀번호를 입력받을 방법이 필요하다. 여기서는 별도의 페이지를 띄워 비밀번호를 입력받는 형태로 구현하겠다. 먼저 읽기 화면에 글을 삭제하기 위해 비밀번호를 입력받을 페이지에 대한 링크가 필요하다.

**[예제 A-38] 삭제 링크가 추가된 /board/read.jsp**

```
…생략…

  <div>
    <a href="<c:url value="/board/edit/${boardVO.seq}" />">수정</a>
    <a href="<c:url value="/board/delete/${boardVO.seq}" />">삭제</a>
    <a href="<c:url value="/board/list" />">목록</a>
  </div>
</body>
</html>
```

BoardController에 /board/delete URL 요청을 처리할 메서드를 작성한다.

**[예제 A-39] 삭제 요청을 처리할 메서드를 추가한 BoardController.java**

```
@RequestMapping(value = "/board/delete/{seq}", method = RequestMethod.GET)
public String delete(@PathVariable int seq, Model model) {
  model.addAttribute("seq", seq);
  return "/board/delete";
}

@RequestMapping(value = "/board/delete", method = RequestMethod.POST)
public String delete(int seq, int pwd, Model model) {
  int rowCount;
  BoardVO boardVO = new BoardVO();
```

```
    boardVO.setSeq(seq);
    boardVO.setPassword(pwd);

    rowCount = boardService.delete(boardVO);

    if(rowCount == 0) {
      model.addAttribute("seq", seq);
      model.addAttribute("msg", "비밀번호가 일치하지 않습니다.");
      return "/board/delete";
    } else {
      return "redirect:/board/list";
    }
  }
```

이제 비밀번호를 입력받을 JSP 파일을 만들자.

**[예제 A-40] 삭제를 위해 비밀번호를 입력받는 delete.jsp**

```jsp
<%@ page language="java" contentType="text/html; charset=UTF-8" pageEncoding="UTF-8"%>
<%@ taglib prefix="c" uri="http://java.sun.com/jstl/core_rt"%>
<!DOCTYPE html>
<html>
<head>
<meta http-equiv="Content-Type" content="text/html; charset=UTF-8">
<title>Insert title here</title>
</head>
<body>
  <form name="deleteForm" action="<c:url value="/board/delete" />" method="post">
    <input name="seq" value="${seq}"/>
    비밀번호<input name="pwd"/>
    <input type="submit">
    <a href="<c:url value="/board/read/${seq}" />">취소</a>
  </form>
  <div>${msg}</div>
</body>
</html>
```

웹 서버를 재구동하고 글을 삭제해 보자. 비밀번호가 틀린 경우에는 어떻게 반응하는지도 살펴보자.

## A.10 리팩터링

지금까지 스프링 MVC를 활용해 단순한 형태의 게시판을 구현했다. 리팩터링을 통해 개선할 만한 부분이 없을지 고민해 보자. @SessionAttributes를 잘 활용하면 코드를 개선할 수 있을 것 같다. @SessionAttributes에 boardVO가 저장되는 시점은 boardVO라는 이름으로 객체가 모델에 추가되는 시점이다. 즉, model.addAttribute("boardVO", 객체)에 해당하는 지점이다. BoardController의 코드를 가만히 살펴보면 이와 같은 코드가 나타나는 지점이 무려 세 군데나 있다.

**[예제 A-41] 세션에 boardVO 객체가 자동으로 추가되는 위치**

```
package com.heaven.mvc.board.controller;

// 생략

@Controller
@SessionAttributes("boardVO")
public class BoardController {

  //생략

  @RequestMapping(value = "/board/read/{seq}")
  public String read(Model model, @PathVariable int seq) {
    model.addAttribute("boardVO", boardService.read(seq));
    return "/board/read";
  }

  @RequestMapping(value = "/board/write", method = RequestMethod.GET)
  public String write(Model model) {
    model.addAttribute("boardVO", new BoardVO());
    return "/board/write";
  }

  @RequestMapping(value = "/board/edit/{seq}", method = RequestMethod.GET)
  public String edit(@PathVariable int seq, Model model) {
    BoardVO boardVO = boardService.read(seq);
    model.addAttribute("boardVO", boardVO);
```

```
    return "/board/edit";
  }

  //생략

}
```

여기서 두 가지 생각해 볼 것이 있다.

첫 번째, GET 요청을 처리하는 write() 메서드에서 세션에 추가한 boardVO를 제거하는 코드를 어딘가에 작성해야 한다는 것이다. 이는 POST 요청을 처리하는 write() 메서드에서 제거하는 코드를 작성하면 된다. POST 요청을 처리하는 edit() 메서드를 참조해서 작성하자.

두 번째, GET 요청을 처리하는 edit() 메서드다. 우리나라에서 만들어지는 게시판의 구조를 보면 항상 읽기 화면을 통해 수정 화면으로 들어가게 된다. 화면상으로 생각해 보면 /board/edit URL에 대한 GET 요청이 들어오기 전에 반드시 /board/read URL 요청이 선행되는 것이다. 그렇다면 /board/read URL 요청을 처리하는 read() 메서드에서 model.addAttribute("boardVO", boardService.read(seq)); 코드를 사용하기 때문에 /board/edit URL에 대한 GET 요청을 처리하는 edit() 메서드가 실행되기 전에 세션에 boardVO 객체가 이미 저장돼 있게 된다. 따라서 GET 요청을 처리하는 edit() 메서드에서 다시 세션에 boardVO 객체를 추가하는 형국이 된다. 그림 A-25를 살펴보자.

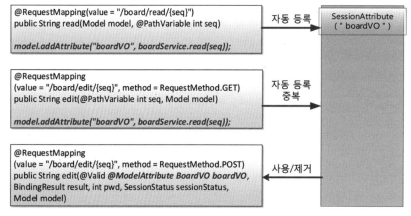

[그림 A-25] 현재 코드에서의 SessionAttributes 사용

중복으로 등록되는 부분을 개선해 보자. 기존 코드를 보존해 두기 위해 프로젝트를 복사하자. Package Explorer의 heaven 프로젝트에 마우스 오른쪽 버튼을 클릭한 후 Copy를 선택하고 Package Explorer의 빈 공간에서 Paste를 실행하자. 프로젝트명을 paradise로 변경해 새 프로젝트를 생성한다. 그런 다음 pom.xml 파일을 열고 artifactId와 name 태그의 값만 둘 다 paradise로 변경하면 된다. 이어서 paradise 프로젝트의 속성에서 Web Project Settings 항목의 컨텍스트 루트도 paradise로 변경한다. 이제 paradise 프로젝트에 마우스 오른쪽 버튼을 클릭한 후 Run As → Maven Install을 수행한 후 다시 Run As → Run On Server를 실행해 브라우저에서 이상 없이 작동하는지 확인하자.

기존 코드 대비 달라지는 코드를 확인해 보자.

**[예제 A-42] 기존의 POST 요청을 처리하는 write() 메서드**

```
@RequestMapping(value = "/board/write", method = RequestMethod.POST)
public String write(@Valid BoardVO boardVO, BindingResult bindingResult) {
    if (bindingResult.hasErrors()) {
        return "/board/write";
    } else {
        boardService.write(boardVO);
        return "redirect:/board/list";
    }
}
```

**[예제 A-43] 변경된 POST 요청을 처리하는 write() 메서드**

```
@RequestMapping(value = "/board/write", method = RequestMethod.POST)
public String write(@Valid BoardVO boardVO, BindingResult bindingResult, SessionStatus
sessionStatus) {
  if (bindingResult.hasErrors()) {
    return "/board/write";
  } else {
    boardService.write(boardVO);
    sessionStatus.setComplete();
    return "redirect:/board/list";
  }
}
```

BoardController의 POST 요청을 처리하는 write() 메서드에는 세션에 자동 등록된 boardVO 객체를 삭제하는 코드가 추가된다.

**[예제 A-44] 기존의 GET 요청을 처리하는 edit() 메서드**

```
@RequestMapping(value = "/board/edit/{seq}", method = RequestMethod.GET)
public String edit(@PathVariable int seq, Model model) {
    BoardVO boardVO = boardService.read(seq);
    model.addAttribute("boardVO", boardVO);
    return "/board/edit";
}
```

**[예제 A-45] 변경된 GET 요청을 처리하는 edit() 메서드**

```
@RequestMapping(value = "/board/edit", method = RequestMethod.GET)
public String edit(@ModelAttribute BoardVO boardVO) {
    return "/board/edit";
}
```

BoardController의 GET 요청을 처리하는 edit() 메서드는 read() 메서드에서 세션에 자동 추가한 boardVO 객체를 재사용하면서 많은 부분이 삭제되고, 인자가 간소화된다. 참고로 @ModelAttribute 어노테이션이 붙은 객체의 경우 모델에 자동으로 추가되기 때문에 명시적으로 addAttribute() 메서드로 등록할 필요가 없다. 이 외에도 모델에 자동으로 추가되는 것은 BindingResult, Error, Model, Map, ModelMap, Command 객체 등이 있다. 더 자세한 내용은 스프링 전문 서적을 참고하자.

**[예제 A-46] 기존의 POST 요청을 처리하는 edit() 메서드**

```
@RequestMapping(value = "/board/edit/{seq}", method = RequestMethod.POST)
public String edit(@Valid @ModelAttribute BoardVO boardVO, BindingResult result, int pwd,
SessionStatus sessionStatus, Model model)
```

**[예제 A-47] 변경된 POST 요청을 처리하는 edit() 메서드**

```
@RequestMapping(value = "/board/edit", method = RequestMethod.POST)
public String edit(@Valid @ModelAttribute BoardVO boardVO, BindingResult result, int pwd,
SessionStatus sessionStatus, Model model)
```

POST 요청을 처리하는 edit() 메서드의 경우 GET 요청을 처리하는 edit() 메서드와 Request Mapping의 value 값을 맞춰주기 위해 사용했던 seq 인자를 제거할 수 있다.

**[예제 A-48] 기존의 read.jsp**

```
<div>
  <a href="<c:url value="/board/edit/${boardVO.seq}" />"> 수정</a>
  <a href="<c:url value="/board/delete/${boardVO.seq}" />">삭제</a>
  <a href="<c:url value="/board/list" />">목록</a>
</div>
```

**[예제 A-49] 변경된 read.jsp**

```
<div>
  <a href="<c:url   value="/board/edit" />">수정</a>
  <a href="<c:url value="/board/delete" />">삭제</a>
  <a href="<c:url value="/board/list" />">목록</a>
</div>
```

/board/read.jsp에서는 BoardController 내부의 메서드가 변경됨에 따라 수정과 삭제 링크가 간단해진다.

**[예제 A-50] 기존의 delete.jsp**

```
<%@ page language="java" contentType="text/html; charset=UTF-8" pageEncoding="UTF-8"%>
<%@ taglib prefix="c" uri="http://java.sun.com/jstl/core_rt"%>
<!DOCTYPE html>
<html>
<head>
<meta http-equiv="Content-Type" content="text/html; charset=UTF-8">
<title>Insert title here</title>
</head>
<body>
  <form name="deleteForm" action="<c:url value="/board/delete" />" method="post">
    <input name="seq" value="${seq}"/>
    비밀번호<input name="pwd"/>
    <input type="submit">
```

```
    <a href="<c:url value="/board/read/${seq}" />">취소</a>
  </form>
  <div>${msg}</div>
</body>
</html>
```

[예제 A-51] 변경된 delete.jsp

```
<%@ page language="java" contentType="text/html; charset=UTF-8" pageEncoding="UTF-8"%>
<%@ taglib prefix="c" uri="http://java.sun.com/jstl/core_rt"%>
<%@ taglib prefix="form" uri="http://www.springframework.org/tags/form"%>
<!DOCTYPE html>
<html>
<head>
<meta http-equiv="Content-Type" content="text/html; charset=UTF-8">
<title>Insert title here</title>
</head>
<body>
  <form:form commandName="boardVO" method="post">
  <form:input path="seq" />
  비밀번호<input name="pwd"/>
  <input type="submit">
  <a href="<c:url value="/board/read/${boardVO.seq}" />">취소</a>
  </form:form>
  <div>${msg}</div>
</body>
</html>
```

지금까지 /board/delete.jsp의 경우 EL 표현식 부분이 변경된다. 그리고 스프링 form 지원 JSTL까지 적용했다. 이제 모든 변경 사항을 저장하고 서버를 재구동하면 모든 것이 정상적으로 작동하는 것을 확인할 수 있다.

그런데 이렇게 리팩터링된 코드는 특정 상황에 문제가 발생할 수도 있다. 즉, 같은 세션을 공유하는 2개의 브라우저(또는 탭)에서 비밀번호가 같은 2개의 글을 동시에 수정 또는 삭제하는 경우에 문제가 될 수 있다. 이 부분이 걱정되는 독자라면 PathVariable로 사용하는 seq에 대한 처리를 원래대로 복구하면 된다. 하지만 언급한 특정 상황이 발생할 확률은 거의 없다.

객체 지향 설계
5원칙 - SOLID **05**

스프링이 사랑한
디자인 패턴 **06**

스프링 삼각형과
설정 정보 **07**

스프링 MVC를
이용한 자유 **A**
게시판 구축

자바 8 람다와
인터페이스 **B**
스펙 변화

B.1_ 람다가 도입된 이유
B.2_ 람다란 무엇인가?
B.3_ 함수형 인터페이스
B.4_ 메서드 호출 인자로 람다 사용
B.5_ 메서드 반환값으로 람다 사용
B.6_ 자바 8 API에서 제공하는 함수형 인터페이스
B.7_ 컬렉션 스트림에서 람다 사용
B.8_ 메서드 레퍼런스와 생성자 레퍼런스
B.9_ 인터페이스의 디폴트 메서드와 정적 메서드
B.10_ 정리

기업 환경 변화와 프로그래머들의 요구를 반영하기 위해 자바 8은 언어적으로 많은 변화를 맞이했다. 특히 함수형 프로그래밍 지원을 위한 람다(Lambda)의 도입이 두드러진다. 이번 부록 B에서는 람다의 개념과 이를 지원하기 위해 변화된 인터페이스 스펙 부분을 살펴보자.

## B.1 람다가 도입된 이유

람다가 도입된 이유를 위에서 크게 기업 환경 변화와 프로그래머들의 요구라고 했는데 이를 좀 더 자세히 살펴보자. 근래에 가장 핫(Hot)한 용어 가운데 빅데이터가 있다. 기업들은 빅데이터의 분석 및 활용을 통해 기업 전략을 수립하고, 수익을 극대화하고자 한다. 이런 빅데이터 분석은 당연히 ICT 기술을 통해 이뤄질 수밖에 없다. 따라서 프로그래머들에게 빅데이터를 프로그램적으로 다룰 수 있는 방법이 필요해졌다. 그 방법의 중심에는 다시 멀티 코어를 활용한 분산 처리, 즉 병렬화 기술이 필요하다.

기존의 CPU는 내부에 코어를 하나만 가지고 있었다. 이러한 CPU를 멀티태스킹 환경에서 사용하기 위해 시분할과 같은 기술이 사용되기는 했지만 일반 프로그래머들에게는 별로 큰 영향을 주지 않았다. 그런데 점차 규모가 커져만 가는 데이터를 처리하기 위한 방법이 필요했고, 이때 사용하던 기술은 웹 가든(Web Garden)이나 웹팜(Web Farm)을 통해 CPU를 다수 사용하거나, 다수의 하드웨어를 사용하는 형태였다. 이는 일반 프로그래머가 다룰 수 있는 영역이 아니었다. 하지만 이제 하나의 CPU 안에 다수의 코어를 삽입하는 멀터 코어 프로세서들이 등장하면서 일반 프로그래머에게도 병렬화 프로그래밍에 대한 필요성이 생기기 시작했다. 이러한 추세에 대응하기 위해 자바 8에서는 병렬화를 위해 컬렉션(배열, List, Set, Map)을 강화했고, 이러한 컬렉션을 더 효율적으로 사용하기 위해 스트림(Stream)을 강화했다. 또 스트림을 효율적으로 사용하기 위해 함수형 프로그래밍이, 다시 함수형 프로그래밍을 위해 람다가, 또 람다를 위해 인터페이스의 변화가 수반됐다. 람다를 지원하기 위한 인터페이스를 함수형 인터페이스라고 한다. 이를 정리하면 그림 B-1과 같다.

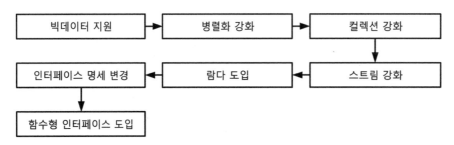

[**그림 B-1**] 빅데이터 지원을 위한 자바 8 변경 사항

물론 람다의 도입이나 함수형 인터페이스 도입이 빅데이터만을 위한 것은 아니지만 가장 주된 이유라고 봐도 무방할 것이다. 그럼 이제 람다가 무엇인지 함수형 인터페이스 도입을 위해 인터페이스 스펙이 어떻게 변경됐는지 살펴보자.

## B.2 람다란 무엇인가?

람다란 한 마디로 코드 블록이다. 기존의 코드 블록은 반드시 메서드 내에 존재해야 했다. 그래서 코드 블록만 갖고 싶어도 기존에는 코드 블록을 위해 메서드를, 다시 메서드를 사용하기 위해 익명 객체를 만들거나 하는 식이었다. 하지만 자바 8부터는 코드 블록을 만들기 위해 이러한 수고를 할 필요가 없다. 또한 코드 블록인 람다를 메서드의 인자나 반환값으로 사용할 수 있게 됐다. 이것의 의미는 코드 블록을 변수처럼 사용할 수 있다는 것이다. 예제를 발전시켜 가면서 하나씩 이해해 보자.

**[예제 B-1] 기존 방식의 코드 블록 사용 - 별도의 클래스와 객체 그리고 메서드를 생성해야 한다**

```java
public class B001 {
  public static void main(String[] args) {
    MyTest mt = new MyTest();

    Runnable r = mt;

    r.run();
  }
}

class MyTest implements Runnable {
  public void run() {
    System.out.println("Hello Lambda!!!");
  }
}
```

예제 B-1은 기존 방식으로 Runnable 인터페이스 구현체를 사용하는 코드다. 코드를 개선해서 클래스 없이 익명 객체를 만들어 사용하는 예제 B-2로 넘어가자.

```java
public class B002 {
  public static void main(String[] args) {
    Runnable r = new Runnable() {
      public void run() {
        System.out.println("Hello Lambda 2!!!");
      }
    };

    r.run();
  }
}
```

예제 B-2는 별도의 클래스 정의 없이 코드 블록인 메서드를 사용하고자 할 때 많이 사용되던 익명 객체를 사용하는 방법이다. 자바 8 이전이라면 이 코드가 최선이라고 할 수 있다. 자바 8은 더 나은 방법을 사용한다. 즉, 익명 객체조차 없이 바로 코드 블록만 사용하면 된다.

**[예제 B-3] 새로운 방식의 코드 블록 사용 - 람다**

```java
public class B003 {
  public static void main(String[] args) {
    Runnable r = () -> {
      System.out.println("Hello Lambda 3!!!");
    };

    r.run();
  }
}
```

이제 더는 익명 객체조차 만들 필요가 없다. 그럼 무엇이 어떻게 변했는지 표로 대조해 보자.

| 예제 B-2 - 익명 객체 사용 | 예제 B-3 - 람다식 사용 | 설명 |
|---|---|---|
| new Runnable() | | 사라짐 |
| public void run() | () | 변경됨 |
| | -> | 추가됨 |

| 예제 B-2 – 익명 객체 사용 | 예제 B-3 – 람다식 사용 | 설명 |
|---|---|---|
| ```<br>{<br>    System.out.println<br>    ("Hello Lambda 2!!!");<br>}<br>``` | ```<br>{<br>    System.out.println<br>    ("Hello Lambda 3!!!");<br>}<br>``` | 동일함 |

[**표 B-1**] 람다 도입에 따른 코드 간소화

보다시피 몇 가지 마법 같은 일이 벌어진다. 먼저 new Runnable()이 사라질 수 있었던 이유를 살펴보자. Runnable 타입으로 참조 변수 r을 만들고 있으니 new Runnable()은 컴파일러가 알아낼 수 있다. 굳이 코드로 작성할 필요가 없다.

public void run() 메서드가 단순하게 ()로 변경될 수 있는 이유 역시 간단하다. Runnable 인터페이스가 가진 추상 메서드가 run() 메서드 단 하나이기 때문이다.

마지막으로 추가된 부분은 화살표 기호인 ->다. 이는 람다의 구조가 다음과 같기 때문이다.

```
(인자 목록) -> { 로직 }
```

람다에서는 로직이 단 한 줄로 표기되는 경우 블록 기호 {}마저 생략할 수 있다. 그럼 람다를 이용한 최종 코드는 예제 B-4와 같아진다.

[**예제 B-4**] 코드 블록이 한 줄인 경우 블록 기호 생략 가능

```java
public class B004 {
  public static void main(String[] args) {
    Runnable r = () -> System.out.println("Hello Lambda 4!!!");

    r.run();
  }
}
```

## B.3 함수형 인터페이스

B.2절에서 Runnable 인터페이스를 사용하는 코드를 람다식으로 변경했다. 잘 알고 있듯이 Runnable 인터페이스는 run()이라는 추상 메서드 하나만 가진다. 이처럼 추상 메서드를 하나만 갖는 인터페이스를 자바 8부터는 함수형 인터페이스라고 한다. 이런 함수형 인터페이스만을 람다식으로 변경할 수 있다. 그럼 우리만의 함수형 인터페이스를 만들어 보자.

[예제 B-5] 사용자 정의 함수형 인터페이스

```java
public class B005 {
  public static void main(String[] args) {
    MyFunctionalInterface mfi = (int a) -> { return a * a; };

    int b = mfi.runSomething(5);

    System.out.println(b);
  }
}


@FunctionalInterface
interface MyFunctionalInterface {
  public abstract int runSomething(int count);
}
```

인터페이스인 MyFunctionalInterface 위에 @FunctionalInterface 어노테이션을 붙이는 것은 옵션이다. 이 어노테이션이 붙은 경우 컴파일러는 인터페이스가 함수형 인터페이스의 조건에 맞는지 검사한다. 즉, 단 하나의 추상 메서드만을 갖고 있는지 확인한다.

예제 B-5를 보면서 더 간소화할 방법이 없나 고민해 보자. 먼저 람다식의 인자로 사용하고 있는 (int a) 부분을 보자. a가 int일 수밖에 없음을 runSomething 메서드 정의에서 알 수 있다. 따라서 int를 생략할 수 있다. 이를 타입 추정 기능이라 한다.

```java
(int a) -> { return a * a; }
```

이 부분을 아래와 같이 바꿀 수 있다.

  *(a) -> { return a \* a; }*

이제 다시 (a)라고 하는 부분을 보면 살짝 소괄호가 보기에 좋지 않다. 람다 설계자들은 이처럼 인자가 하나이고 자료형을 표기하지 않는 경우 소괄호를 생략해도 되게끔 만들어뒀다.

  *a -> { return a \* a; }*

그리고 이미 이야기한대로 코드가 단 한 줄인 경우 중괄호({})도 생략할 수 있다. 다만 이때 return 구문도 생략해야 한다. 역시 runSomething 메서드 정의를 통해 int가 반환된다는 사실을 알 수 있기에 return을 생략해도 무방하다. 그리고 연산식 뒤에 세미콜론(;)도 없애야 한다.

  *a -> a \* a*

이렇게 최적화된 소스는 예제 B-6에서 확인할 수 있다.

**[예제 B-6] 사용자 정의 함수형 인터페이스의 최적화된 람다식**

```
public class B006 {
  public static void main(String[] args) {
    MyFunctionalInterface mfi = a -> a * a;

    int b = mfi.runSomething(5);

    System.out.println(b);
  }
}
```

3번째 줄 맨 뒤에 있는 세미콜론(;)은 기존 a \* a 뒤에 있던 세미콜론이 아니라 블록 기호 뒤에 있던 세미콜론이다. 패키지를 구분하지 않았기에 예제 B-5에서 선언한 MyFunctionalInterface를 바로 사용할 수 있다.

## B.4 메서드 호출 인자로 람다 사용

위 예제에서는 람다식을 함수형 인터페이스의 참조 변수에 저장해서 사용했다. 람다식을 변수에 저장하는 것이 가능하다면 당연히 메서드의 인자로도 사용할 수 있다. 코드 블록을 메서드의 인자로 전달할 수 있는 것이다. 예제 B-7을 보자.

[예제 B-7] 메서드 인자로 람다식(함수형 인터페이스) 참조 변수 사용

```
public class B007 {
  public static void main(String[] args) {
    MyFunctionalInterface mfi = a -> a * a;

    doIt(mfi);
  }

  public static void doIt(MyFunctionalInterface mfi) {
    int b = mfi.runSomething(5);

    System.out.println(b);
  }
}
```

람다식을 단 한번만 사용한다면 굳이 변수에 할당할 필요도 없다. 따라서 예제 B-7은 예제 B-8처럼 변경할 수 있다.

[예제 B-8] 메서드 인자로 람다식(함수형 인터페이스) 사용

```
public class B008 {
  public static void main(String[] args) {
    doIt(a -> a * a);
  }

  public static void doIt(MyFunctionalInterface mfi) {
    int b = mfi.runSomething(5);

    System.out.println(b);
  }
}
```

3번째 줄과 같은 코드가 낯설 수 있지만 람다식을 이용하는 코드에서 가장 많이 등장하는 형식이니 익숙해질 필요가 있다.

## B.5 메서드 반환값으로 람다 사용

이번에는 람다식을 메서드의 반환값으로 사용해 보자.

[예제 B-9] 메서드 반환값으로 람다식(함수형 인터페이스) 사용

```
public class B009 {
  public static void main(String[] args) {
    MyFunctionalInterface mfi = todo();

    int result = mfi.runSomething(3);

    System.out.println(result);
  }

  public static MyFunctionalInterface todo() {
    return num -> num * num;
  }
}
```

코드를 보면 별다른 설명 없이도 충분히 이해할 수 있을 것이다.

## B.6 자바 8 API에서 제공하는 함수형 인터페이스

앞에서 살펴본 코드에서는 사용자 정의 함수형 인터페이스를 만들어 사용했다. 자바 8 API 설계자들은 전부 창조적 게으름의 전문가라고 해도 과언이 아닐 것이다. 그리하여 개발자들이 최소한의 코드로 일을 마치고 최대한 많이 놀기를 바랬다. 그래서 개발자들이 많이 쓸 것이라고 예상되는 함수형 인터페이스를 이미 java.util.function 패키지와 여러 패키지에서 제공하고 있다. 예제 B-10을 통해 자바 8 API에서 제공되는 대표적인 함수형 인터페이스를 살펴보자.

**[예제 B-10] 자바 8 API에서 제공하는 대표적인 함수형 인터페이스**

```java
import java.util.function.*;

public class B010 {
  public static void main(String[] args) {
    Runnable run = () -> System.out.println("hello");
    Supplier<Integer> sup = () -> 3 * 3;
    Consumer<Integer> con = num -> System.out.println(num);
    Function<Integer, String> fun = num -> "input: " + num;
    Predicate<Integer> pre = num -> num > 10;
    UnaryOperator<Integer> uOp = num -> num * num;

    BiConsumer<String, Integer> bCon = (str, num) -> System.out.println(str + num);
    BiFunction<Integer, Integer, String> bFun =
        (num1, num2) -> "add result: " + (num1 + num2);
    BiPredicate<Integer, Integer> bPre = (num1, num2) -> num1 > num2;
    BinaryOperator<Integer> bOp = (num1, num2) -> num1 - num2;
  }
}
```

| 함수형 인터페이스 | 추상 메서드 | 용도 |
|---|---|---|
| Runnable | void run() | **실행**할 수 있는 인터페이스 |
| Supplier<T> | T get() | **제공**할 수 있는 인터페이스 |
| Consumer<T> | void accept(T t) | **소비**할 수 있는 인터페이스 |
| Function<T, R> | R apply(T t) | **입력을 받아서 출력**할 수 있는 인터페이스 |
| Predicate<T> | Boolean test(T t) | 입력을 받아 **참/거짓을 단정**할 수 있는 인터페이스 |
| UnaryOperator<T> | T apply(T t) | **단항(Unary) 연산**할 수 있는 인터페이스 |

**[표 B-2]** 대표적 함수 인터페이스 1

영어로 작명된 함수형 인터페이스를 한글로 번역해 보면 바로 그 용도를 짐작할 수 있다. 참고로 Function은 한국어로 함수이고 함수의 정의는 "입력을 받아 처리한 후 출력하는 기능"이다.

> **함수(函數)**
>
> 〈수학〉 두 개의 변수 x, y 사이에서, x가 일정한 범위 내에서 값이 변하는 데 따라서 y의 값이 종속적으로 정해질 때, x에
> 대하여 y를 이르는 말. y가 x의 함수라는 것은 y = f(x)로 표시한다.
>
> 출처: 네이버 국어사전

| 함수형 인터페이스 | 추상 메서드 | 용도 |
|---|---|---|
| BiConsumer⟨T, U⟩ | void accept(T t, U u) | 이항 소비자 인터페이스 |
| BiFunction⟨T, U, R⟩ | R apply(T t, U u) | 이항 함수 인터페이스 |
| BiPredicate⟨T, U⟩ | Boolean test(T t, U u) | 이항 단정 인터페이스 |
| BinaryOperator⟨T, T⟩ | T apply(T t, T t) | 이항 연산 인터페이스 |

[표 B-3] 대표적 함수 인터페이스 2

표 B-3에서 Bi는 Binary(이항)의 약자다. 표에서 설명한 함수형 인터페이스를 비롯해 java.util.function 패키지에서는 총 43개의 함수형 인터페이스를 제공한다. 만약 43개 중에서 필요로 하는 함수형 인터페이스가 없다면 사용자 정의 함수형 인터페이스를 정의해서 사용하면 된다.


# B.7 컬렉션 스트림에서 람다 사용

람다는 다양한 용도가 있지만 그 중에서도 컬렉션 스트림을 위한 기능에 크게 초점이 맞춰져 있다. 컬렉션 스트림과 람다를 통해 더 적은 코드로 더 안정적인 코드를 만들어 보자.

[예제 B-11] 미성년자 출입 제한 소스

```java
public class B011 {
  public static void main(String[] args) {
    Integer[] ages = { 20, 25, 18, 27, 30, 21, 17, 19, 34, 28 };

    for (int i = 0; i < ages.length; i++) {
      if (ages[i] < 20) {
        System.out.format("Age %d!!! Can't enter\n", ages[i]);
      }
```

```
        }
      }
    }
```

예제 B-11은 for 문을 이용해 20세 미만인 경우 출입을 금지하는 상황을 시뮬레이션하는 코드다. 반복문을 이용해 루프를 제어하는 코드는 프로그래밍에서 자주 등장한다. 위 코드도 별문제는 없지만 가끔 프로그래머들은 <를 써야 할 곳에 <=를 사용한다거나, i 변수의 초깃값을 0이 아닌 1로 초기화하는 실수를 하면서 문제가 생기기도 한다(초깃값을 1로 주는 경우는 비주얼 베이직을 다루던 개발자가 자바로 전향했을 때 자주하는 실수다). 그럼 개발자의 실수를 방지할 수 있는 코드를 만들어 보자.

**[예제 B-12] 미성년자 출입 제한 소스 - for each 구문 사용**

```
public class B012 {
  public static void main(String[] args) {
    Integer[] ages = { 20, 25, 18, 27, 30, 21, 17, 19, 34, 28 };

    for (int age : ages) {
      if (age < 20) {
        System.out.format("Age %d!!! Can't enter\n", age);
      }
    }
  }
}
```

for each 구문을 사용해 배열 첨자를 사용하지 않는 코드로 변경했다. 이제 스트림을 사용하는 코드로 더 간소화해 보자.

**[예제 B-13] 미성년자 출입 제한 소스 - 컬렉션 스트림 이용**

```
1   import java.util.Arrays;
2
3   public class B013 {
4     public static void main(String[] args) {
5       Integer[] ages = { 20, 25, 18, 27, 30, 21, 17, 19, 34, 28 };
6
```

```
 7      Arrays.stream(ages)
 8        .filter(age -> age < 20)
 9        .forEach(age -> System.out.format("Age %d!!! Can't enter\n", age));
10    }
11  }
```

### 7번째 줄

기존 배열을 이용해 스트림을 얻으려면 Arrays 클래스의 stream() 정적 메서드를 사용하면 된다.

### 8번째 줄

filter 메서드는 SQL 구문에서 where 절과 같은 역할을 수행한다. where과 마찬가지로 true/false를 반환하는 조건이 필요하다. "B.6 자바 8 API에서 제공하는 함수형 인터페이스"에서 소개한 함수형 인터페이스 중에서 true/false를 단정 짓는 Predicate 함수형 인터페이스를 filter 메서드의 인자로 제공하면 된다.

### 9번째 줄

스트림 내부 반복을 실행하는 forEach 메서드를 사용했다. forEach 구문은 전달된 인자를 소비하는 함수형 인터페이스, 즉 Consumer를 요구한다.

예제 B-13에서 가장 좋아진 점은 How가 아닌 What만을 지정했다는 것이다. 함수형 프로그래밍의 장점인 선언적 프로그래밍을 활용하는 것이다. 이는 SQL 구문과 유사하다. SQL을 작성할 때 '어떻게 하라'를 명령하는 것이 아니고 '무엇을 원한다'라고 선언하는 것과 같다. 또한 스트림은 메서드 체인 패턴을 이용해 최종 연산이 아닌 모든 중간 연산은 다시 스트림을 반환해 코드를 간략하게 작성할 수 있게 지원한다.

선언적 프로그래밍의 장점을 살펴보고 다음 절로 넘어가자. 예제 B-13을 고객과 같이 검토하면서 아래와 같은 대화가 가능하다.

> 8번째 줄 – 20세 미만인 경우를 선별(filter)해 주세요.
>
> 9번째 줄 – 선별된 각 요소에 대해 입장이 불가하다고 해주세요.

스트림은 고객의 요구를 선언적으로 코딩할 수 있는 힘을 준다. 고객도 해당 코드가 무슨 일을 하는지 파악하는 데 크게 문제가 없다. 이렇게 의사소통 내용 자체가 그대로 코드로 구현되는 것이 선언적 프로그래밍의 장점이다.

이 책은 자바 API 책이 아니기에 더 이상 언급하지 않겠지만 스트림은 컬렉션 스트림을 다른 컬렉션 스트림으로 변환하는 map, 집계 함수인 sum, count, average, min, max뿐만 아니라 특정 기준에 의한 그룹화(grouping) 지원 등 많은 메서드를 제공해준다는 사실은 밝혀 둔다. 더 깊은 내용은 별도의 자바 8 전문 서적을 참고하길 바란다. 끝으로 몇 개의 최종 연산을 활용하는 예제 코드를 보는 걸로 이번 절을 마무리한다.

**[예제 B-14] 스트림에서 제공하는 메서드**

```java
import java.util.Arrays;

public class B014 {
  public static void main(String[] args) {
    Integer[] ages = { 20, 25, 18, 27, 30, 21, 17, 19, 34, 28 };

    System.out.println(Arrays.stream(ages).count());

    System.out.println(Arrays.stream(ages).mapToInt(age -> age).sum());
    System.out.println(Arrays.stream(ages).mapToInt(age -> age).average());
    System.out.println(Arrays.stream(ages).mapToInt(age -> age).min());
    System.out.println(Arrays.stream(ages).mapToInt(age -> age).max());

    System.out.println(Arrays.stream(ages).allMatch(age -> age > 20));
    System.out.println(Arrays.stream(ages).anyMatch(age -> age > 30));

    System.out.println(Arrays.stream(ages).findFirst());
    System.out.println(Arrays.stream(ages).findAny());

    Arrays.stream(ages).sorted().forEach(System.out::println);
  }
}
```

# B.8 메서드 레퍼런스와 생성자 레퍼런스

이미 눈치 챈 독자도 있겠지만 예제 B–14의 마지막 실행문인 20번째 줄에는 람다식이 들어갈 위치에 이상하게 표기된 부분이 포함돼 있는 것을 볼 수 있다.

```
Arrays.stream(ages).sorted().forEach(System.out::println);
```

이 코드를 람다식으로 표현하면 아래와 같다.

```
Arrays.stream(ages).sorted().forEach(age -> System.out.println(age));
```

여기서 프로그래머의 3대 스킬을 복습해 보자.

- C&P 넘어 CUP: Copy Understand Paste – 복사 이해 붙이기
- D&C 넘어 DTC: Divide TDD Conquer – 분할 테스트 주도 개발 정복
- C&I: Creative Idle – 창조적 게으름

자바 API 설계자들은 계속 이야기했듯 창조적 게으름의 대가다.

```
age -> System.out.println(age)
```

위 람다식은 인자를 아무런 가공 없이 그대로 출력한다. 이런 코드를 사용할 때 메서드 레퍼런스라고 하는 간략한 형식을 쓸 수 있다. 메서드 레퍼런스에는 다음과 같은 세 가지 유형이 있다.

- 인스턴스::인스턴스메서드
- 클래스::정적메서드
- 클래스::인스턴스메서드

[예제 B-15] 메서드 레퍼런스의 사용예

```
1  import java.util.Arrays;
2  import java.util.function.BiFunction;
3
4  public class B015 {
```

```java
 5    public static void main(String[] args) {
 6      Double[] nums = { 1.0, 4.0, 9.0, 16.0, 25.0 };
 7
 8      System.out.println("== Lambda ==");
 9      Arrays.stream(nums)
10        .map(num -> Math.sqrt(num))
11        .forEach(sqrtNum -> System.out.println(sqrtNum));
12
13      System.out.println("== Method Reference ==");
14      Arrays.stream(nums)
15        .map(Math::sqrt)
16        .forEach(System.out::println);
17
18      BiFunction<Integer, Integer, Integer> bip_lambda = (a, b) -> a.compareTo(b);
19      BiFunction<Integer, Integer, Integer> bip_method_reference = Integer::compareTo;
20
21      System.out.println(bip_lambda.apply(10, 12));
22      System.out.println(bip_lambda.apply(10, 10));
23      System.out.println(bip_lambda.apply(10, 2));
24      System.out.println(bip_method_reference.apply(10, 12));
25      System.out.println(bip_method_reference.apply(10, 10));
26      System.out.println(bip_method_reference.apply(10, 2));
27    }
28  }
```

10번째 줄과 15번째 줄을 보면 람다식이 **클래스::정적메서드** 형태로 바뀐 것을 볼 수 있다.

  10번째 줄 부분: num -> Math.sqrt(num)

  15번째 줄 부분: Math::sqrt

11번째 줄과 16번째 줄을 보면 람다식이 **인스턴스::인스턴스메서드** 형태로 바뀐 것을 볼 수 있다.

  11번째 줄 부분: sqrtNum -> System.out.println(sqrtNum)

  16번째 줄 부분: System.out::println

18번째 줄과 19번째 줄을 보면 람다식이 **클래스::인스턴스메서드** 형태로 바뀐 것을 볼 수 있다.

18번째 줄 부분: (a, b) -> a.compareTo(b)

19번째 줄 부분: Integer::compareTo

위의 세 가지 예를 역으로 생각해 보면 다음과 같은 결론을 얻을 수 있다.

| 메서드 레퍼런스 유형 | 람다식의 인자 | 예제 |
|---|---|---|
| 클래스::정적메서드 | 정적 메서드의 인자가 된다 | `Math::sqrt`<br><br>`num -> Math.sqrt(num)` |
| 인스턴스::인스턴스메서드 | 인스턴스 메서드의 인자가 된다 | `System.out::println`<br><br>`sqrtNum ->`<br>`System.out.println(sqrtNum)` |
| 클래스::인스턴스메서드 | 첫 번째 인자는 인스턴스가 되고 그다음 인자(들)는 인스턴스 메서드의 인자(들)가 된다. | `Integer::compareTo`<br><br>`(a, b) -> a.compareTo(b)` |

**[표 B-4]** 메서드 레퍼런스와 람다식 비교

결국 메서드 레퍼런스는 람다식으로 변형되고 최종적으로 함수형 인터페이스가 된다. 메서드 레퍼런스에 대한 자세한 사항은 전문 서적을 참고하자.

마지막으로 메서드 레퍼런스와 유사한 생성자 레퍼런스가 있다. 형태는 다음과 같다.

클래스::new

예제를 통해 생성자 레퍼런스를 이해해 보자.

**[예제 B-16] 생성자 레퍼런스의 사용예**

```
import java.util.function.Supplier;

public class B016 {
  public static void main(String[] arg) {
    B016 b016_1 = new B016();

    // Error:
```

```
    // The target type of this expression must be a functional interface
    // B016 b016_2 = B016::new;

    Supplier<B016> factory = B016::new;

    B016 b016_3 = factory.get();
    B016 b016_4 = factory.get();

    System.out.println(b016_1.hashCode());
    System.out.println(b016_3.hashCode());
    System.out.println(b016_4.hashCode());
  }
}
```

주석 처리된 9번째 줄에서 생성자 레퍼런스를 이용해 생성한 B016 객체를 B016 타입의 객체 참조 변수에 할당하려고 하지만 에러가 나는 것을 볼 수 있다. 생성자 레퍼런스로 생성한 것은 B016 클래스의 객체가 아니라 함수형 인터페이스 구현 객체이기 때문이다. 예제 B-16에서 B106의 생성자는 기본 생성자(인자가 없는 생성자)이기에 이를 만족하는 Supplier 함수형 인터페이스를 사용해 생성자 자체에 대한 참조가 만들어진다.

위의 생성자 레퍼런스도 역시 람다식으로 대체할 수 있다.

```
Supplier<B016> factory = B16::new;
```

예제 B-16의 생성자 레퍼런스를 람다식으로 변경하면 아래와 같다.

```
Supplier<B016> factory = () -> new B016();
```

기본 생성자 외의 다른 생성자가 있는 경우라면 그에 맞는 함수형 인터페이스 참조 변수를 사용해야 한다. 생성자 레퍼런스의 깊이 있는 내용도 역시 이 부록의 범위를 벗어나므로 전문 서적을 참고하기 바란다.

 생성자 레퍼런스에 대한 좋은 예제는 아래의 영문 블로그에서 확인할 수 있다.

http://broodlab.org/2014/03/24/java-8-series-constructor-method-references/

## B.9 인터페이스의 디폴트 메서드와 정적 메서드

자바 8 API 공식 문서를 통해 함수형 인터페이스 중 하나인 Function⟨T, R⟩의 스펙을 살펴보자 (http://docs.oracle.com/javase/8/docs/api/).

| 수정자 및 반환 타입 | 메서드와 설명 |
|---|---|
| *default* ⟨V⟩ Function⟨T,V⟩ | *andThen*(Function⟨? super R,? extends V⟩ after) |
| | 두 개의 Function을 합성한다. |
| | A.andThen(B) 형식으로 사용하며 A의 결과가 B의 입력이 된다. |
| | 사용 예) |
| | Function⟨Integer, String⟩ f1 = i -> i.toString(); |
| | Function⟨String, Integer⟩ f2 = s -> s.length(); |
| | Function⟨Integer, Integer⟩ f3 = f1.andThen(f2); |
| | System.out.println(f3.apply(12345)); |
| | 실행 결과) |
| | 5 |
| | 설명) |
| | f3은 f1과 f2를 연속 적용한 Function이 된다. |
| R | *apply*(T t) |
| | 주어진 T 타입 매개변수 t에 주어진 로직을 적용해 R 타입을 반환한다. |
| *default* ⟨V⟩ Function⟨V,R⟩ | *compose*(Function⟨? super V,? extends T⟩ before) |
| | 두 개의 Function을 합성한다. |
| | A.compose(B) 형식으로 사용하며 B의 결과가 A의 입력이 된다. |
| | 사용 예) |
| | Function⟨Integer, String⟩ f1 = i -> i.toString(); |
| | Function⟨String, Integer⟩ f2 = s -> s.length(); |
| | Function⟨Integer, Integer⟩ f3 = f2.compose(f1); |
| | System.out.println(f3.apply(12345)); |
| | 실행 결과) |
| | 5 |
| | 설명) |
| | f3은 f1과 f2를 연속 적용한 Function이 된다. |

| 수정자 및 반환 타입 | 메서드와 설명 |
|---|---|
| *static* \<T\> Function\<T,T\> | *identity*() |
| | 항상 입력 매개변수를 돌려준다. |
| | 사용 예) |
| | Function\<Integer,Integer\> f1 = Function.identity(); |
| | System.out.println(f1.apply(50)); |
| | 실행 결과) |
| | 50 |

**[표 B-5]** Function 함수형 인터페이스의 메서드

추상 인스턴스 메서드인 apply가 보인다. 여기에 더해 디폴트 메서드인 addThen과 compose, 정적 메서드인 identity가 보인다. 그런데 여기서 디폴트 메서드와 정적 메서드는 뭘까?

자바 8 이전에는 인터페이스가 가질 수 있는 멤버는 다음과 같았다("4.7 interface 키워드와 implements 키워드" 참고).

- 정적 상수

- 추상 인스턴스 메서드

그런데 자바 8에서는 인터페이스에 큰 변화가 있었다. 자바8에서 인터페이스가 가질 수 있는 멤버는 다음과 같다.

- 정적 상수

- 추상 인스턴스 메서드

- **구체 인스턴스 메서드 - 디폴트 메서드**

- **(구체) 정적 메서드**

이제 인터페이스도 구체 인스턴스 메서드, 즉 몸체를 가진 인스턴스 메서드를 가질 수 있게 됐다. 이를 디폴트 메서드라 하고 default 키워드를 메서드 정의에 사용한다. 또한 (구체) 정적 메서드를 가질 수 있게 됐고 static 키워드를 메서드 정의에 사용하면 된다. 예제 B-17을 통해 살펴보자.

**[예제 B-17] 인터페이스의 디폴트 메서드와 정적 메서드**

```java
1  public class B017 {
2    public static void main(String[] args) {
3      System.out.format("정적 상수: %d\n",
4        MyFunctionalInterface2.constant);
5
6      MyFunctionalInterface2.concreteStaticMethod();
7
8      MyFunctionalInterface2 mfi2
9        = () -> System.out.println("추상 인스턴스 메서드");
10
11     mfi2.abstractInstanceMethod();
12
13     mfi2.concreteInstanceMethod();
14   }
15 }
16
17 @FunctionalInterface
18 interface MyFunctionalInterface2 {
19   // 정적 상수
20   public static final int constant = 1;
21
22   // 추상 인스턴스 메서드
23   public abstract void abstractInstanceMethod();
24
25   // JAVA 8 디폴트 메서드 - 구체 인스턴스 메서드
26   public default void concreteInstanceMethod() {
27     System.out.println("디폴트 메서드 - 구체 인스턴스 메서드");
28   }
29
30   // JAVA 8 정적 메서드 - 구체 정적 메서드
31   public static void concreteStaticMethod() {
32     System.out.println("정적 메서드 - 구체 정적 메서드");
33   }
34 }
```

6번째 줄과 30 ~ 33번째 줄까지는 인터페이스의 구체 정적 메서드를 정의하고 사용하는 모습을 보여준다.

13번째 줄과 23 ~ 26번째 줄까지는 인터페이스의 인스턴스 구체 메서드, 즉 디폴트 메서드를 정의하고 사용하는 모습을 보여준다.

자바 8에서 언어적으로 가장 큰 변화를 꼽으라 한다면 바로 인터페이스의 스펙 변화를 꼽을 수 있다. 이로 인해 람다가 가능해졌고, 연쇄적으로 더 강화된 컬렉션 API를 사용할 수 있게 됐을뿐만 아니라 함수형 프로그래밍이 가능해졌기 때문이다. 그럼 왜 자바 8 API 설계자들은 인터페이스에 디폴트 메서드와 정적 메서드를 추가하는 결정을 내렸을까? 부록 B를 통해 살펴본대로 컬렉션 API를 강화하면서 컬렉션의 공통 조상인 Collection의 슈퍼 인터페이스인 Iterable 인터페이스에는 많은 변화가 필요했다. 한 예로 내부 반복을 가능하게 하는 forEach의 도입이 있다. 그런데 인터페이스에 변화를 주게 되면, 즉 새로운 추상 인스턴스 메서드를 추가하게 되면 기존에 해당 인터페이스를 구현한 모든 사용자 정의 클래스는 이를 추가적으로 구현해야만 한다. 이는 자바 6이나 자바 7로 만들어진 많은 프로그램들이 자바 8 기반 JVM에서 구동되지 않는 문제를 발생시킨다. 이에 따라 자바 8 API 설계자들은 이전 JDK를 기반으로 작성된 프로그램도 자바 8 JVM에서 구동될 수 있게 디폴트 메서드라고 하는 새로운 개념을 인터페이스 스펙에 추가한 것이다. 디폴트 메서드와 정적 메서드의 도입으로 기존에 작성한 프로그램들도 아무런 사이드 이펙트(부작용) 없이 자바 8 JVM에서 구동된다. 그리고 향후 만들어지는 프로그램들도 인터페이스 스펙에 추가된 디폴트 메서드와 정적 메서드로부터 많은 혜택을 받을 수 있을 것으로 기대된다.

## B.10 정리

지금까지 스트림 지원을 위한 함수형 인터페이스를 살펴보고, 이와 더불어 인터페이스의 스펙 변화에 대해서도 살펴봤다. 아직 프로젝트에서 자바 8을 적용할 일은 많지 않을 것이기에 인터페이스의 스펙 변화에 대해 부록을 통해 살펴봤다. 자바 8은 이외에도 많은 변화를 포함하고 있다. 이에 대해서는 자바 8을 전문적으로 다루는 책을 통해 학습하길 바란다.

그럼 람다를 정리해 보자.

람다 = 변수에 저장 가능한 로직

변수는 지역 변수, 속성, 메서드의 인자, 메서드의 반환값으로 사용할 수 있다. 이것은 곧 람다도 지역 변수, 속성, 메서드의 인자, 메서드의 반환값으로 사용할 수 있다는 것을 의미한다.

기존의 자바에서 로직은 메서드를 통해서만 구현이 가능했다. 이제 로직을 람다로 표현할 수도 있다. 람다가 메서드의 역할도 할 수 있게 된 것이다. 람다가 메서드의 역할을 하게 됐다는 것의 의미는 뭘까? 더 이상 로직을 메서드의 체계, 즉 객체 메서드나 정적 메서드 안에 구현하지 않아도 된다는 것이다. 6장에서 디자인 패턴을 살펴봤는데 디자인 패턴에서는 로직을 사용하기 위해 메서드를 구성하고 해당 메서드를 사용하기 위해 클래스를 선언하는 절차들이 있었다. 이제 람다를 이용한다면 그럴 필요가 없다. 독자에게 도전 과제를 하나 제시하면서 이번 내용을 마치겠다. 디자인 패턴의 꽃이라고 하는 전략 패턴, 그리고 DI의 핵심이라고 할 수 있는 템플릿 콜백 패턴에 람다를 적용하면 얼마나 편해질 것인지 한번 생각해 보자.

부록 B를 시작하면서 빅데이터 지원을 위해 병렬화, 병렬화 지원을 위해 스트림을 사용한다고 설명한 적이 있다. 이때 사용하는 것은 parallelStream()이다. 병렬 스트림을 지원하는 컬렉션에서 stream() 메서드 대신 parallelStream()을 사용하면 스트림 작업을 병렬로 처리할 수 있다.

# 에필로그

자바의 기초를 돌아보는 부분에서 시작해 스프링 MVC를 활용한 게시판까지 스프링의 기초를 다뤘다. 지금까지 다룬 스프링 프레임워크 관련 내용은 정말 빙산의 일각일 뿐이다. 이 책을 읽고 나서 스프링 전문 서적을 꼭 정독하길 바란다.

필자의 삶을 바꾼 몇 권이 책이 있다. 특히 개발자로서의 삶을 바꾸어 준 책들이 있은데, 그 중에서도 3권을 꼽자면 필자를 웹 개발자로 만들어준 김태영 님의 『Taeyo's ASP』, 데이터베이스에 대한 개념을 잡아준 정원혁 님의 『MS-SQL』, 그리고 이일민 님의 『토비의 스프링』이 있다. 그 중에서도 『토비의 스프링』은 필자가 기존에 배우고 익힌 지식들이 어떻게 개발에 적용되고, 또 그런 지식들이 어떻게 스프링 프레임워크에 녹아 있는지 보여준 책이면서 웹 개발의 초석을 마련해준 책이라고 할 수 있다. 기존에 배운 지식들이 모래알처럼 서로 맞물리지 못했었는데 그 지식들이 마치 연극에서 무대, 조명, 미술, 음악, 극본, 의상, 관객, 배우처럼 모두가 맞물려 돌아가는 것임을 실제로 가르쳐준 소중한 책이다. 스프링을 학습하는 분들에게 『토비의 스프링 3.1』을 교과서로, 최범균 님의 『스프링 4.0』을 참고서로, 그리고 자료의 바다인 인터넷을 또 다른 레퍼런스로 적극 추천한다.

필력이 부족한 필자의 글을 끝까지 읽어준 독자 한 분 한 분의 발길이 닿는 곳마다, 마음이 닿는 곳마다 하나님의 은혜와 은총, 축복이 함께 하시길... 아멘.

# 별첨 - 컬러 이미지

별첨에서 제공하는 것 외의 그림도 별도로 제공된 압축 파일의 images 폴더에 각 장별로 들어 있다.

- 압축 파일 다운로드 URL: https://github.com/expert0226/oopinspring

위의 URL로 접속해 우측의 'Download ZIP'을 클릭하면 예제 소스와 컬러판 이미지를 다운로드할
수 있다.

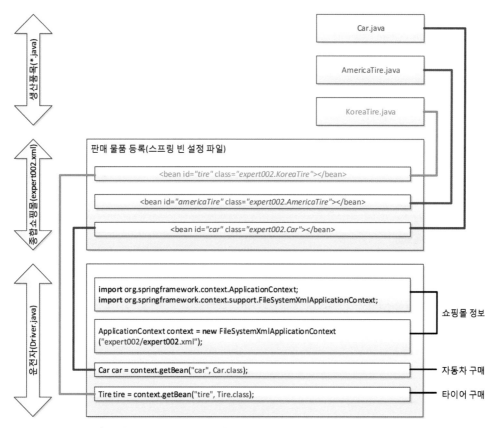

[그림 7-20] 생산품목(*.java)과 종합쇼핑몰 판매 목록(XML), 운전자

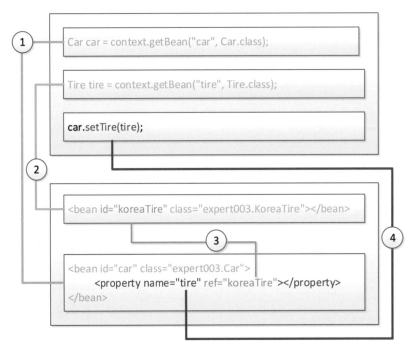

[그림 7-23] 스프링 설정 파일을 통한 의존성 주입

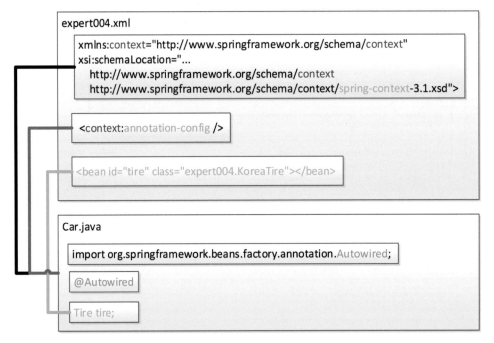

[그림 7-26] @Autowired를 통한 속성 주입

```
package aop002;

import org.aspectj.lang.JoinPoint;
import org.aspectj.lang.annotation.Aspect;
import org.aspectj.lang.annotation.Before;

@Aspect
public class MyAspect {
    @Before("execution(public void aop002.Boy.runSomething())")
    public void before(JoinPoint joinPoint){
        System.out.println("얼굴 인식 확인: 문을 개방하라");
        //System.out.println("열쇠로 문을 열고 집에 들어간다.");
    }
}
```

```
package aop002;

public class Boy implements IPerson {
    public void runSomething(){

        System.out.println("컴퓨터로 게임을 한다.");
    }
}
```

[그림 7-32] AOP를 통해 런타임에 로직 주입(상세)

```
package aop002;

import org.aspectj.lang.JoinPoint;
import org.aspectj.lang.annotation.Aspect;
import org.aspectj.lang.annotation.Before;

@Aspect
public class MyAspect {
    @Before("execution(* runSomething())")
    public void before(JoinPoint joinPoint){
        System.out.println("얼굴 인식 확인: 문을 개방하라");
        //System.out.println("열쇠로 문을 열고 집에 들어간다.");
    }
}
```

```
<aop:aspectj-autoproxy />

<bean id="myAspect" class="aop003.MyAspect" />
<bean id="boy" class="aop003.Boy" />
<bean id="girl" class="aop003.Girl" />

<aop:config>
    <aop:aspect ref="myAspect">
        <aop:before method="before"
            pointcut="execution(* runSomething())" />
    </aop:aspect>
</aop:config>
```

[그림 7-35] 변경 전 MyAspect.java와 변경 후 스프링 설정 파일

## 기호

| | |
|---|---|
| @Aspect | 290, 308 |
| @Autowired | 266, 280 |
| @Before | 290, 306 |
| @Controller | 316 |
| @FunctionalInterface | 372 |
| @ModelAttribute | 356 |
| @MVC | 338 |
| @PathVarible | 341 |
| @Qualifer | 275 |
| @Qualifier | 282 |
| @RequestMapping | 316 |
| @Resource | 274, 280, 283 |
| @ResponseBody | 320 |
| @SessionAttributes | 356 |
| @Valid | 353 |

## A – C

| | |
|---|---|
| Abstraction | 83 |
| Advice | 302, 305 |
| Advisor | 302, 306 |
| After | 287 |
| AfterReturning | 287 |
| AfterThrowing | 287 |
| Aggregation | 234 |
| Amateras UML | 124, 202 |
| AOP | 284 |
| Around | 287 |
| Aspect | 284, 302, 303, 306 |
| aspectj–autoproxy | 290, 300 |
| bean | 258 |
| Before | 287 |
| BindingResult | 347 |
| Call By Address | 141 |
| Call By Reference | 141 |
| Call By Value | 140 |

## CBD — (continued)

| | |
|---|---|
| CBD | 30 |
| CGLib | 288, 300 |
| CharacterEncodingFilter | 353 |
| C&I | 266 |
| Composition | 234 |
| controller | 336 |
| C&P | 266 |

## D – J

| | |
|---|---|
| DAO | 326 |
| D&C | 77, 266 |
| dependencies | 322 |
| DI | 234 |
| DIP | 176, 194, 197 |
| DispatcherServlet | 338 |
| DTO | 326 |
| EL | 322 |
| embedded–database | 324 |
| Garbage Collector | 99 |
| Hibernate | 326 |
| HSQL | 320 |
| HyperSQL | 320 |
| ISP | 176, 189, 197 |
| JDBC | 184 |
| JDK | 39 |
| JoinPoint | 290, 302, 304 |
| JPA | 326 |
| JRE | 39 |
| JVM | 39 |

## L – P

| | |
|---|---|
| Lambda | 368 |
| LSP | 176, 186, 197 |
| main() | 44 |
| Method | 41 |

| | |
|---|---|
| MVC 패턴 | 231 |
| MyBatis | 184, 326 |
| NS 다이어그램 | 75 |
| OCP | 176, 183, 197 |
| overloading | 128 |
| overriding | 128 |
| OXM | 314 |
| Pointcut | 302, 304 |
| POJO | 34 |
| pom.xml | 321 |
| PRG 패턴 | 352 |
| property | 262, 280 |
| PSA | 314 |

## S – V

| | |
|---|---|
| SEO | 341 |
| Service | 326 |
| session | 356 |
| SessionStatus | 356 |
| SOA | 30 |
| SoC | 196 |
| sqlSessionFactory | 329 |
| sqlSessionTemplate | 329 |
| SRP | 176, 178, 197 |
| static 블록 | 153 |
| stream | 379 |
| Stream | 368 |
| STS | 37 |
| T 메모리 | 39 |
| URL | 318 |
| VO | 326 |

## ㄱ – ㄹ

| | |
|---|---|
| 가비지 컬렉터 | 99 |
| 개방 폐쇄 원칙 | 176, 183, 197 |
| 객체 | 80, 82, 86 |
| 객체 멤버 | 101, 104 |
| 객체 멤버 변수 | 55 |
| 객체 지향 | 77 |
| 객체 지향 설계 | 176 |
| 결합도 | 176 |
| 공유 변수 | 64, 106 |
| 관심사의 분리 | 196 |
| 관점 지향 프로그래밍 | 284 |
| 구성 관계 | 234 |
| 구조적 프로그래밍 | 41 |
| 기본 생성자 메서드 | 151 |
| 네임스페이스 | 163 |
| 다중 상속 | 117 |
| 다형성 | 128 |
| 단일 책임 원칙 | 176, 178, 197 |
| 데코레이터 패턴 | 208 |
| 디버그 퍼스펙티브 | 49, 73 |
| 디폴트 메서드 | 385 |
| 람다 | 167, 369 |
| 리스코프 치환 원칙 | 176, 186, 197 |

## ㅁ – ㅅ

| | |
|---|---|
| 멀티 스레드 | 69 |
| 멀티 프로세스 | 69 |
| 메서드 | 41, 74, 87 |
| 메서드 레퍼런스 | 381 |
| 메서드 스택 프레임 | 42, 58 |
| 메이븐 | 320 |
| 모델링 | 84 |
| 브레이크 포인트 | 72 |
| 상속 | 107 |
| 상위 클래스 | 108 |

| | |
|---|---|
| 생성자 | 150 |
| 생성자 레퍼런스 | 381 |
| 서브 클래스 | 108 |
| 세션 | 356 |
| 속성 | 74, 87 |
| 슈퍼 클래스 | 108 |
| 스택 프레임 | 44, 50 |
| 스프링 MVC | 236, 338 |
| 스프링 프레임워크 | 255 |
| 시퀀스 다이어그램 | 202 |
| 싱글톤 패턴 | 211 |

**ㅇ - ㅈ**

| | |
|---|---|
| 애노테이션 | 249 |
| 애플리케이션 경계 | 87 |
| 어댑터 패턴 | 200 |
| 오버라이딩 | 128 |
| 오버로딩 | 128 |
| 응집도 | 176 |
| 의존성 주입 | 234 |
| 의존 역전 원칙 | 176, 194, 197 |
| 인스턴스 | 86 |
| 인스턴스 멤버 | 101 |
| 인스턴스 변수 | 107 |
| 인스턴스 블록 | 157 |
| 인터페이스 | 117, 164, 248 |
| 인터페이스 분리 원칙 | 176, 189, 197 |
| 전략 패턴 | 222 |
| 전역 변수 | 64, 68 |
| 절차적 프로그래밍 | 40 |
| 접근 제어자 | 135 |
| 정적 메서드 | 385 |
| 지역 변수 | 55, 68, 106 |
| 집합 관계 | 234 |

**ㅊ - ㅎ**

| | |
|---|---|
| 참조 변수 | 96, 140 |
| 추상 메서드 | 146 |
| 추상 클래스 | 146 |
| 추상화 | 82, 88 |
| 캡슐화 | 135 |
| 컨트롤러 | 336 |
| 클래스 | 78, 80, 82, 86 |
| 클래스 다이어그램 | 91 |
| 클래스 멤버 | 101, 104 |
| 클래스 멤버 변수 | 55 |
| 템플릿 메서드 패턴 | 214 |
| 템플릿 콜백 패턴 | 227 |
| 팩터리 메서드 패턴 | 219 |
| 포인터 | 96 |
| 프록시 | 301 |
| 프록시 패턴 | 204 |
| 프론트 컨트롤러 패턴 | 231 |
| 필드 | 74 |
| 하위 클래스 | 108 |
| 하이버네이트 | 184, 326 |
| 함수형 인터페이스 | 372, 375 |
| 핵심 관심사 | 285 |
| 횡단 관심사 | 284 |
| 훅(Hook) 메서드 | 217 |